Leichter Einstieg für Senioren

Android

für Smartphone und Tablet

GÜNTER BORN

Markt+Technik

ISBN 978-3-95982-542-9

Espenpark 1a
90559 Burgthann

Produktmanagement Christian Braun, Burkhardt Lühr
Bearbeitung Martha Born
Herstellung Jutta Brunemann
Covergestaltung David Haberkamp
Coverfoto © Bnenin – stock.adobe.com
Druck Himmer GmbH Druckerei & Verlag
Printed in Germany

Inhaltsverzeichnis

2 Bedienung und Apps 27

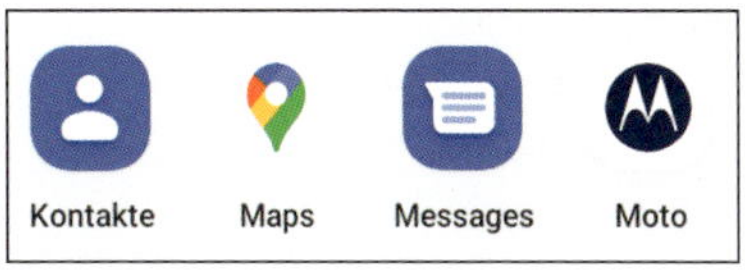

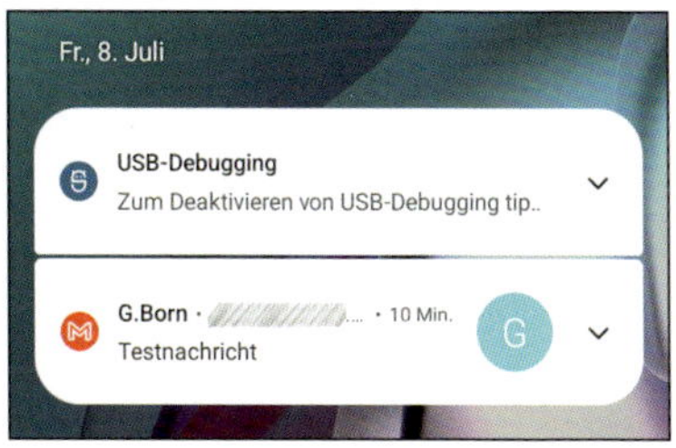

4 Foto-Apps 131

5 Unterhaltung: Musik, Videos, E-Books 159

6 Kommunikation, Kontakte und Kalender 179

7 Interessante und nützliche Apps 217

Liebe Leserin, lieber Leser

Dieses Buch führt Sie in den Umgang mit Android – das Google-Betriebssystem für Smartphones und Tablets – ein. Auf den folgenden Seiten lernen Sie Schritt für Schritt Android und die wichtigsten Apps kennen. Mit dem »Gewusst-wie« ist es dann einfach, Fotos zu verwalten, im Internet zu surfen, E-Mails am Handy abzurufen und vieles mehr zu nutzen. Gehen Sie dabei die Sache locker an. Vieles lernen Sie durch Wiederholen quasi nebenbei. Ihnen, liebe Leserin und lieber Leser, wünsche ich viel Spaß und Erfolg mit diesem Buch.

https://borncity.com

So arbeiten Sie mit diesem Buch

Dieses Buch befasst sich mit dem auf vielen Smartphones und Tablet-PCs verwendeten Betriebssystem Android. Beim Schreiben habe ich für die Abbildungen und Handlungsanweisungen Smartphones mit Android 8 und 12 verwendet. Bei Tablets mit Android sieht das Ganze weitgehend identisch zum Smartphone aus (zumal ich ein Smartphone wie ein Tablet betreibe). Das Buch lässt sich daher sowohl mit Smartphones als auch mit Tablet-PCs sowie mit anderen (älteren oder neueren) Android-Versionen verwenden, da vieles gleich oder ähnlich ist.

Nicht berücksichtigt werden die speziellen Anpassungen einiger Hersteller an der Android-Benutzeroberfläche. Es kann also sein, dass sich für Ihr Gerät leichte Unterschiede zur Beschreibung im Buch ergeben. Aber trotz unterschiedlicher Android-Versionen und -Anpassungen ist vieles zumindest sehr ähnlich. Die von Google bereitgestellten Apps sind sowieso auf allen Geräten gleich. Allerdings kann es sein, dass sich das Aussehen der Apps durch (nach Drucklegung dieses Buches) durchgeführte Updates etwas ändert. Ich bin aber zuversichtlich, dass Sie anhand der Ausführungen in diesem Buch auch mit älteren oder neueren sowie angepassten Android-Versionen und aktualisierten Apps zurechtkommen.

Das Buch ermöglicht sowohl dem absoluten Anfänger den Einstieg in Android als auch Leserinnen und Lesern mit Vorkenntnissen, das Wissen über Android zu vertiefen. Lesen Sie das Buch von vorne bis hinten durch oder picken Sie sich einzelne Kapitel heraus, die Sie interessieren.

Android-Einstieg

Sie sind noch ganz neu im Thema Android? Dieses Kapitel gibt Ihnen einen Überblick über Android und die Gerätetechnik für Smartphones sowie Tablet-PCs. Weiterhin lernen Sie die ersten Schritte, um ein Android-Gerät zu bedienen.

Das lernen Sie in diesem Kapitel

1

- Android im Überblick
- Erste Schritte mit Android

Android im Überblick

In diesem Abschnitt erhalten Sie eine kurze Einführung in die Gerätetechnik und erfahren Wissenswertes über die unterschiedlichen Android-Versionen.

Android, was ist das?

Android ist ein sogenanntes Betriebssystem, das auf Smartphones und Tablet-PCs verwendet wird. Dieses Betriebssystem sorgt überhaupt erst dafür, dass die Geräte funktionieren und man auch Apps (kleine Programme) verwenden kann. Entwickelt wird Android von der amerikanischen Firma Google, die das Betriebssystem dann an die Hersteller von Smartphones und Tablet-PCs weitergibt.

HINWEIS

Android ist sehr populär, es ist auf Mobilgeräten das meistgenutzte Betriebssystem. Ein Konkurrenzprodukt ist das auf Apple-Geräten verwendete iOS.

Wissen zu Android-Versionen

Seit Google 2008 das erste Android-Gerät herausbrachte, wurden verschiedene Versionen des Betriebssystems entwickelt. Die Versionen trugen lange die Namen von Süßigkeiten (Cupcake, Donut, Eclair, Froyo, Gingerbread, Honeycomb, Ice Cream Sandwich, KitKat, Lollipop, Marshmallow, Nougat, Oreo, Pie). Seit Android 10 verzichtet Google auf diesen Namenszusatz und beschränkt sich auf die jeweilige Versionsnummer (1.6, 2.x bis 13.x). Auf der Webseite *de.wikipedia.org/wiki/Liste_von_Android-Versionen* finden Sie eine Versionsübersicht. Aber im Prinzip braucht man die Details der Versionen nicht zu kennen, sofern es sich nicht um eine sehr alte Version auf einem uralten Smartphone handelt.

Hier **im Buch verwende ich** für die Abbildungen **Android 12**. Da vieles in den unterschiedlichen Android-Versionen gleich oder ähnlich ist, lässt sich das Buch auch für Geräte verwenden, die noch mit älteren oder mit neueren Android-Ausgaben arbeiten.

ACHTUNG

Verzichten Sie nach Möglichkeit auf die Verwendung oder zumindest den Kauf von Geräten mit älteren Android-Versionen (aktuell vor Android 11). Dort gibt es **gravierende Sicherheitslücken**, die durch Google nicht mehr geschlossen werden.

Tipps zur Geräteausstattung

Android-Geräte gibt es in verschiedenen Varianten und von verschiedenen Herstellern. Beim Kauf eines solchen Geräts haben Sie die Auswahl zwischen einem **Smartphone** (landläufig als Handy bezeichnet) oder einem **Tablet-PC** mit etwas größerem Bildschirm.

Persönlich habe ich festgestellt, dass ich inzwischen fast ausschließlich ein Smartphone mit einer Bildschirmgröße zwischen 5,2 Zoll und 6,5 Zoll zum Surfen im Internet, zum Ansehen von E-Mails sowie zum Medienkonsum (Fotos, Videos betrachten, Musik hören) und für andere Zwecke verwende. Ein verfügbares Tablet mit 7 Zoll Bildschirmdiagonale kommt praktisch nicht mehr zum Einsatz, da es mir zu unhandlich ist, doch das ist natürlich Ansichtssache.

Es gibt für alle Gerätevarianten Angebote verschiedener Hersteller und mit unterschiedlicher Technik. Hier eine grobe Übersicht, woran Sie sich beim Kauf orientieren können und auf was Sie gegebenenfalls achten sollten.

- **Bildschirmgröße**: Diese sollte bei einem **Smartphone** oberhalb von 4,7 Zoll (11,9 cm) Bildschirmdiagonale liegen, um Eingaben per Bildschirmtastatur halbwegs komfortabel vorzunehmen. **Tablet-PCs** gibt es mit Displays von 7 bis 12 Zoll. Ein großes Display hat den Vorteil, dass man sehr gut surfen und lesen kann. Nachteilig sind die Größe und das Gewicht, wenn man solche Tablets mal mitnehmen oder zum Lesen von E-Books länger in der Hand halten will. Wählen Sie das Modell, dessen Display für Sie am besten erkenn- und ablesbar ist.

- **Speichergröße**: Beim Speicher ist zwischen dem **Arbeitsspeicher** zum Betrieb des Geräts und dem **Speicher** zur Ablage von Fotos, Musik oder Daten zu unterscheiden. Der Arbeitsspeicher sollte mindestens 4 Gigabyte groß sein, um mit dem Gerät und mehreren Apps zügig arbeiten zu können. Die Größe des Speichers zur Ablage von Musik, Fotos, Videos und anderen Daten hängt von den persönlichen Anforderungen ab. Geräte sind heute mit unterschiedlich großem Speicher (64, 128 Gigabyte und mehr) im Handel. Geräte mit weniger als 64 Gigabyte Speicher würde ich persönlich nicht mehr kaufen, da man zu schnell an die Kapazitätsgrenze stößt.

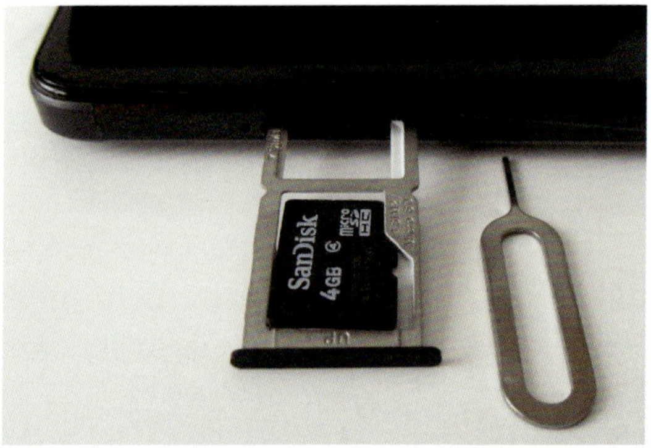

- **Speicherkartenerweiterung**: Einige Hersteller propagieren zwar die Speicherung der Daten im Internet. Mein Tipp: Achten Sie darauf, dass das Smartphone oder das Tablet einen Einschub für Speicherkarten besitzt. Viele Hersteller bieten sowohl bei Smartphones als auch bei Tablet-PCs einen sogenannten **Speicherkartenslot** für Micro-SD-Speicherkarten an. Ob die Micro-SD-Karte seitlich in den Speicherkartenslot eingeschoben wird oder bei abgenommener Rückwand in einen Micro-SD-Steckplatz eingelegt wird, hängt vom Hersteller ab. Sehen Sie gegebenenfalls im Gerätehandbuch nach, wie die Speicherkarte eingelegt wird.

- **Mobilfunkunterstützung und Dual-SIM**: Zum Telefonieren und für den mobilen Internetzugang am Smartphone ist mindestens eine SIM-Karte eines Mobilfunkanbieters notwendig. Dual-SIM-Geräte ermöglichen die Verwendung zweier SIM-Karten (beruflich und privat oder eine SIM-Karte zum Telefonieren, eine für die Internetanbindung). Oft werden die Speicher- und die SIM-Karten über den hier gezeigten Einschub im Gerät eingelegt.

HINWEIS

Bei **SIM-Karten** gibt es verschiedene **Größen** (SIM, Micro-SIM und Nano-SIM, siehe *https://de.wikipedia.org/wiki/SIM-Karte*). Die meisten aktuellen Smartphones arbeiten mit Nano-SIM-Karten. Manche modernen Smartphones arbeiten auch mit einer **eSIM**, die von manchen Mobilfunkanbietern nur noch elektronisch im Gerät unterstützt und verwaltet wird.

Der Begriff **SIM-Lock** signalisiert, dass das Gerät nur mit der SIM-Karte eines Anbieters funktioniert. Bei SIM-Lock-freien Geräten lassen sich SIM-Karten beliebiger Mobilfunkanbieter verwenden. Geräte sollten beim Mobilfunk LTE (4G) unterstützen. Das schnelle 5G-Internet ist dagegen noch im Aufbau und die Geräte sind zurzeit (noch) teurer. Tablets können über das sogenannte WLAN (lokales Funknetzwerk) in das häusliche Netzwerk eingebucht werden und erhalten so Internet zum Surfen, Mailen etc.

- **Kamera**: Smartphones und Tablets besitzen zudem noch Kameras an Front- und Rückseite. Ich würde weniger auf die (in Prospekten angegebene) Megapixel-Auflösung, sondern auf die Kameraqualität als Auswahlkriterium achten (einfach beim Händler ausprobieren).

- **USB-Anschluss**: Über ein mitgeliefertes USB-Kabel mit USB-C- oder Micro-USB-Stecker kann ein Smart-

phone oder Tablet geladen werden. Dazu verbindet man das USB-Kabel mit einem USB-Steckernetzteil und der Micro-USB-Buchse. Das USB-Kabel lässt sich auch zum Datenaustausch mit einem PC verwenden.

Beim Neukauf sollten Sie Geräte mit der hier gezeigten USB-Typ-C-Buchse bevorzugen, da diese robuster als die Micro-USB-Buchse und verwechslungssicher ausgeführt ist. Wichtig ist, dass die USB-Geräte nicht zu viel Strom verbrauchen, da es sonst zu Problemen kommen kann. Wichtig im Hinblick auf die Geräteauswahl ist die vom Hersteller angegebene **Akkulaufzeit**. Ein Smartphone sollte mindestens einen Arbeitstag mit acht Stunden durchhalten. Ideal sind Akkulaufzeiten von acht bis zehn Stunden und mehr. Bei Tablet-PCs mit ihren größeren Bildschirmen sind die Zeiten aber meist geringer.

Tipps zum Android-Gerätekauf

Überlegen Sie sich vor dem Kauf anhand der obigen Kriterien, was Ihnen wichtig ist (großer Bildschirm, viel Speicher, mobiles Internet), und schreiben Sie sich die Kriterien auf. Versuchen Sie, das Wunschgerät vor dem Kauf in einem der zahlreichen Elektronik-Märkte oder in Telefonläden in Augenschein zu nehmen. Dort können Sie sich gegebenenfalls beraten lassen und ein Gefühl dafür bekommen, ob die Größe des Geräts und die Darstellung des Bildschirms Ihren Anforderungen genügen. Statt der neuesten Gerätemodelle genügt oft ein Vorgängermodell, das man meist wesentlich preisgünstiger bekommt. Allerdings sollten Sie kein Gerät mehr kaufen, das nicht mindestens die Android-Version 11.0 besitzt. Zudem sollte ein Smartphone, wie bereits erwähnt, über eine LTE-Mobilfunkunterstützung verfügen.

Nützliches Zubehör

Kaufen Sie unbedingt eine **Schutzhülle** (auch als Protector oder Case bezeichnet) für Ihr Smartphone. Diese schützt das Gerät vor Kratzern oder kann bei einem Sturz möglicherweise vor Schäden wie einem

Displaybruch bewahren. Bei Tablet-PCs ist ebenfalls eine Schutzhülle oder möglicherweise eine sogenannte **Bluetooth-Tastatur** zur Texteingabe hilfreich.

Bedienelemente am Android-Gerät

Android-Smartphones oder Tablet-PCs besitzen nur wenige Bedienelemente und Anschlüsse.

- Auf der Frontseite finden sich das Display und die Linse der **Frontkamera**. Diese wird zur Aufnahme von »Selbstbildnissen« (neudeutsch »Selfies«) sowie für Videounterhaltungen verwendet.
- Mit der **Rückseitenkamera** (es kann mehrere Kameras geben) und dem LED-Blitz lassen sich Fotos und Videos per Smartphone oder Tablet aufnehmen.

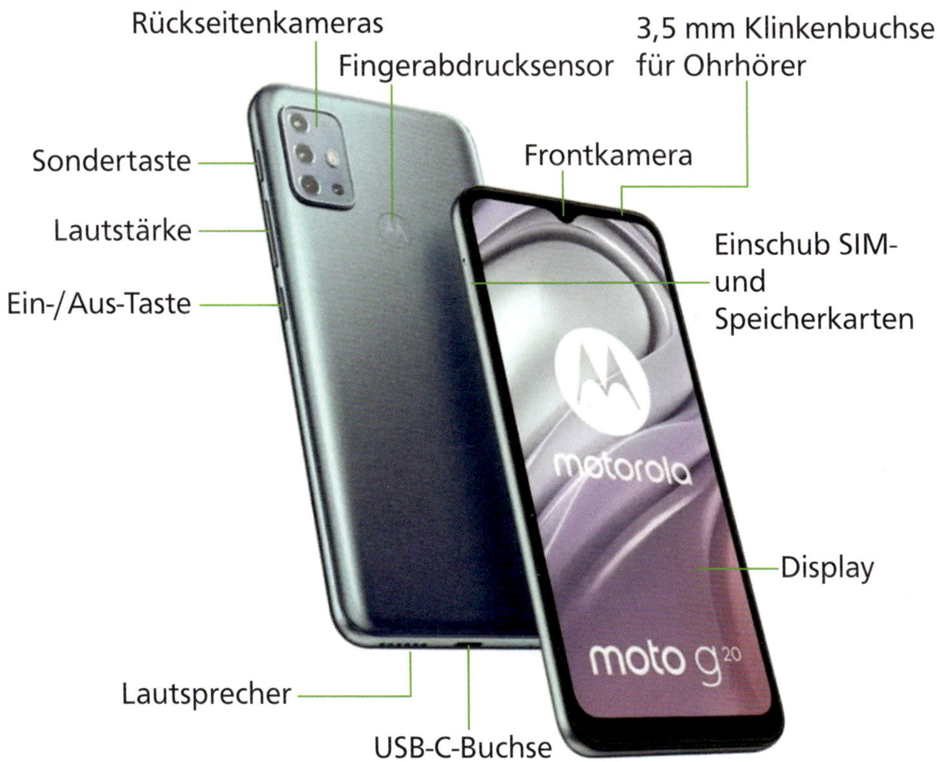

- Hinzu kommen oft Öffnungen für Mikrofon und Lautsprecher sowie eine **USB-C-Buchse** bzw. **Micro-USB-Buchse** zum Laden oder zum Datenaustausch mit dem PC. Bei der 3,5-mm-Klinkenbuchse handelt es sich meist um einen kombinierbaren Mikrofonein- und **Kopfhörerausgang**, an der sich Ohr- bzw. Kopfhörer anschließen lassen.
- Optional findet sich gegebenenfalls noch ein Einschub für den **Micro-SD-Kartenleser** und/oder für eine oder zwei **Nano-SIM-Karte**. Ob der Speicherkarteneinschub sich hinter der abklappbaren Rückseitenschale bzw. in einer ausziehbaren Minischublade befindet, ist gerätespezifisch.
- Auf der Seite des Smartphones oder Tablets sind die **Ein-/Aus-Taste** sowie der Wippschalter für die **Lautstärke** mit den Funktionen *Lauter/Leiser* zu finden. Ob diese Tasten nebeneinander (wie hier im Foto gezeigt), an gegenüberliegenden Seiten oder an der Kopf- und Breitseite angebracht sind, ist ebenfalls gerätespezifisch. Manche Android-Geräte besitzen auch noch eine Sondertaste oder einen Schiebeschalter, um z. B. die **Drehfunktion** des Bildschirms zu **sperren** oder einen Assistenten zu starten.

Ein optionaler Fingerabdrucksensor dient zum Entsperren des Geräts. Konsultieren Sie gegebenenfalls das Gerätehandbuch, um sich über die genaue Lage der Bedien- und Anschlusselemente zu informieren.

Geräte aufladen

Android zeigt den Akku-Ladestand am oberen Rand des Bildschirms durch ein stilisiertes Batteriesymbol an.

Ein fast leerer Akku bewirkt das Abschalten des Geräts und er ist am Stromnetz aufzuladen. Zum Aufladen verbinden Sie das mitgelieferte Kabel über den USB-C- oder Micro-USB-Stecker mit dem Gerät. Das zweite Ende mit dem USB-Stecker wird mit dem vom Hersteller gelieferten USB-Steckernetzteil verbunden.

Vermeiden Sie es, den USB-Stecker mit Gewalt in die entsprechende Buchse einzustöpseln, da dies zu Gerätebeschädigungen führen kann. Danach lässt sich das Steckernetzteil zum Laden an eine Steckdose anschließen. Bei ausgeschaltetem Gerät erscheint kurz eine Ladeanzeige auf dem Bildschirm. Bei eingeschaltetem Gerät zeigt Android den Ladezustand sowie das Aufladen in der rechten oberen Ecke des Home-Bildschirms in Form eines stilisierten Blitzsymbols an.

Verwenden Sie, sofern vorhanden, das Original-Netzteil des Geräteherstellers. Legen Sie das Gerät beim Laden (wegen der Brand- und Überhitzungsgefahr) auf eine nicht brennbare Unterlage.

Um die Akku-Lebensdauer nicht unnötig zu reduzieren, laden Sie das Gerät nur dann auf, wenn der Akku weitgehend leer ist. Große Hitze wirkt sich ebenfalls negativ auf die Akku-Lebensdauer aus und sollte vermieden werden.

Erste Schritte mit Android

In diesem Abschnitt finden Sie das Wissen zum Einstieg in Android. Wer bereits Vorwissen besitzt, geht die folgenden Seiten gegebenenfalls nur kursorisch durch. Sie lernen, wie ein Android-Gerät ein-/ausgeschaltet wird, was ein Sperrbildschirm ist, was sich hinter dem Startbildschirm verbirgt und was der Ruhezustand bedeutet.

Android-Gerät einschalten und entsperren

Drücken Sie zum Einschalten des Android-Geräts (Smartphone, Tablet-PC) für ein paar Sekunden die Ein-/Aus-Taste am Gehäuserand. Bei einem aufgeladenen Gerät werden das Logo und die Geräteanimation beim Start angezeigt.

Warten Sie, bis Android vollständig gestartet ist und der **Sperrbildschirm** (auch als **Lock-Screen** bezeichnet) erscheint.

HINWEIS

Dieser Sperrbildschirm soll das ungewollte Auslösen von Funktionen beim unbenutzten Gerät verhindern (z. B. Gerät wird in der Tasche transportiert, Dritte sollen das Gerät nicht benutzen können). Ein unbenutztes Gerät schaltet nach einigen Sekunden automatisch zum Sperrbildschirm um.

Der gerätespezifisch gestaltete Sperrbildschirm kann vom Benutzer angepasst werden.

- Auf dem Sperrbildschirm werden meist Uhrzeit und Datum (1) angezeigt.
- Am oberen Bildschirmrand (2) erscheint die Statusleiste mit der Anzeige des Akku-Ladestands, der WLAN-Verbindung etc. Möglicherweise zeigt Ihnen der Hinweis *Aufgeladen* an, dass der Akku des Geräts zu 100 % voll ist. Alternativ werden Sie mit *Wird langsam geladen* (3) über den Ladevorgang informiert.
- Wird ein **Kamerasymbol** (4) angezeigt, tippen Sie mit dem Finger auf dieses Symbol und ziehen den Finger über das Display. Dies entsperrt das Gerät und startet gleichzeitig die Kamera-App zur Aufnahme von Fotos.
- Je nach Gerät und Android-Version können auf dem Sperrbildschirm noch Statusmeldungen (5) erscheinen. Diese informieren Sie über Fehler, eingegangene Nachrichten und so weiter. Eine Statusmeldung lässt sich oft mit dem Finger nach rechts zum Rand verschieben und damit löschen bzw. ausblenden.

Zum Entsperren des Geräts wischen Sie mit dem Finger den Sperrbildschirm nach oben weg (oder, je nach Gerät, zur Seite). Bei älteren Android-Geräten ziehen Sie einfach das Symbol des Schlosses (6) mit dem Finger nach rechts oder nach oben zum Rand des Bildschirms. Probieren Sie, welche Geste zum Entsperren benötigt wird.

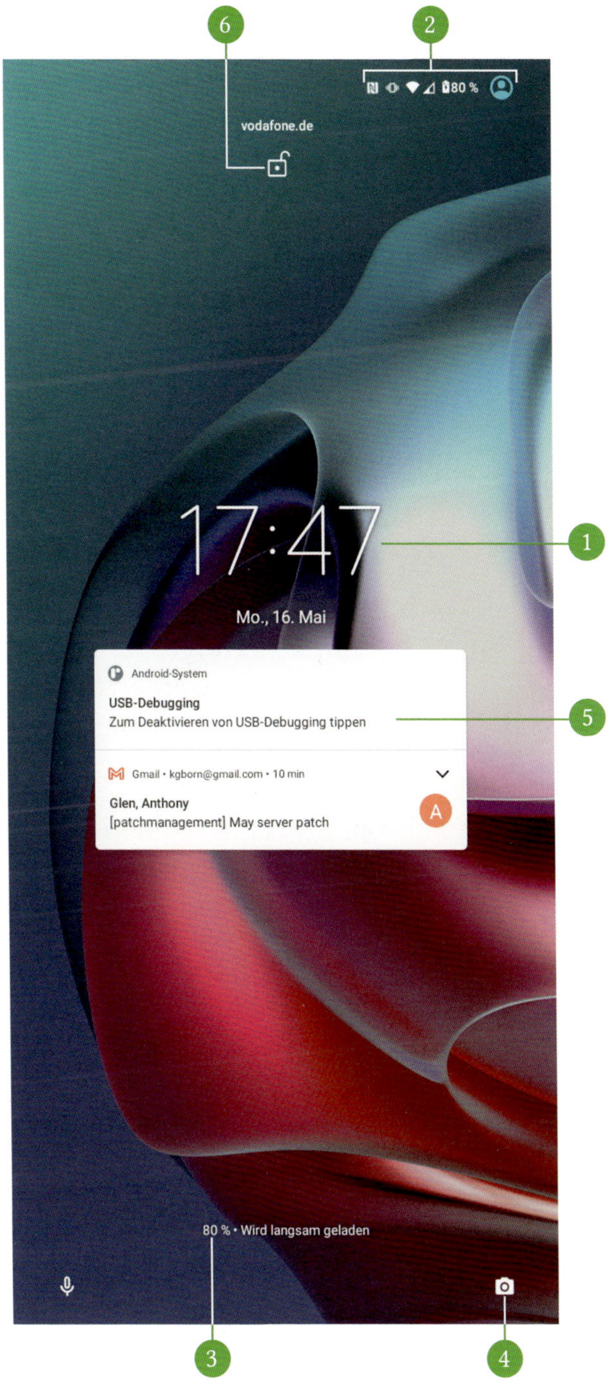
6
2
80 %
vodafone.de
17:47
1
Mo., 16. Mai
Android-System
USB-Debugging
Zum Deaktivieren von USB-Debugging tippen
5
Gmail • kgborn@gmail.com • 10 min
Glen, Anthony
[patchmanagement] May server patch
A
80 % • Wird langsam geladen
3
4

Sie gelangen anschließend (in den Standardeinstellungen) zum Android-Startbildschirm. Wurde dagegen ein Kennwort, ein PIN-Code oder ein Entsperrmuster vom Benutzer eingerichtet, ist dieses zum Entsperren einzugeben.

SIM-Sperre bei Smartphone

Bei Smartphones kann zudem nach jedem Starten von Android eine PIN-Abfrage durch die eingelegte SIM-Karte erzwungen werden.

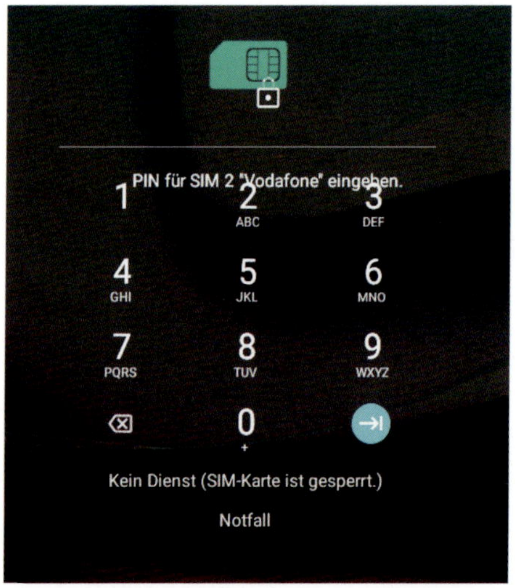

Sie haben dann genau drei Versuche, um die SIM-PIN über die eingeblendeten Tasten und die *OK*-Schaltfläche einzutippen. Ohne entsperrte SIM-Karte sind nur Notrufe möglich. Die SIM-Sperre ist aber unabhängig von der Anzeige des Sperrbildschirms.

Wissen zum Sperrbildschirm

Smartphones zeigen den Sperrbildschirm und die nachfolgend vorgestellte Startseite in der Regel hochkant. Bei Tablet-PCs passt sich die Darstellung an die Lage des Geräts an (Hoch- oder Querformat).

Funktionen zum Entsperren

Das Gerät lässt sich über die App *Einstellungen*, Befehle *Sicherheit/Displaysperre* so einrichten bzw. schützen, dass zum Entsperren eine PIN, eine Fingergeste oder eine andere Methode wie ein Passwort, ein Fingerabdruck oder die Gesichtserkennung erforderlich ist.

Die Benutzerauswahl

Manchmal werden Geräte von verschiedenen Personen verwendet. Oder ein Smartphone ist beruflich und privat im Gebrauch. Seit Android 5 lassen sich ein Gerätebesitzer sowie weitere Benutzer und Gäste einrichten.

Jeder Benutzer erhält seinen eigenen »Bereich« auf dem Gerät, in dem er Daten, Apps, den Bildschirmhintergrund etc. ablegen kann.

In der am oberen Bildschirmrand angezeigten Statusleiste findet sich das Symbol eines stilisierten Benutzers 1.

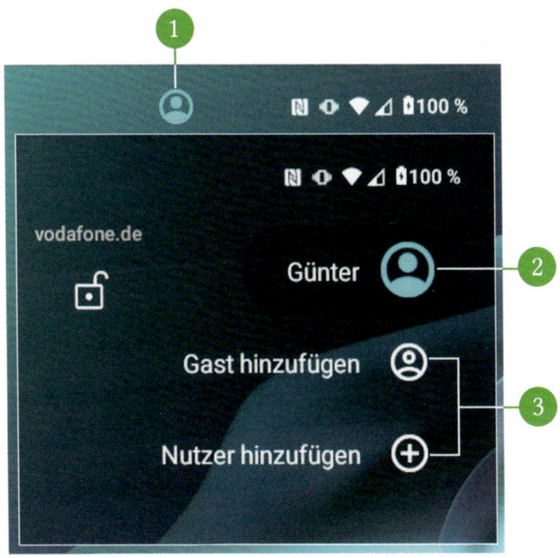

Tippen Sie darauf, wird die hier sichtbare Darstellung zur Verwaltung der Benutzer angezeigt. Je nach Android-Version muss man aber vom oberen Rand nach unten wischen, und die Nutzer werden nebeneinander angezeigt.

- Bei mehreren eingerichteten Konten schaltet das Antippen des Kontonamens (2) zwischen diesen um (hier habe ich nur ein Konto eingerichtet). Man gelangt dann in die Umgebung dieses Kontos und kann mit den Apps arbeiten.
- Der Hauptbenutzer (hier *Günter*) kann sowohl einen Gast als auch weitere Nutzer (3) hinzufügen.
- Bei Anwahl von *Nutzer hinzufügen* werden dann verschiedene Seiten mit Schritten zum Anlegen eines Benutzers angezeigt. In diesen Schritten können z. B. ein Google-Konto sowie der Name des Kontoinhabers angegeben werden.

Ob man verschiedene Benutzer verwendet, hängt vom persönlichen Geschmack sowie der Nutzung des Geräts ab.

Gerät aus- oder in den Ruhezustand schalten

Ein unbenutztes Android-Gerät wird nach einer kurzen Zeit (wenige Sekunden bis Minuten) zum Energiesparen in den Ruhezustand (**Stand-by**) versetzt.

HINWEIS

Die Wartezeit bis zur Aktivierung des Ruhezustands lässt sich über die App *Einstellungen* über die Kategorien *Display/Erweitert/Ruhezustand* oder *Display automatisch ausschalten* oder ähnlich einstellen (siehe Kapitel 8 auf Seite 265).

Der Bildschirm ist in diesem Zustand dunkel geschaltet. Drücken Sie kurz die Ein-/Ausschalttaste, um den Energiesparmodus zu erzwingen. Diesen Modus beenden Sie durch erneutes Drücken der Ein-/ Ausschalttaste.

Zum richtigen **Ausschalten** des Geräts halten Sie die Ein-/Ausschalttaste ein paar Sekunden gedrückt.

Abhängig vom Gerät erscheint dann ein Menü mit verschiedenen Befehlen wie *Ausschalten*, *Neustart*, *Notfall* etc. Tippen Sie dann mit dem Finger auf den Text *Ausschalten*. Nach ein paar Sekunden ist das Gerät komplett abgeschaltet.

TIPP

Drücken Sie mit Ihrem Finger ein paar Sekunden auf den Befehl *Ausschalten*, zeigt Android gegebenenfalls ein sogenanntes Popup-Fenster *Im abgesicherten Modus starten*.

Bestätigen Sie das mit *OK*, werden beim nächsten Start von Android nur noch die vorinstallierten Apps des Herstellers automatisch gestartet (siehe auch *www.borncity.com/blog/?p=160800*).

Dies ist gegebenenfalls zur App-Deinstallation hilfreich, falls eine App mit Schadfunktionen auf das Gerät gelangt ist und die Gerätefunktionen blockiert.

In diesem Kapitel haben Sie eine Übersicht über Android und die Geräte erhalten sowie gelernt, wie Sie das Gerät ein- und wieder ausschalten.

Im nächsten Kapitel lernen Sie die Bedienung von Android kennen und erfahren, wie Sie Apps im Google Play Store kaufen.

Bedienung und Apps

Im vorherigen Kapitel haben Sie eine Übersicht über die Android-Geräte erhalten. Zudem wissen Sie, wie Sie die Geräte ein- und ausschalten und wie Sie den Sperrbildschirm entriegeln. Dieses Kapitel vermittelt Ihnen nun das Grundwissen zum Umgang mit Android. Sie erfahren, wie der Startbildschirm bedient und organisiert wird. Zudem wird gezeigt, wie Sie Apps aufrufen und aus dem Google Play Store beziehen. Also quasi das Basiswissen zum Umgang mit Android.

Das lernen Sie in diesem Kapitel

- Basiswissen zur Bedienung
- Bedienung für Fortgeschrittene
- Apps installieren und verwalten

2

Basiswissen zur Bedienung

In diesem Abschnitt möchte ich absoluten Einsteigern noch ein wenig Wissen zum Umgang mit Android an die Hand geben. Sie lernen den Startbildschirm und den Umgang mit Apps kennen. Wer bereits Vorwissen besitzt, kann den Abschnitt ja kursorisch durchgehen.

Der Startbildschirm

Bei einem entsperrten Android-Gerät wird der sogenannte Startbildschirm (im Englischen auch als Homescreen bezeichnet) angezeigt.

- Der **Startbildschirm** zeigt die Symbole verschiedener häufig benutzter Apps. Er unterteilt sich in mehrere »Seiten«, die Sie durch Wischen mit dem Finger nach rechts oder links abrufen. Hier ist der Startbildschirm eines Tablets mit Android 12 zu sehen – auf einem Smartphone sieht er ähnlich aus. Drücken Sie (seit Android 6) ein paar Sekunden auf eine leere Stelle des Startbildschirms, wird eine verkleinerte Ansicht dieser Seiten eingeblendet. Antippen der Ansicht holt die Seite in den Vordergrund.
- Der obere Rand zeigt **Statusinformationen** wie beispielsweise eingetroffene E-Mails oder Nachrichten, die Uhrzeit, den Ladezustand des Akkus oder den Status der WLAN-Anbindung (bzw. bei Mobilfunkverbindung den Status der SIM-Karte) in der **Statusleiste**.
- Am unteren (oder rechten) Bildschirmrand sehen Sie drei **Navigationssymbole**, über die Sie verschiedene Android-Funktionen abrufen (siehe folgende Abschnitte).
- Am linken (oder oberen) Rand oder in der Mitte des Desktops (in Android 12) werden das Symbol zur Suche sowie das Mikrofonsymbol zur **Sprachbedienung** angezeigt.
- Am rechten (oder unteren) Rand erscheint die **Favoritenleiste** mit den Symbolen häufig benötigter Apps wie Mail, Browser, Kamera, gegebenenfalls Telefon etc.

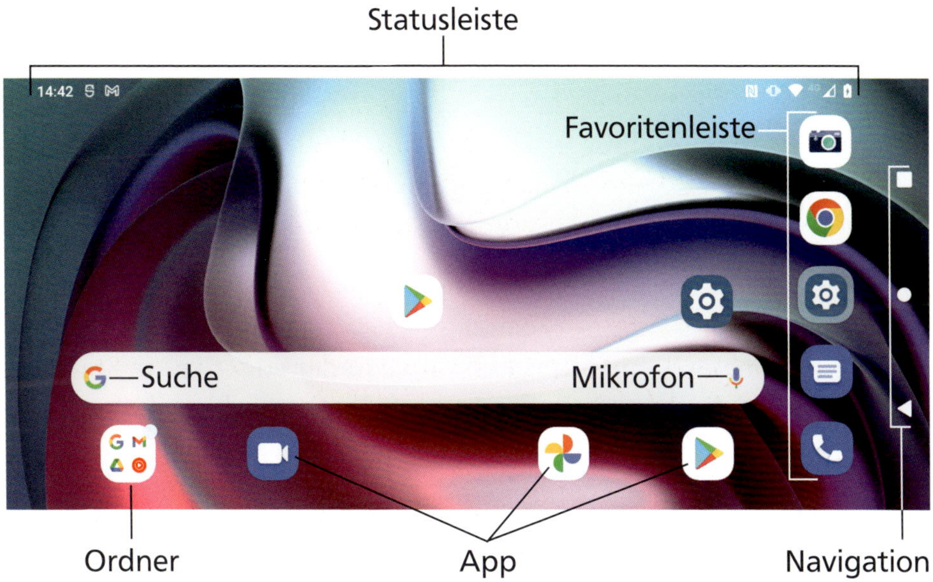

- Auf dem Startbildschirm sehen Sie zudem die (Verknüpfungs-) **Symbole** ausgewählter **Apps** (kleine Programme), die auf dem Gerät installiert sind.
- Android ermöglicht es Ihnen zudem, mehrere App-Verknüpfungen in sogenannten **Ordnern** auf der Startseite abzulegen.
- Optional lassen sich zudem noch sogenannte **Widgets** auf dem Startbildschirm einblenden. Widgets sind kleine Programme, die als Fenster sichtbar sind und Informationen (z. B. Wetterdaten, Uhrzeit, Datum, abgespielter Musiktitel etc.) anzeigen.

Wischen Sie auf dem Startbildschirm nach rechts oder links, lässt sich zwischen den Seiten mit den App-Verknüpfungen blättern, während Status- und Navigationsleiste sowie die Favoriten und die Symbole für Mikrofon und Suche fest auf dem Bildschirm sichtbar bleiben. Wischen Sie auf einem Smartphone vom unteren Rand nach oben, gelangen Sie zur Seite mit den installierten Android-Apps.

Drehen der Anzeige

Android-Geräte besitzen meist einen Rotationssensor, mit dem die Lage im Raum erkannt werden kann. Dadurch besteht die Möglichkeit, dass die Darstellung auf dem Bildschirm abhängig von der Haltung des Geräts im Hoch- oder Querformat angezeigt wird.

Bei Smartphones werden der Sperrbildschirm und die Startseite im Hochformat angezeigt, egal, wie das Gerät gehalten wird (wobei ich bei meinem Android-12-Smartphone über eine Option das Drehen des Startbildschirms auch zulassen kann).

Bei den meisten Apps dreht sich die Anzeige zwischen Hoch- und Querformat. Bei Tablet-PCs passt sich die Anzeige des Displays auch beim Sperrbildschirm und bei der Startseite der Lage des Geräts automatisch an.

Diese **Drehfunktion** kann bei manchen Geräten über eine Taste an der Seite **gesperrt** werden. Alternativ lässt sich die Sperre in der App *Einstellungen* über *Display/Display automatisch drehen* ein- und ausschalten. Statt *Display* kann der Befehl auch *Bildschirm/Bei Drehung des Geräts* heißen. Zudem gibt es in den Schnelleinstellungen (siehe den Abschnitt »Schnelleinstellungen verwenden«) gegebenenfalls ein Symbol, um das Drehen ein-/auszuschalten.

Die Funktion der Navigationstasten

Am unteren Rand des Displays finden Sie drei Navigationstasten. Die nachfolgende Abbildung zeigt die Navigationstasten ab Android 5.x (Lollipop).

- *Zurück:* Das linke Symbol steht für die *Zurück*-Taste, die Sie einen Bedienschritt zurückbringt.
- *Start:* Das mittlere Symbol schaltet beim Antippen zur Startseite.

- *Übersicht:* Das rechts angeordnete viereckige Symbol öffnet eine Liste mit Miniaturansichten laufender Apps und ermöglicht es Ihnen, zwischen Apps umzuschalten oder diese zu beenden.

Je nach Android-Version können die Navigationssymbole gefüllt oder als Umrisse ausgeführt sein. Die Funktionalität bleibt aber gleich.

Bediengesten für Android

Zum Arbeiten mit Android sollten Sie die folgenden Bediengesten kennen.

- Einfach ein Objekt (ein App-Symbol, ein Bedienelement in einer App etc.) antippen, um eine Reaktion auszulösen. In ganz wenigen Fällen kommt noch »Halten« (den Finger ein paar Sekunden auf einem App-Symbol belassen) dazu.

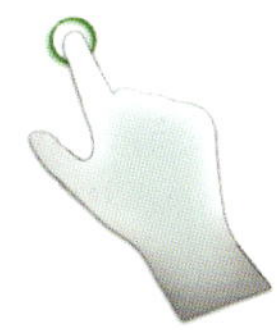

- Mit dem Finger nach links oder rechts, in Apps auch von oben nach unten bzw. umgekehrt auf dem Bildschirm wischen, um zu blättern oder ein App-Symbol zu ziehen.

- Bei einigen Apps (z. B. Foto- oder Browser-App) können Sie Daumen und Zeigefinger spreizen oder zusammenziehen, um die Darstellung innerhalb der App (z. B. ein Foto oder eine Webseite) zu vergrößern bzw. zu verkleinern.

HINWEIS

Bei manchen Tablet-PCs oder Smartphones (z. B. Galaxy Note) liegt noch ein Stift bei. Der Stift ist dabei vor allem ein etwas »feinerer Finger« für Eingaben.

Falls Apps Handschrifteingaben oder Zeichenfunktionen unterstützen, kann per Stift auch geschrieben oder gemalt werden.

Umgang mit Apps

Das Starten und der Umgang mit Apps ist keine große Kunst und intuitiv zu beherrschen.

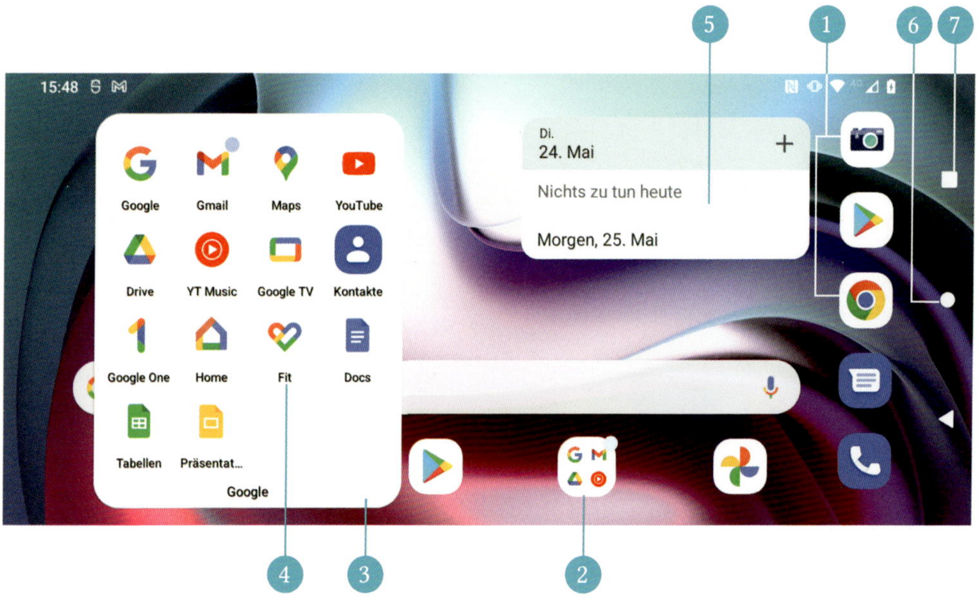

- Tippen Sie auf dem Startbildschirm einfach auf das Verknüpfungssymbol (1) einer **App**, um diese zu **starten**.
- Ist die App in einem Ordner (2) untergebracht, tippen Sie auf dieses Ordnersymbol. Sobald sich das Ordnerfenster (3) öffnet, tippen Sie auf das Verknüpfungssymbol der App (4).
- Um auf ein Widget (z. B. den Kalender) zuzugreifen, tippen Sie auf dessen Anzeige (5).

Anschließend öffnet sich die App oder das Widget und der Startbildschirm verschwindet. Dann können Sie mit der App oder dem Widget arbeiten.

Tippen Sie einfach auf die *Start*-Taste (6) des Geräts, um wieder zum Startbildschirm zurückzukehren. Anschließend lässt sich eine neue

App aufrufen, um mit dieser zu arbeiten. Die Rückkehr zur vorherigen App klappt genauso, Sie gehen zum Startbildschirm zurück und wählen das Symbol der App erneut an. Oder Sie verwenden folgende Techniken:

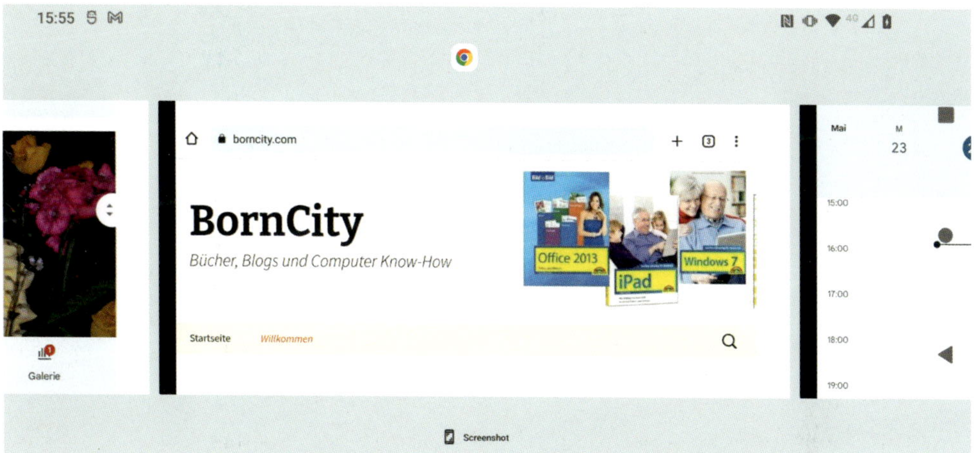

- Tippen Sie auf die Taste *Übersicht* (7) des Geräts. Dann zeigt Android die Miniaturansichten der laufenden Apps und Widgets.
- Durch Wischen mit dem Finger (je nach Android-Version) nach links/rechts bzw. oben/unten blättern Sie in der Liste der Miniaturansichten.
- Tippen Sie die Miniaturanzeige der App/des Widgets mit dem Finger an, um die App oder das Widget zu öffnen.
- Schieben Sie eine Miniaturanzeige mit dem Finger einfach (je nach Android-Version) nach oben bzw. nach rechts über den Bildschirmrand hinaus, um die App bzw. das Widget gezielt zu schließen. Bei älteren Android-Versionen können Sie in der rechten oberen Ecke der Miniaturansicht auf das angezeigte Symbol *Schließen* tippen.

Diese Bedientechniken ermöglichen es Ihnen, sowohl zwischen Apps zu wechseln als diese auch zu schließen. Allerdings stehen diese Funktionen nicht auf allen Geräten und nicht unter allen Android-Versionen zur Verfügung.

Die Seite »Alle Apps«

Auf dem Startbildschirm werden nur ausgesuchte Apps als Symbole angezeigt. Auf einem Android-Gerät können viel mehr Apps installiert sein, die auf der Seite *Alle Apps* aufgelistet werden.

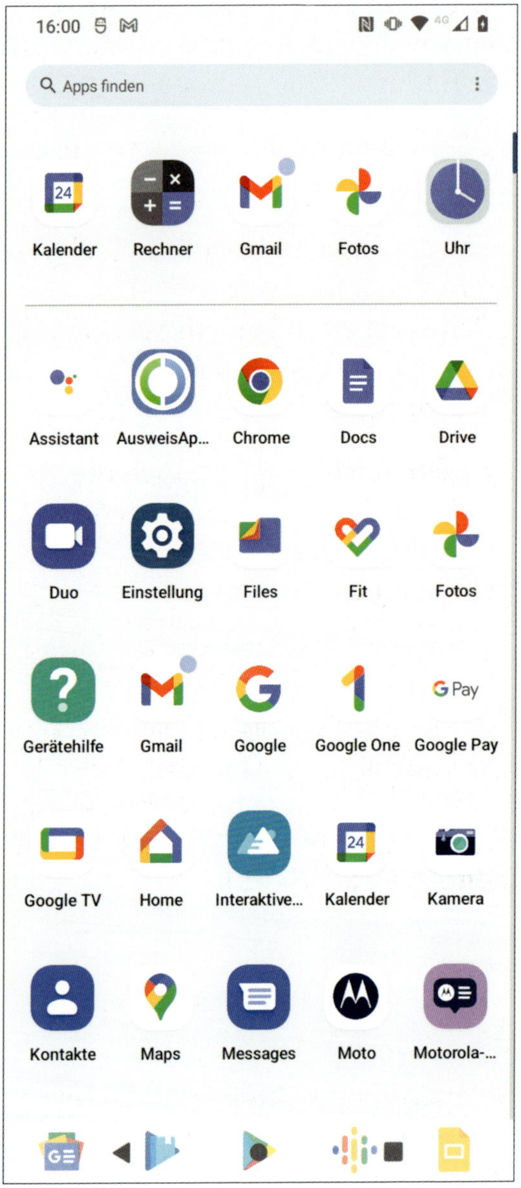

Wischen Sie auf der Startseite von unten zum oberen Displayrand (in älteren Android-Versionen gibt es gegebenenfalls auch ein Symbol in der Favoritenleiste), um zur Anzeige der Seite mit allen Apps zu gelangen.

Dort werden dann die Symbole aller Apps angezeigt, die von Google, dem Gerätehersteller sowie dem Anwender unter Android vorinstalliert oder nachträglich hinzugefügt wurden.

Die Darstellung der Seite hängt dabei etwas von der Android-Version und dem Gerät ab.

Bei Smartphones wird die Seite im Hochformat angezeigt. Durch Wischen (nach oben/unten bzw. rechts/links) blättern Sie zwischen den Apps. Auf der Seite gibt es zudem ein Suchfeld *Apps finden* (oder ähnlich beschriftet). Tippen Sie auf das Feld und geben Sie einen App-Namen per Bildschirmtastatur ein, wird die App gesucht.

Um eine App aufzurufen, reicht das Antippen des App-Symbols unter *Alle Apps*. Möchten Sie zur Startseite zurückkehren, tippen Sie in der Navigationsleiste auf das Symbol *Start*. Mehr braucht man über die Seite *Alle Apps* eigentlich nicht zu wissen.

HINWEIS

Unter *Alle Apps* stehen die Symbole wirklich für Apps. Bei den Symbolen auf dem Startbildschirm handelt es sich letztendlich um Verweise (Verknüpfungen) auf die betreffenden Apps. Die App *Einstellungen* ermöglicht Ihnen den Zugriff auf die Android-Einstellungen (siehe Kapitel 8 ab Seite 253).

Bedienung für Fortgeschrittene

Die im vorherigen Abschnitt beschriebenen Techniken reichen eigentlich, um Android-Apps aufzurufen. Wer sich etwas besser mit Android auskennt, kann die Startseite anpassen und weitere Funktionen verwenden. Nachfolgend lernen Sie den Umgang mit der Bildschirmtastatur, die Suche samt Spracheingabe, Techniken zum Anpassen der Startseite und mehr kennen.

Apps auf dem Startbildschirm verwalten

Auf den Seiten des Startbildschirms lassen sich häufig benutzte Apps hinzufügen. Weiterhin lassen sich Apps auf den Seiten anordnen oder gruppieren und bei Bedarf auch wieder entfernen.

1 Um eine App auf dem Startbildschirm zu verschieben, legen Sie den Finger einfach ein paar Sekunden auf das App-Symbol.

2 Anschließend ziehen Sie das App-Symbol 1 mit dem Finger zur gewünschten Position auf der Startseite.

Heben Sie den Finger vom App-Symbol ab, wird die Verknüpfung an der aktuellen Position auf der Startseite verankert. Auf diese Weise ordnen Sie App-Verknüpfungssymbole und auch Widgets (sofern vorhanden) auf der Startseite nach Belieben an.

TIPP

Ziehen Sie das Verknüpfungssymbol einer App aus dem sichtbaren Bereich des Startbildschirms über den linken oder rechten Rand hinaus. Android ordnet das Symbol in der betreffenden Seite des Startbildschirms an.

- Ziehen Sie das Symbol zu einer freien Position in der Favoritenleiste (2), um das Symbol dort zu verankern.
- Alternativ können Sie ein Symbol der Favoritenleiste (3) zur gewünschten Position auf der Startseite schieben.
- Um ein App-Symbol oder ein Widget vom Startbildschirm zu entfernen, drücken Sie kurz mit dem Finger darauf. Danach schieben Sie das Element zu dem auf der Startseite eingeblendeten *Löschen*-Element (4).

Das Element zum Entfernen (4) kann, je nach Android-Version, als X oder als stilisierte Mülltonne am linken oder oberen Rand angezeigt werden.

HINWEIS

Das Löschen eines App-Symbols auf dem Startbildschirm entfernt lediglich die Verknüpfung. Die App bleibt weiterhin auf dem Android-Gerät installiert und lässt sich über die Seite mit allen Apps aufrufen sowie später erneut als Verknüpfung zum Startbildschirm hinzufügen.

Je nach Android-Version wird noch das Symbol eines Papierkorbs angezeigt. Schieben Sie das App-Symbol auf den Papierkorb, erscheint eine Abfrage zum Deinstallieren der App.

Auf diese Weise ordnen Sie die Apps neu an oder verschieben diese zwischen einzelnen Startbildschirmen.

Verknüpfungen anlegen

Verknüpfungen sind Verweise auf Apps, die mit dem Symbol und dem Titel der App auf dem Startbildschirm oder in der Favoritenleiste angelegt werden können. Um eine Verknüpfung auf eine App auf dem Startbildschirm anzulegen, gehen Sie in folgenden Schritten vor.

1 Blenden Sie die Seite mit allen Apps (1) z. B. durch Wischen mit dem Finger von unten zum oberen Rand ein.

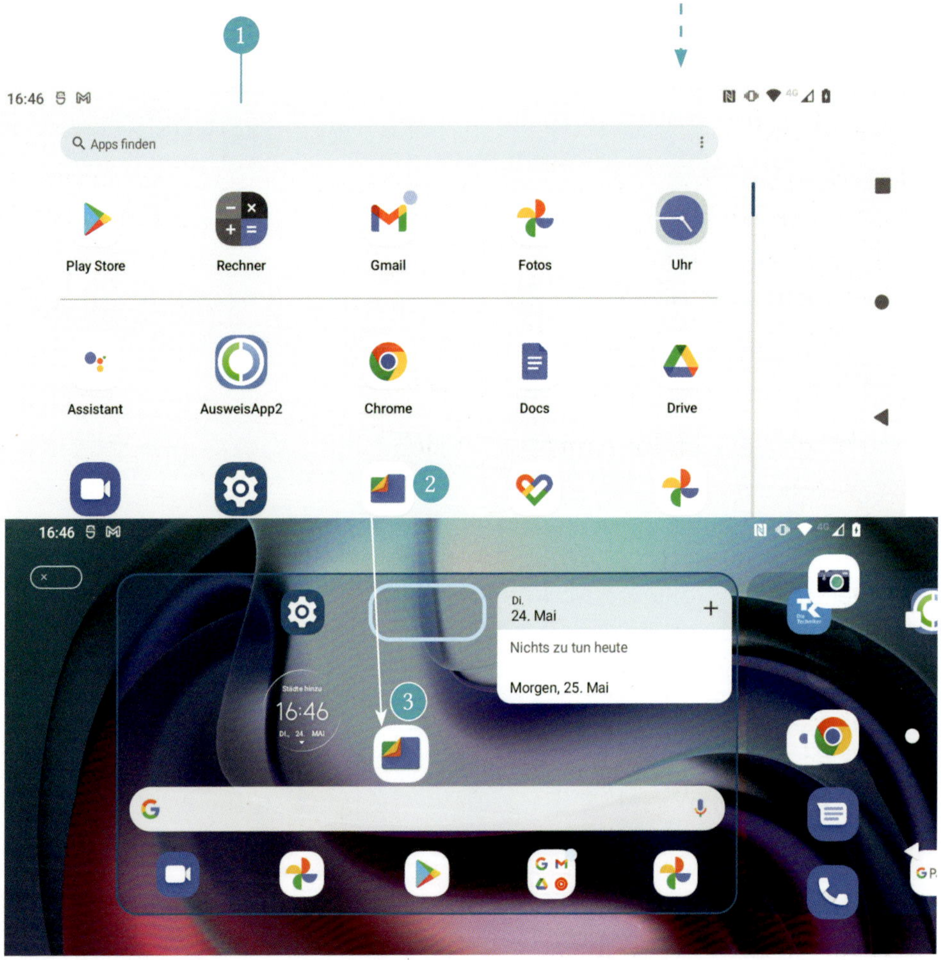

2 Drücken Sie mit dem Finger auf das Symbol der App 2, warten Sie einen Augenblick und schieben Sie das Symbol etwas.

3 Sobald die Startseite erscheint, **schieben** Sie die **App** an die gewünschte Position 3.

Beim Abheben des Fingers ordnet Android die Verknüpfung auf die App an der betreffenden Position innerhalb des Startbildschirms an.

HINWEIS

Möchten Sie zur Startseite zurückkehren, tippen Sie in der Navigationsleiste auf das Symbol *Start*. Mehr braucht man eigentlich nicht zu wissen.

Apps in Ordnern gruppieren

Thematisch verwandte **Apps** lassen sich **über** sogenannte **Ordner gruppieren**.

- Schieben Sie auf dem Startbildschirm das Symbol einer App-Verknüpfung 1 per Finger über das Symbol einer anderen App-Verknüpfung 2 oder eines vorhandenen Ordners 3 und heben Sie den Finger ab.

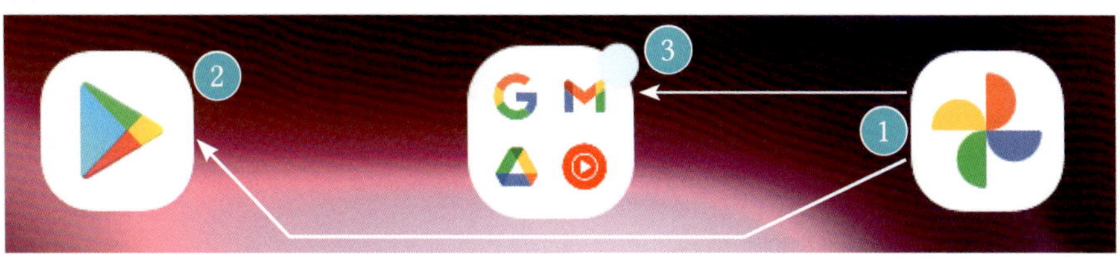

- Android fasst dann die beiden Apps zu einer Gruppe zusammen und legt die App-Symbole in einem Ordner 3 ab. Wird die App-

Verknüpfung über ein Ordnersymbol gezogen, wird die Verknüpfung dort eingefügt.

HINWEIS

Das Anlegen eines Ordners ist manchmal etwas kniffelig, da das zweite Symbol wegrutscht. Versuchen Sie es gegebenenfalls mehrfach und schieben Sie das erste Symbol zügig über das zweite.

- Tippen Sie auf das Symbol eines Ordners (3), wird dessen Inhalt mit den App-Verknüpfungen als Fenster (4) eingeblendet.
- Um eine App aus dem Ordnerfenster zu entfernen, drücken Sie im Ordner ein paar Sekunden mit dem Finger auf das Symbol der App (5). Dann schieben Sie das Symbol mit dem Finger auf den Startbildschirm (6) zurück und heben den Finger ab.

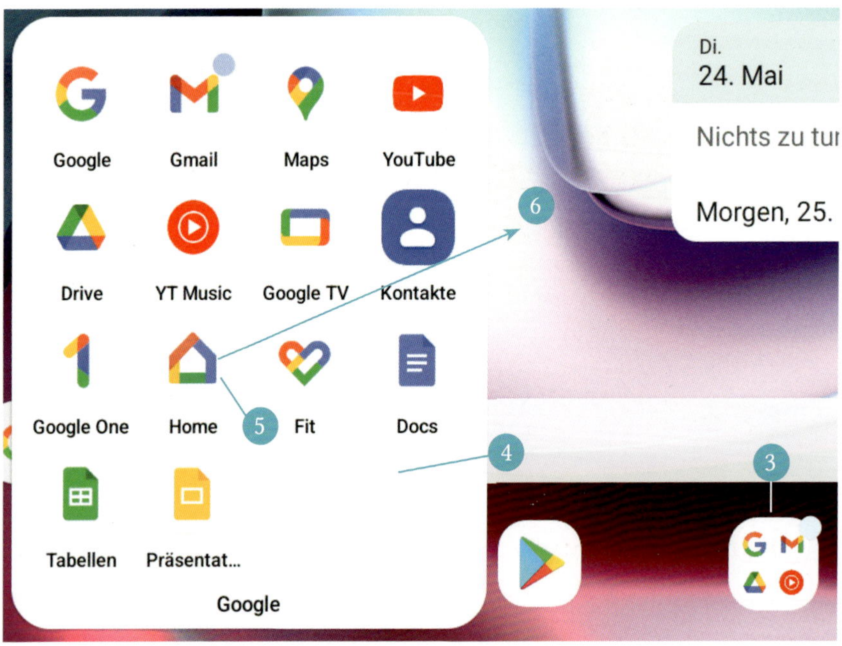

- Ein Ordner mit nur noch einem Symbol wird automatisch durch Android vom Startbildschirm entfernt. Um die Ordneranzeige zu schließen, tippen Sie im Startbildschirm auf eine freie Stelle neben dem Ordnerfenster.
- Ein Ordner lässt sich mit einem Namen versehen, indem Sie im geöffneten Ordnerfenster auf den Ordnernamen tippen und dann den Ordnernamen per Bildschirmtastatur eingeben (siehe nachfolgend den Abschnitt zur Bildschirmtastatur).

Ordner bieten Ihnen die Möglichkeit, Apps thematisch zu gruppieren.

Die Sache mit den Widgets

Neben Apps gibt es unter Android auch noch die sogenannten Widgets. Ich hatte die Widgets schon weiter oben erwähnt. Das sind kleine Symbole, die sich auf der Startseite einfügen lassen und Informationen einer App (z. B. Kalendereinträge, die Uhrzeit etc.) anzeigen.

1 Drücken Sie den Finger ein paar Sekunden auf eine freie Stelle des Startbildschirms und heben Sie den Finger ab.

2 Tippen Sie im eingeblendeten Menü auf *Widgets* (1), um die zugehörige Seite zu öffnen.

3 Wischen Sie in der geöffneten Seite durch die Widgets, und tippen Sie dann auf das gewünschte Widget (2), um die Liste der verfügbaren Widgets einzublenden.

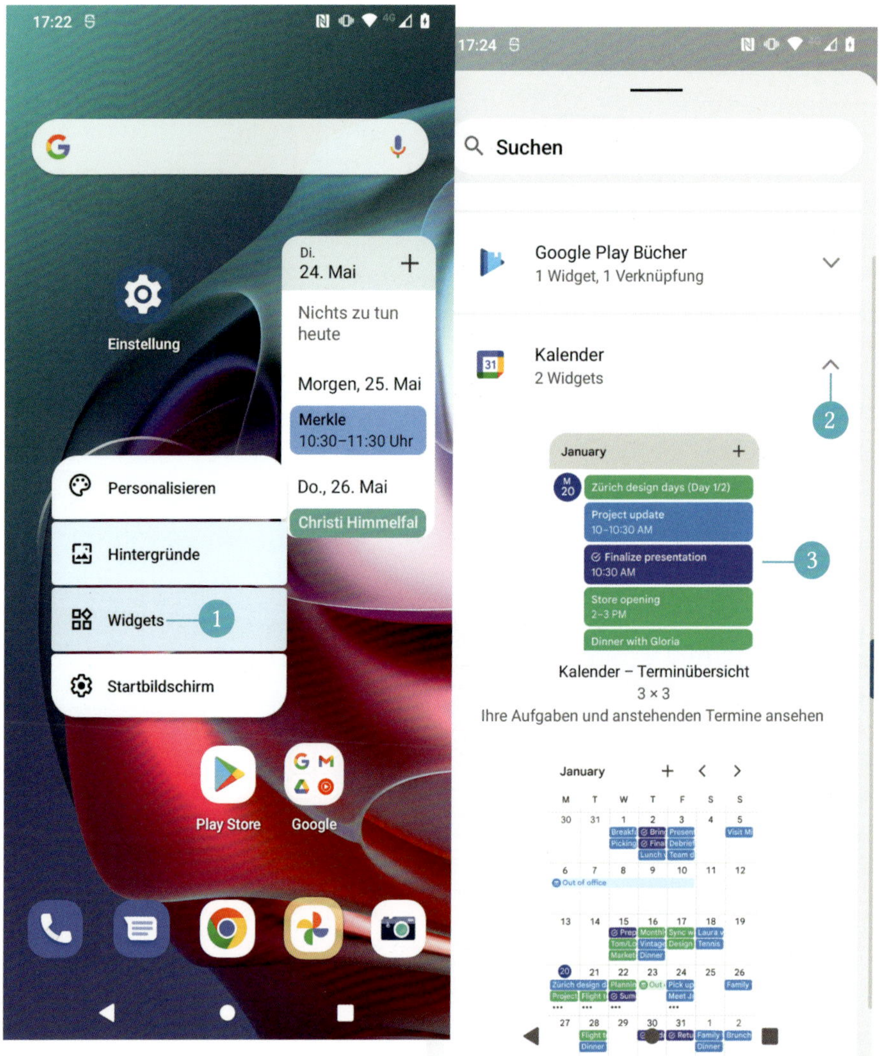

Sie sehen dann die in Android vorgehaltenen Widgets und können durch Wischen mit dem Finger nach oben oder unten zwischen den Einträgen blättern.

4 Um das Widget zur Startseite hinzuzufügen, drücken Sie den Finger etwas länger auf das Widget-Symbol 3.

5 Anschließend ziehen Sie das Widget mit dem Finger zur gewünschten Position auf der Startseite und heben den Finger ab.

Das Widget-Symbol wird dann auf der Startseite an der betreffenden Position abgelegt. Es lässt sich später einfach durch Antippen mit dem Finger aufrufen. Tippen Sie in der Navigationsleiste auf das Symbol *Start*, um zur Startseite zurückzukehren.

Ein Widget löschen Sie genauso wie ein App-Symbol: einfach einige Sekunden mit dem Finger darauf drücken und dann über das eingeblendete Symbol *Entfernen* schieben.

Größe eines Widgets anpassen

Um die Größe eines Widgets auf dem Startbildschirm zu verändern, drücken Sie den Finger einige Sekunden auf das Widget.

Sobald Sie den Finger abheben, werden die Widget-Ränder mit Punkten (Ziehmarken) gekennzeichnet. Verschieben Sie die Ziehmarken mit dem Finger, um das Widget zu vergrößern oder zu verkleinern.

Eingaben per Bildschirmtastatur

Die Bildschirmtastatur wird von Android automatisch zur Texteingabe eingeblendet. Der in einem der vorherigen Abschnitte angelegte Ordner soll umbenannt werden.

1 Tippen Sie auf das Textfeld (hier der Ordnername *Google* ①), um mit der Eingabe zu beginnen.

2 Tippen Sie auf der dann automatisch angezeigten Bildschirmtastatur ② die gewünschten Zahlen und Symbole ein.

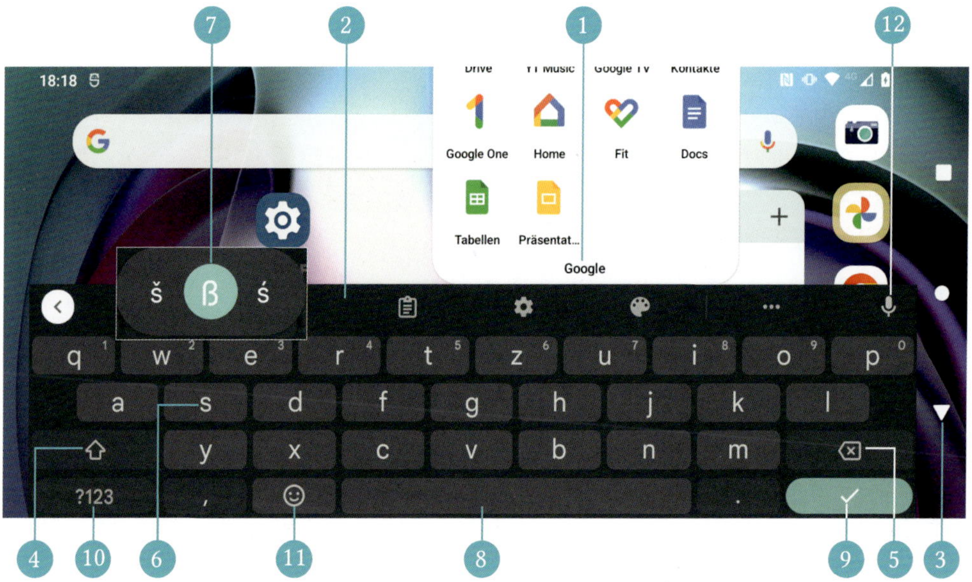

Bei der Texteingabe ist Folgendes zu beachten:

- Mit der *Zurück*-Taste ③ des Navigationsbereichs lässt sich eine eingeblendete Bildschirmtastatur wieder ausblenden. Das Gleiche passiert, wenn Sie einen Bereich neben dem Textfeld antippen.
- Tippen Sie auf die Buchstabentasten, um das jeweilige Zeichen einzugeben. Diese erscheinen im Textfeld links neben der als senkrecht blinkender Strich angezeigten Einfügemarke.
- Drücken Sie die ⇧-Taste ④, um Großbuchstaben einzutippen. Hat die Tastatur (nach einem Punkt) bereits auf Großbuchstaben

umgeschaltet, wechselt ein Antippen der [⇧]-Taste zur Eingabe von Kleinbuchstaben zurück.

- Über die [⇦]-Taste 5 löschen Sie Zeichen links von der Einfügemarke (blinkender Strich).
- Um die Einfügemarke im Text zu positionieren, legen Sie den Finger an die betreffende Position. Sobald der Marker (senkrecht blinkender Strich) erscheint, verschieben Sie ihn und damit die Textmarke zeichenweise mit dem Finger im Text.
- Manche Tasten wie S, A, O, U sind mehrfach, u. a. mit Umlauten, belegt. Drücken Sie den Finger ein paar Sekunden auf die Taste 6, wird ein kleines Fenster 7 mit Akzent- oder diakritischen Zeichen eingeblendet. Wischen Sie einfach zur gewünschten Taste, um das Zeichen abzurufen.
- Die längliche Taste 8 am unteren Rand der Bildschirmtastatur ist die Leertaste, mit der sich Leerzeichen im Text einfügen lassen.
- Über die mit einem Häkchen, Pfeil oder ähnlich versehene Eingabe-Taste 9 wird eine Texteingabe abgeschlossen.
- Die Taste 10 schaltet die Bildschirmtaste auf numerische Eingaben um. Die numerische Tastatur weist eine mit ABC beschriftete Taste zum Wechsel auf die alphanumerische Anzeige auf.
- Über die Taste 11 schalten Sie zur Darstellung der Tastatur um, über die Sie Symbole und Emojis (das sind Symbole wie lachende Gesichter etc.) abrufen können. Die Symbolzeichensätze werden über die Symbole am oberen Rand der Bildschirmtastatur gewechselt. Mit der links unten eingeblendeten und mit *ABC* beschrifteten Taste schalten Sie zur alphanumerischen Anzeige zurück.

Das Symbol mit dem Mikrofon 12 schaltet die Diktierfunktion per Spracheingabe ein (siehe folgender Abschnitt).

HINWEIS

Über Symbole am oberen Rand der Tastatur lassen sich Funktionen zum Anpassen der Tastatur (z. B. das Zahnrädchen bringt Sie zu den *Einstellungen*) aufrufen. Beachten Sie auch, dass sich das Layout und die Funktionalität der Google-Bildschirmtastatur ändern kann.

Die Spracheingabe verwenden

Android ermöglicht es Ihnen, per Spracheingabefunktion Texte zu diktieren, eine Sprachsuche (mit Antworten auf Fragen) durchzuführen etc. Der Sprachassistent versucht, auf Fragen eine Antwort zu liefern. Die Aktivierung der Spracheingabefunktion ist auf verschiedene Arten möglich.

- Auf dem Startbildschirm sehen Sie das Mikrofonsymbol. Auch bei eingeblendeter Bildschirmtastatur ist unter Umständen ein Mikrofonsymbol sichtbar (siehe vorhergehende Seiten). Unterstützt eine App die Spracheingabe (z. B. Chrome-Browser), ist das Mikrofon ebenfalls sichtbar.
- Tippen Sie einfach auf das Mikrofonsymbol, um die Spracheingabe zu starten. Dann wird ein Spracheingabefenster (1) angezeigt. Ist die Anzeige *Jetzt sprechen* zu sehen, sprechen Sie einfach die Wörter, Befehle, Fragen ein.
- Zudem lässt sich bei aktiver Spracheingabe durch ein gesprochenes Kommando *OK Google* die gleichnamige Funktion zur Suche nach gesprochenen Begriffen einschalten.
- Die Spracherkennung wird nach einigen Sekunden deaktiviert. Dann erscheint die Aufforderung, auf das Mikrofon zu tippen (2). Tippen Sie einfach auf das Mikrofon (3) im Spracheingabebereich, um die Erkennung erneut zu starten. Tippen Sie auf die angezeig-

ten farbigen Punkte oder Striche der Spracheingabe (4), deaktiviert dies die Spracherkennung wieder.

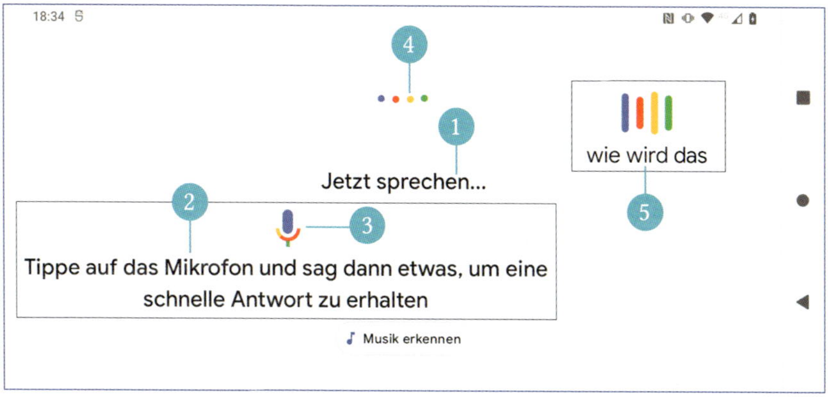

Läuft die Spracheingabe und ist die Anzeige *Jetzt sprechen* zu sehen, diktieren Sie einfach die Wörter. Diese werden erkannt und in Text umgewandelt (5).

War eine Text-App geöffnet, übernimmt der Spracheingabe-Assistent die erkannten Texte im Textbereich. Wurde die Spracheingabe vom Startbildschirm gestartet, wandelt Android die Eingaben gegebenenfalls in Befehle um und führt die Aktion aus.

Der genaue Aufbau der Funktion und Darstellung hängt aber von der Android-Version oder der aufgerufenen App ab. Bezüglich der Spracheingabe von Texten sollten Sie selbst etwas experimentieren.

Einfach Fragen stellen

Sie können dem Android-Sprachassistenten direkte Fragen stellen oder Anweisungen geben.

1 Tippen Sie auf dem Startbildschirm auf das Mikrofon (1), um die Spracherkennung zu aktivieren.

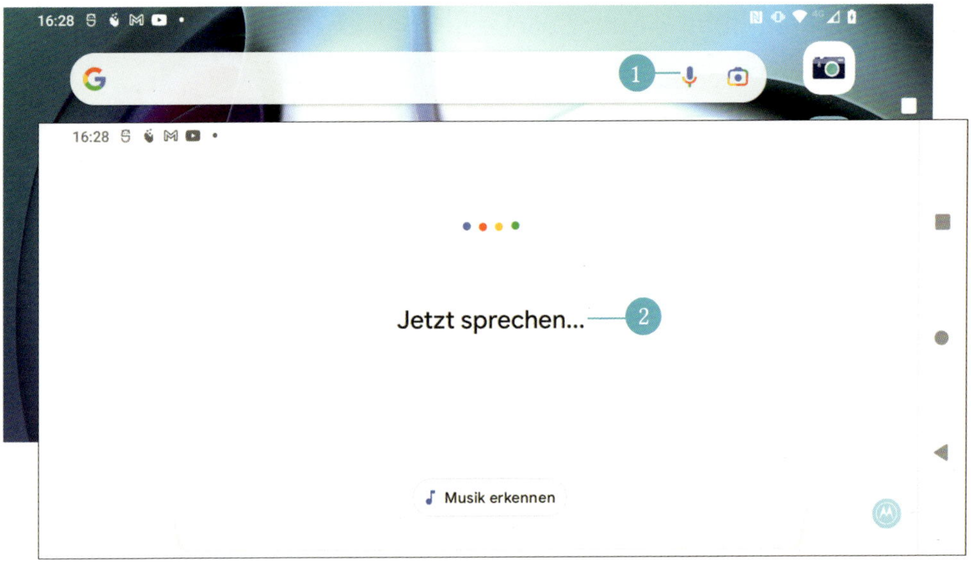

2 Stellen Sie nun einfach Ihre Frage oder geben Sie die gewünschte Anweisung.

Das funktioniert, solange das Fenster der Spracheingabe mit dem Text *Jetzt sprechen* (2) zu sehen ist. Erkannte Wörter werden im Fenster der Spracheingabe angezeigt.

- Nach ein paar Sekunden ohne Spracheingabe schaltet sich der Sprachassistent ab. Dann tippen Sie wiederum auf das innerhalb des Fensters angezeigte Mikrofonsymbol (1), um den Assistenten erneut zu aktivieren.
- Bei älteren Android-Versionen können Sie auch *OK Google* sagen oder zur Startseite wechseln und das Mikrofon antippen. Sobald der Text *Jetzt sprechen* (2) angezeigt wird, dürfen Sie loslegen.

Der Assistent zeichnet Ihre Sprache durch das interne Mikrofon des Geräts auf und versucht, eine Antwort zu finden oder Ihre Anweisung auszuführen. Die erkannte Frage wird in der Seite mit der Antwort (die unter Umständen auch automatisch vorgelesen wird) eingeblendet. Tippen Sie auf die *Home*-Schaltfläche und dann auf das Mikrofonsymbol der Startseite, um die nächste Frage zu stellen oder eine Anweisung zu formulieren.

Ich habe mal die Frage *Fahrplan Frankfurt* eingesprochen und bekam Webseiten der Google-Suche des Rhein-Main-Verkehrsverbunds angezeigt. Auch die Frage *Wie wird das Wetter* wurde mir beantwortet, wie das Bild hier zeigt. Um den Sprachassistenten zu beenden, tippen Sie auf das *Startbildschirm*-Symbol des Android-Navigationsbereichs.

HINWEIS

Bei der Spracheingabe werden die gesprochenen Fragen oder Anweisungen standardmäßig an Google-Server übertragen, dort einer Erkennung unterzogen und als Information per Internet an das Gerät zurückgeschickt. Nicht jeder möchte das aus Datenschutzgründen. Zudem ist die Funktion unterwegs nur bei Geräten mit Mobilfunkunterstützung verfügbar. Der ständige Datenaustausch mit dem Internet kann dann aber ins Geld gehen, wenn der Mobilfunktarif nur ein geringes Datenvolumen beinhaltet. In den *Einstellungen* lässt sich aber auch eine **Offline-Spracherkennung** vorgeben. Auf der Webseite *https://support.google.com/websearch/answer/2940021?hl=de* finden Sie noch einige Hinweise zur Spracheingabe von Android.

Suchen per Startbildschirm

In Android können Sie direkt aus dem Startbildschirm heraus suchen.

1 Tippen Sie auf dem Startbildschirm in das Suchfeld der Google-Suchleiste (1) oder auf das in älteren Android-Versionen angezeigte Symbol der Google-App.

2 Geben Sie im Suchfeld (2) den gewünschten Suchbegriff über die Bildschirmtastatur ein.

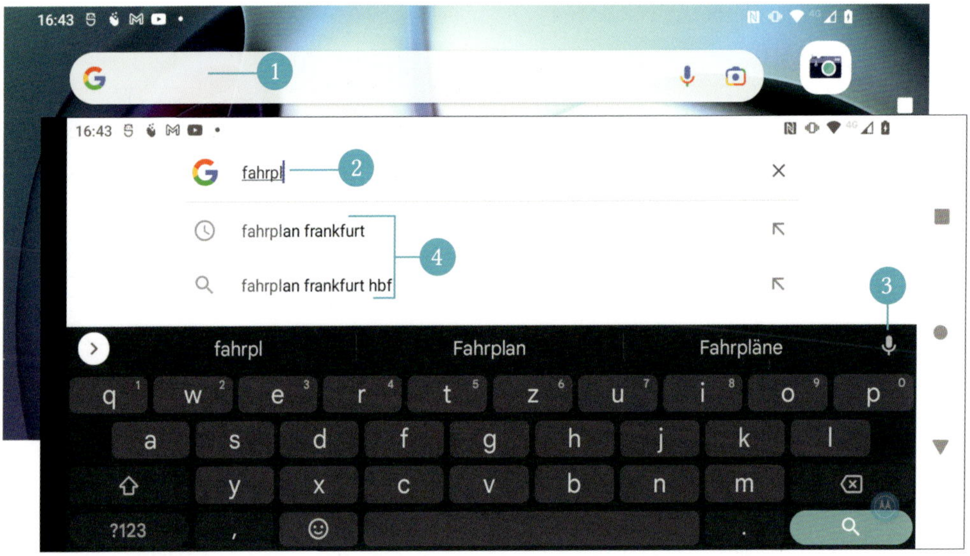

Tippen Sie gegebenenfalls auf das Mikrofonsymbol (3) und sprechen Sie die Suchanfrage ein (siehe vorheriger Abschnitt). Vorher eingegebene Suchbegriffe tippen Sie über die eingeblendete Liste (4) erneut an, um die Suche zu wiederholen.

Die Google-App zeigt Ihnen dann eine Trefferseite mit Suchergebnissen aus dem Internet, die auch Treffer für Apps beinhalten. Über Befehle in der Ergebnisseite lässt sich die Suche nach Bildern, Webseiten, News, Karten (als Maps bezeichnet), Videos etc. umschalten. Sobald

Sie einen der Treffer antippen, werden Ihnen die Detailinformationen als Webseite angezeigt (siehe auch folgendes Kapitel).

Zugriff auf Benachrichtigungen

Benachrichtigungen über eintreffende E-Mails, Weckzeiten, App-Updates, SMS, Kalenderereignisse etc. werden bereits auf dem Sperrbildschirm angezeigt (siehe Kapitelanfang). Zudem blendet Android Benachrichtigungssymbole am oberen Bildschirmrand der Statusleiste ein.

- Um die Details einzusehen, wischen Sie im Benachrichtigungsbereich der Statusleiste nach unten 1.
- Dann werden alle Benachrichtigungen sichtbar 2. Tippen Sie auf einen Benachrichtigungseintrag, um die zugehörige App (z. B. *Mail*, *Kalender* etc.) zu öffnen.
- Zum Löschen verschieben Sie den Benachrichtigungseintrag (z. B. für eine E-Mail, eine Wetteranzeige etc.) mit dem Finger nach rechts über den Displayrand. Das funktioniert für viele (aber nicht für alle) Benachrichtigungen.

Blättern Sie gegebenenfalls zum unteren Rand der Benachrichtigungsliste, finden Sie dort ein Symbol oder den Befehl *Alle löschen* zum Entfernen aller Benachrichtigungseinträge. Es bleiben dann nur noch Benachrichtigungen für Statusanzeigen (z. B. das hier sichtbare *USB-Debugging*) in der Anzeige erhalten. Unterhalb der Statusleiste wird der Bereich mit den Schnelleinstellungen angezeigt (3), um auf bestimmte Einstellungen zuzugreifen (siehe auch den folgenden Abschnitt).

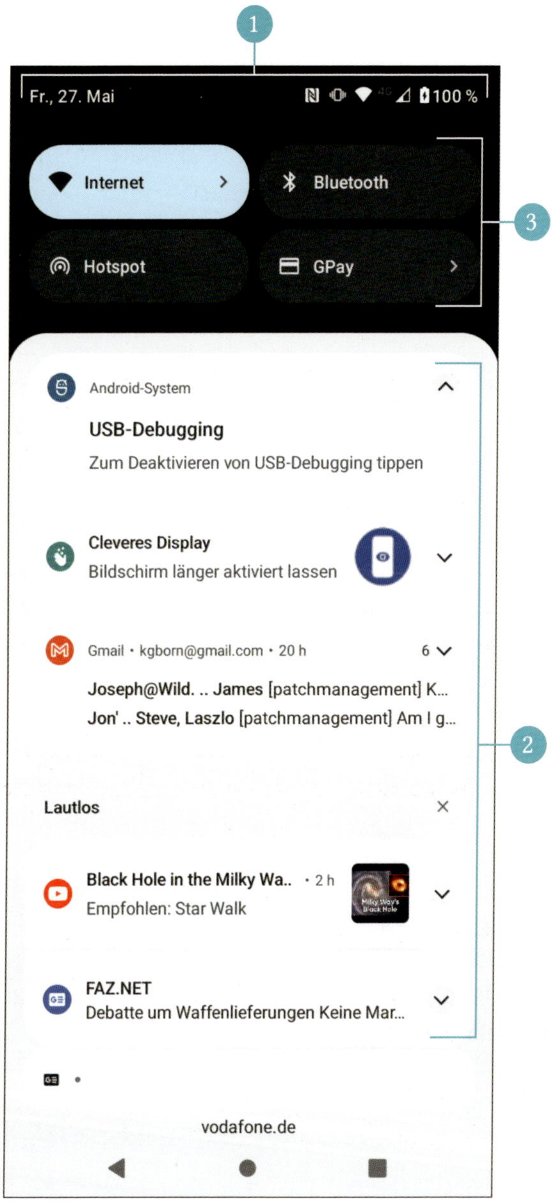

Benachrichtigungen verwalten

Um festzulegen, welche Benachrichtigungen auf dem Sperrbildschirm oder in der Statusleiste erscheinen dürfen, rufen Sie die App *Einstellungen* auf. Dann wählen Sie die Kategorie *Benachrichtigungen* oder ähnlich (das hängt von der Android-Version ab). In der Seite lässt sich festlegen, ob Mitteilungen angezeigt werden sollen oder nicht. Der Befehl *App-Einstellungen*, *App-Benachrichtigungen* etc. zeigt eine Seite *App-Benachrichtigung* mit installierten Apps. Wählen Sie eine App an, lässt sich auf einer weiteren Seite vorgeben, ob Benachrichtigungen zu blockieren sind.

Schnelleinstellungen verwenden

Über die Schnelleinstellungen erhalten Sie einen schnellen Zugriff auf bestimmte Einstellungen (WLAN, die Bildschirmhelligkeit und mehr). Das Abrufen der Schnelleinstellungen hängt etwas von der Android-Version ab.

- Zum Einblenden wischen Sie mit dem Finger von der Statusleiste am oberen Bildschirmrand nach unten. Bei manchen Android-Geräten erscheinen die Schnelleinstellungen (siehe 3 im vorherigen Abschnitt) sofort.
- Wischen Sie erneut von der Statusleiste am oberen Bildschirmrand nach unten, wird der Bereich der Schnelleinstellungen erweitert 1.
- Sie können dann gegebenenfalls mit dem Finger nach rechts oder links wischen, um durch die Kategorien zu blättern.
- Tippen Sie auf eine Kachel 2 oder ein Symbol, um zur zugehörigen Einstellungsseite zu gelangen.

Die Anzeige der Schnelleinstellungen 1 hängt etwas vom Android-Gerät und von der Android-Version ab. In Android 12 werden große

Kacheln verwendet. In älteren Android-Versionen zeigen die Schnelleinstellungen kompaktere Symbole.

- Einige Kacheln oder Symbole ermöglichen es, die WLAN-Funktion (Internet) ein-/auszuschalten, das Gerät in den Flugmodus (Mobilfunkteil abgeschaltet) zu bringen oder Bluetooth sowie die Taschenlampe ein-/auszuschalten.
- Über *Automatisch drehen* lässt sich die Bildschirmrotation beim Kippen des Geräts im Hoch- und Querformat freigeben oder sperren.
- Über *Standort* kann die Ortserfassung per GPS-Signal ein- oder ausgeschaltet werden.

Tippen Sie auf das Symbol mit dem Zahnrädchen (3), gelangen Sie direkt zur App *Einstellungen* zum Anpassen der Einstellungen (siehe Kapitel 8 ab Seite 253).

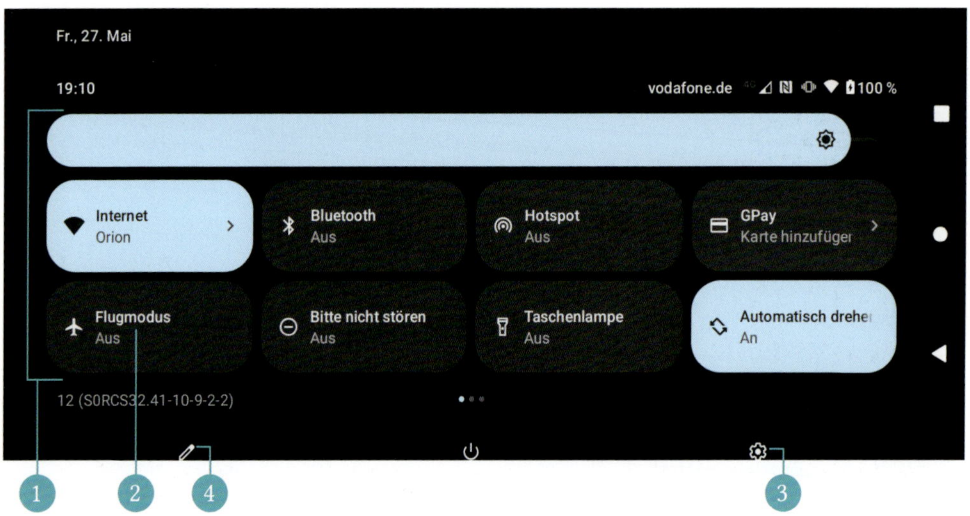

Beachten Sie aber, dass der Bereich der Schnelleinstellungen sich etwas zwischen den Android-Versionen und auch zwischen Geräten (mit Hersteller-Anpassungen) unterscheiden kann.

Schnelleinstellungen verwalten

Der stilisierte Stift ④ im Statusbereich ermöglicht es, die in den Schnelleinstellungen angezeigten Symbole ein- oder auszublenden. Tippen Sie mit dem Finger auf eine Kachel oder ein Symbol und halten Sie den Finger einige Sekunden auf der Kachel. Dann lässt sich diese in den Bereich der Schnelleinstellungen verschieben.

Lautstärke anpassen

Zur Anpassung der Lautstärke bei der Audioausgabe des Android-Geräts verwenden Sie die Lautstärkewippe an der Gehäuseseite.

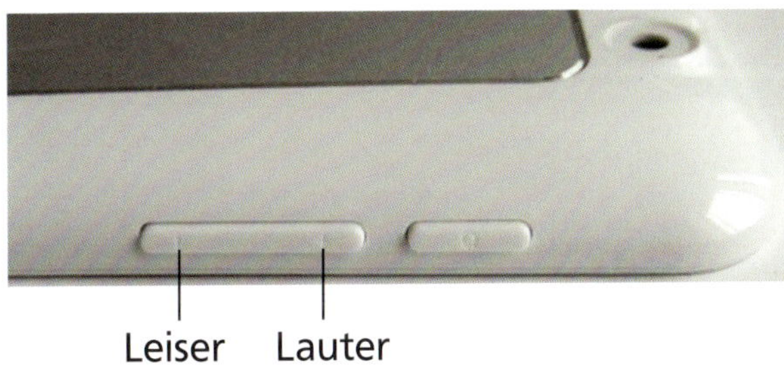

Drücken Sie die Leiser- oder die Lauter-Taste an der Lautstärkewippe, wird auf dem Bildschirm eine Lautstärkeanzeige sichtbar. Durch erneutes Antippen der Lautstärkewippen lässt sich die gewünschte Lautstärke einstellen.

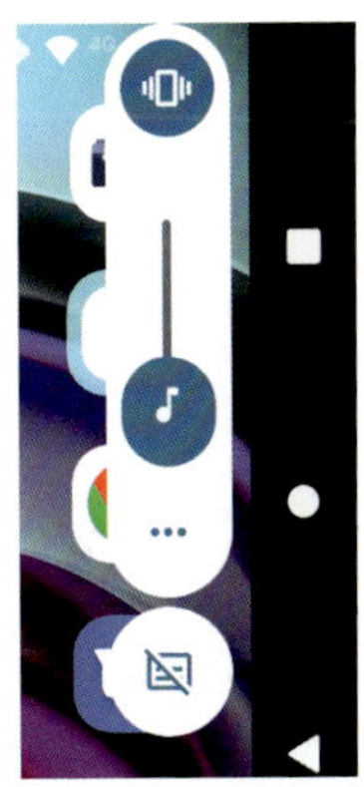

Bei angeschlossenem Ohr- oder Kopfhörer erscheint allerdings eine Warnung, sobald die Lautstärke eine bestimmte Grenze überschreitet.

HINWEIS

Ohr- oder Kopfhörer verbessern die Soundqualität von Smartphones und Tablets. Die den Smartphones beiliegenden Ohrhörer fungieren auch als Mikrofon zum Telefonieren. Externe Lautsprecher bieten ebenfalls eine bessere Klangqualität. Bluetooth-Lautsprecher ermöglichen eine drahtlose Übertragung von Musik.

Hintergrund des Startbildschirms anpassen

Sie können aus einer Sammlung von Hintergrundbildern und Fotos das gewünschte Motiv auswählen und dem Startbildschirm (oder dem Sperrbildschirm) zuordnen. Um den Hintergrund des Startbildschirms anzupassen, gehen Sie in folgenden Schritten vor:

1 Drücken Sie den Finger ein paar Sekunden auf eine freie Stelle (1) des Startbildschirms.

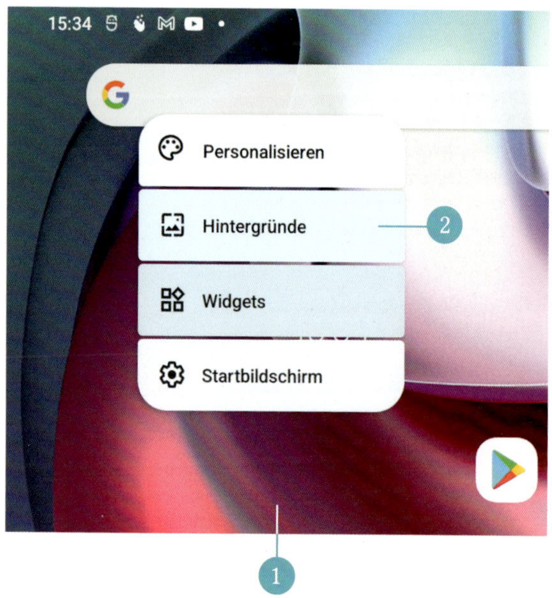

Je nach Android-Version erscheint dann ein Menü oder ein Symbol.

2 Tippen Sie anschließend im eingeblendeten Menü (2) auf *Hintergründe* (oder ähnlich benannt) bzw. wählen Sie das eingeblendete Symbol.

3 Wählen Sie in der angezeigten Seite eine Kategorie für den Hintergrund (3) aus.

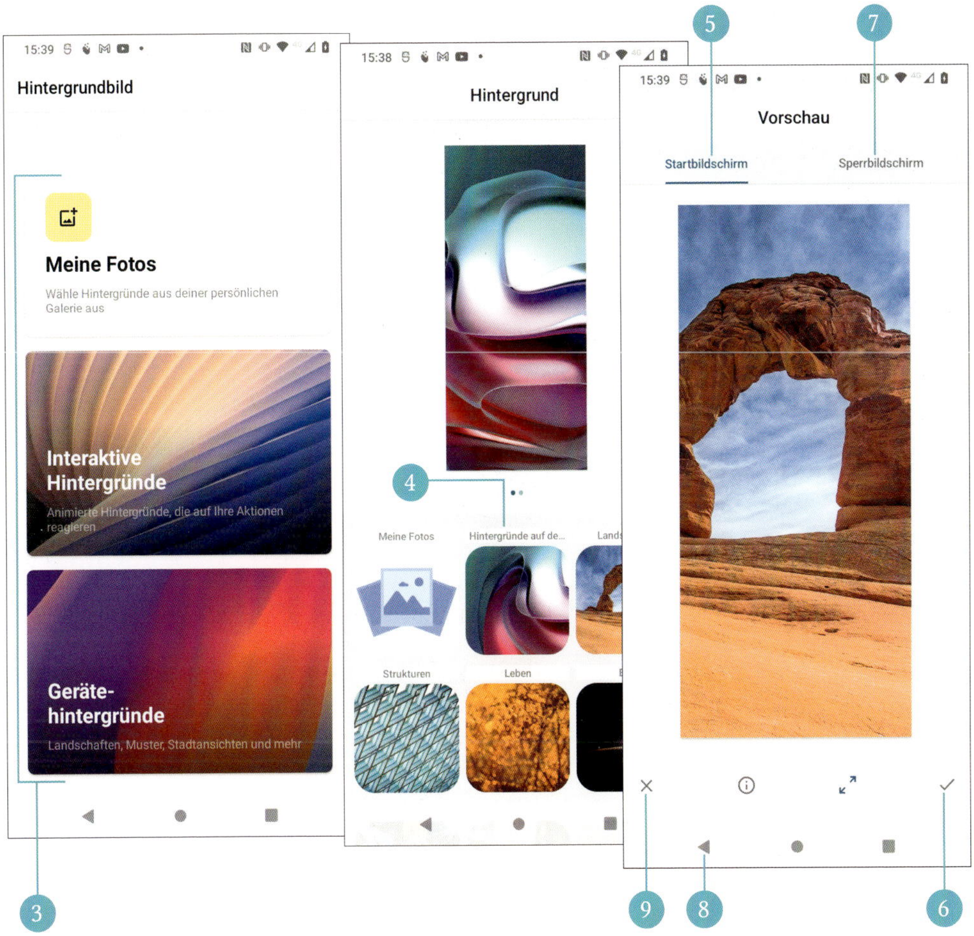

4 Wählen Sie auf der Folgeseite ein Motiv für den Hintergrund (4) aus und bestätigen Sie dies auf der Folgeseite gegebenenfalls über *Startbildschirm* (5) und das Symbol mit dem Haken (6).

Die genaue Abfolge sowie die Bezeichnung der Optionen hängen von der Android-Version ab, funktionieren aber ähnlich wie hier für Android 12 beschrieben.

Über *Sperrbildschirm* (7) können Sie mit den gleichen Schritten auch ein Motiv für den Sperrbildschirm zuweisen. Mit der *Zurück*-Navigationstaste 8 gehen Sie zur vorherigen Seite, und über das kleine *x*-Symbol 9 lässt sich das Ganze auch abbrechen.

Arbeiten mit zwei Apps

Standardmäßig zeigt der Bildschirm eines Smartphones oder Tablet-PCs nur eine App bzw. die Startseite oder die Seite *Alle Apps* etc. an. Seit Android 7 lässt sich der Bildschirm aber teilen. Dies ermöglicht es, zwei Apps oder eine App und die Startseite gleichzeitig anzuzeigen (der sogenannte Splitscreen-Modus). Für eine geteilte Bildschirmdarstellung mit zwei Apps gehen Sie in Android 11/12 folgendermaßen vor:

1 Tippen Sie im Navigationsbereich auf die Taste 1, um die Liste mit Apps aufzurufen.

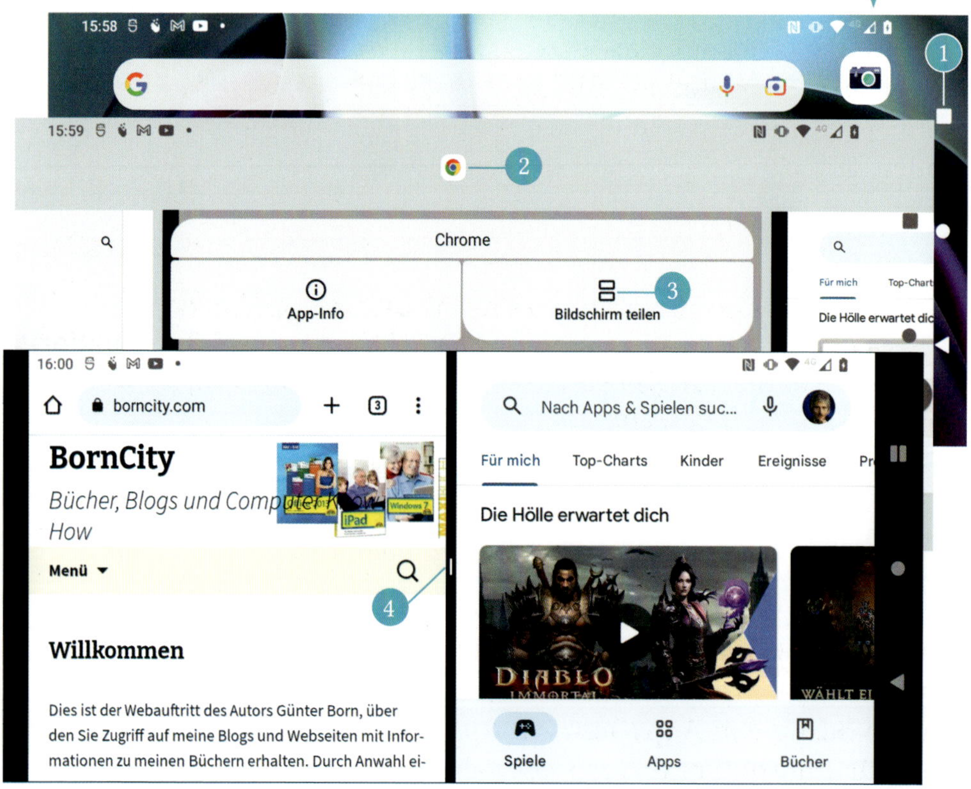

2 Drücken Sie mit dem Finger auf das oberhalb der App sichtbare Symbol (2) und wählen Sie den dann angezeigten Befehl *Bildschirm teilen* (3).

HINWEIS

Bei älteren Android-Versionen drücken Sie mit dem Finger in der App-Liste auf eine App und ziehen diese per Finger langsam nach links in den angezeigten Bereich *Hierher ziehen, um den Bildschirm zu teilen*.

Wenn Sie dann den Finger vom Bildschirm nehmen, sollte die App in der linken Hälfte des geteilten Bildschirms angezeigt werden.

Haben die Schritte geklappt, werden zwei Apps auf dem Bildschirm dargestellt. Schieben Sie das Teilerfeld (4) zwischen den App-Fenstern mit dem Finger zum linken bzw. rechten Rand, um die Teilung wieder aufzuheben. Bei geteiltem Bildschirm wird im Navigationsbereich das Symbol ◫ angezeigt. Bei dessen Anwahl erscheint die Liste der laufenden Apps im geteilten Fenster.

HINWEIS

Beim praktischen Arbeiten mit einer YouTube-App und dem Chrome-Browser habe ich aber festgestellt, dass es bei der Funktion noch Fehler gibt. So reagierte die Chrome-App irgendwann nicht mehr richtig auf Bedienbefehle.

Apps installieren und verwalten

Auf Android-Geräten werden kleine Programme, die sogenannten Apps, verwendet. In diesem Abschnitt zeige ich Ihnen, was Sie rund um den Bezug von Apps aus dem App-Store (vor allem Google Play Store für Android) und deren Verwaltung wissen müssen.

Apps gibt es im Google Play Store

Auf jedem Android-Gerät sind Apps von Google sowie gegebenenfalls von den Geräteherstellern vorinstalliert (z. B. Chrome-Browser, Mail, Maps etc.). Bei Bedarf lassen sich zusätzliche Apps gratis oder kostenpflichtig über sogenannte App-Stores beziehen.

- **Google Play Store**: Die Firma Google, die Android entwickelt, stellt einen App-Store zur Verfügung, der sich per App oder aus einem Browser unter der Internetadresse *https://play.google.com/store* aufrufen lässt.
- **Alternative App-Stores**: Es gibt alternative Anbieter, die Android-Apps in einem App-Store bereitstellen. Auch Gerätehersteller wie Samsung betreiben eigene App-Stores.

In diesem Buch behandele ich aus Umfangsgründen lediglich den App-Store von Google.

ACHTUNG

Es gibt Apps mit Schadsoftware, die das Gerät ausspionieren. Apps, die in chinesischen Stores oder direkt im Internet zum Download angeboten werden, würde ich eher meiden. Aber auch bei Google wurden bereits Apps mit Schadsoftware angeboten. Ich bin daher dazu übergegangen, möglichst wenige Apps zu verwenden, und wenn, nur von bekannteren Entwicklern wie Google, Microsoft etc.

Um Apps aus alternativen App-Stores zu installieren, muss in der App *Einstellungen* unter dem Punkt *Sicherheit* die Option *Unbekannter Herkunft* eingeschaltet sein. In Android 12 gehen Sie zu *Einstellungen/Apps/Spezieller App-Zugriff/Unbekannte Apps installieren*. Dort lässt sich für die aufgelisteten App-Stores vorgeben, ob über diese unbekannte Apps installiert werden dürfen.

Diese Option zum Installieren von Apps aus unbekannten Quellen belasse ich aus Sicherheitsgründen auf den Werkseinstellungen, also abgeschaltet.

Der Google Play Store

Android stellt die App *Play Store* zur Verfügung. Über diese App lässt sich im Google Play Store nach weiteren Apps suchen und Sie können diese installieren.

1 Gehen Sie auf dem Startbildschirm zur Seite *Alle Apps* (ggf. durch Wischen oder Antippen des betreffenden Symbols, falls sichtbar), suchen Sie auf der Seite *Alle Apps* das Symbol *Play Store* und tippen Sie dieses an.

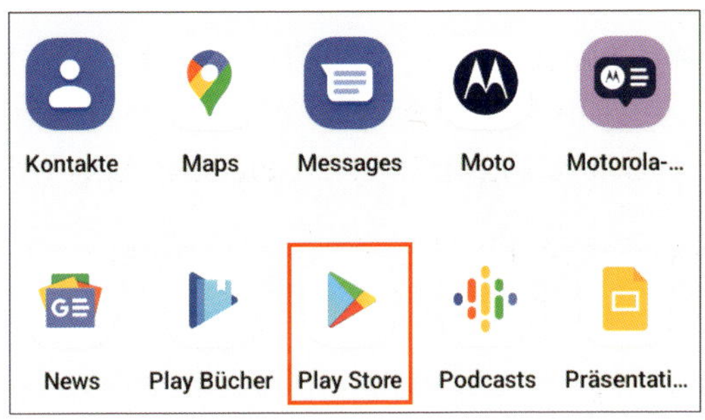

Die Schritte entfallen, falls das Symbol der App *Play Store* auf dem Startbildschirm oder in der Favoritenleiste zu sehen ist.

2 Wählen Sie auf der Seite des Google Play Store die gewünschte Kategorie (1) wie *Für mich*, *Top-Charts* oder *Spiele* an.

3 Führen Sie die erforderlichen Schritte durch, um die App zu beziehen, herunterzuladen und zu installieren.

Der Google Play Store zeigt nach dem Start die Eingangsseite mit den Angebotskategorien (1) und diversen App-Symbolen sowie Empfehlungen (2) an.

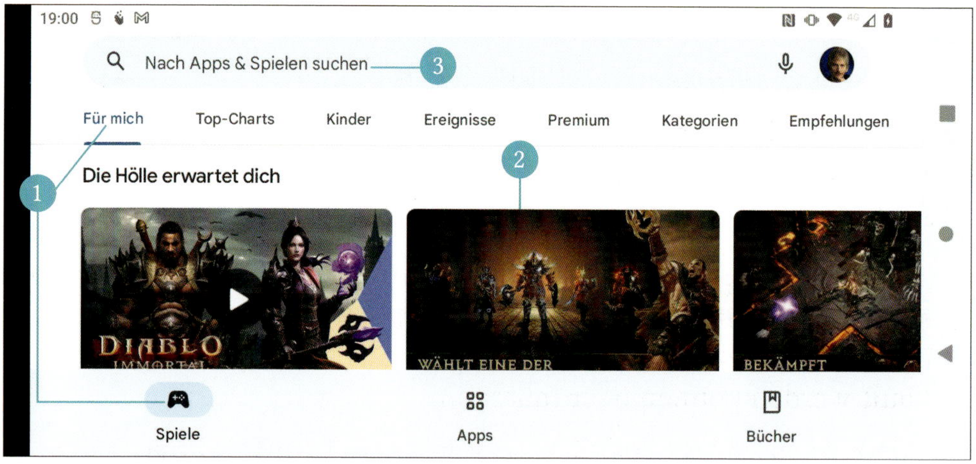

- Im Play Store lassen sich neben Android-Apps auch Spiele oder Unterhaltungsangebote (z. B. Bücher) erwerben.
- Durch Antippen einer der Angebotskategorien 1 filtern Sie das Angebot (z. B. nach Apps, Spielen, Büchern). Bei Bedarf blättern Sie durch Wischen mit dem Finger im Angebot des Play Store.
- Oder Sie tippen auf das Suchfeld 3 und geben einen Suchbegriff ein. Dann werden alle passenden Angebote zur Auswahl angezeigt.

Die Übersichtsseite zeigt dann alle gefilterten Angebote (z. B. Apps) in Form von Symbolen. Blättern Sie durch Wischen nach links oder rechts sowie nach oben oder unten durch das Angebot.

- In den Übersichtsseiten des Play Store erhalten Sie einen schnellen Überblick über das Angebot.
- Für jede App oder für jedes Angebot werden ein Symbol, ein Titeltext und weitere Informationen eingeblendet.
- Apps und andere Angebote können kostenlos oder kostenpflichtig sein. Bei kostenpflichtigen Angeboten wird neben dem (App-)Symbol ein Preis in der Übersichtsseite eingeblendet.

Tippen Sie auf das Symbol einer App, um deren (nachfolgend gezeigte) Detailseite im Vordergrund zu öffnen. Auf der Detailseite finden

Sie neben der Funktionsbeschreibung alle zur App bzw. zum Play-Store-Angebot verfügbaren Informationen.

- Ist die App (oder das Angebot) kostenpflichtig, wird der Preis in einer Schaltfläche (4) angezeigt. Bei Gratis-Apps steht in der Schaltfläche der Begriff *Installieren*.
- Auch Gratis-Apps können letztendlich kostenpflichtig sein. Findet sich auf der Detailseite der Begriff *In-App-Käufe*, bedeutet dies, dass Zusatzfunktionen aus der App heraus kostenpflichtig zugekauft werden können oder müssen.

Ein Infofeld gibt Ihnen Hinweise, wie häufig eine App bereits heruntergeladen wurde (5), zu welcher Kategorie eine App gehört usw. Die Sternchen und gegebenenfalls die daneben angezeigte Zahl geben Ihnen einen Hinweis, wie andere Benutzer das Angebot bewertet haben.

Je höher der Wert neben dem Stern, umso besser die Bewertung durch andere Benutzer. Blättern Sie bei Bedarf durch Wischen mit dem Finger durch die Beschreibung der App-Detailseite.

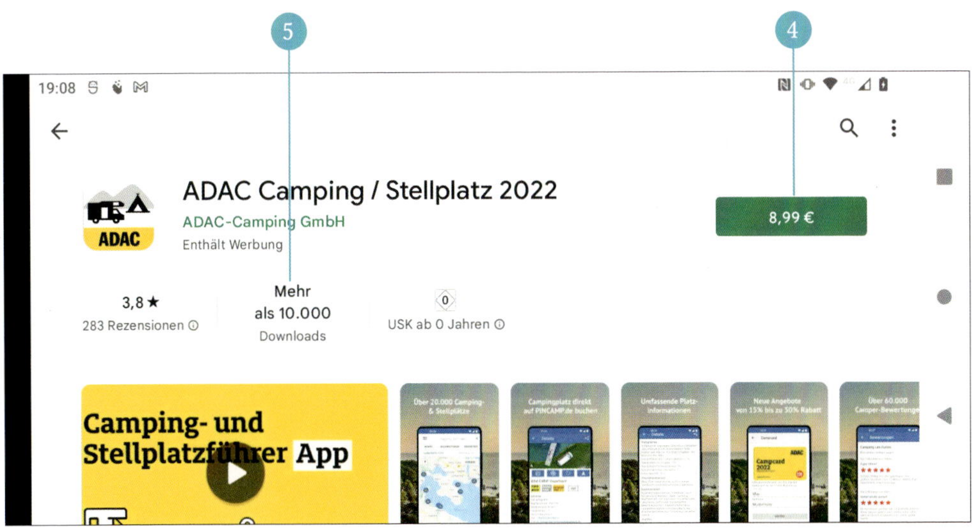

HINWEIS

Es lassen sich nur solche Apps finden und installieren, die auch für Ihr Android-Gerät kompatibel sind. Fehlt eine App bei der Suche im Play Store, kann es also sein, dass diese nicht zu Ihrem Gerät kompatibel ist.

Apps kaufen/installieren

Zum Erwerb einer App im Google Play Store führen Sie die zum App-Kauf vorgesehenen Schritte durch. Diese hängen davon ab, ob es sich um eine kostenpflichtige oder eine kostenlose App handelt.

- Wählen Sie bei einer kostenlosen App den in der Detailseite angezeigten Eintrag *Installieren* (1).
- Bei einer kostenpflichtigen App tippen Sie in der Detailseite auf den angezeigten Preis (2) und befolgen die Anweisungen zum Kauf.

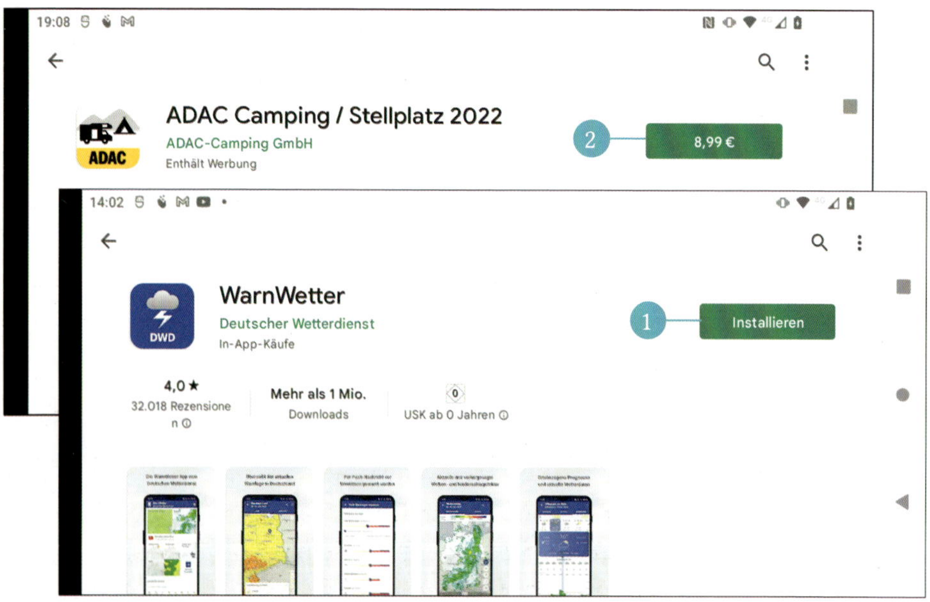

Der Kauf einer App bedingt, dass die entsprechenden Zahlungsmethoden eingerichtet sind und Guthaben verfügbar ist. Beim App-Kauf durchlaufen Sie vor dem Download die angezeigten Schritte, um die Zahlung zu bestätigen bzw. zu autorisieren (siehe folgender Abschnitt). Danach beginnt der Download. Dieser Download kann durchaus – je nach App-Größe und Geschwindigkeit der Internetleitung – eine ganze Weile dauern.

Sobald die App erfolgreich heruntergeladen ist, wird sie automatisch installiert und dann erscheint ein Fenster mit der Schaltfläche *Öffnen*. Tippen Sie auf *Öffnen*, um die App zu starten.

Über die Schaltfläche *Deinstallieren* können Sie die App auch sofort wieder entfernen lassen.

Wissen zu Berechtigungen

Für Apps lassen sich sogenannte Berechtigungen festlegen. **Berechtigungen** regeln in Android, was eine App an Funktionen und Daten anfordern darf (z. B. Zugriff auf Dateien, Kamera, Mikrofon oder Kontakte). Sie werden bei der Nutzung von Android-Apps um die Zustimmung zum Zugriff auf Daten des Betriebssystems (Geräte-ID, Telefonbuch, Kamera, Mikrofon etc.) oder anderer Apps gebeten. Die genaue Darstellung hängt von der App sowie der Android-Version ab.

Berechtigungen lassen sich nachträglich ändern, indem Sie in den *Einstellungen* auf *Apps & Berechtigungen* gehen und dann auf *Berechtigungen* tippen. Bei Android 12 wählen Sie in der *Einstellungen*-App einfach *Apps*, tippen in der Liste der installierten Apps die gewünschte App an und gehen auf der Folgeseite auf *Berechtigungen*. Dann sehen Sie eine Auswahl an Optionen, bei deren Anwahl Sie die Berechtigung (z. B. Zugriff auf Dateien und Medien, Mikrofon, Kamera, Kontakte, Telefon etc.) gewähren oder verweigern können.

Achten Sie darauf, möglichst wenige Berechtigungen zu gewähren. Will eine App möglichst viele Berechtigungen, ohne dass dies sinnvoll erscheint (z. B. Taschenlampen-App will Zugriff auf das Telefonbuch oder das Mikrofon), empfiehlt es sich, weiter im Play Store nach Alternativen zu suchen. Oft findet man Apps mit gleichen Funktionen, die aber weniger oder keine Berechtigungen möchten. Aus Sicherheitsgründen verzichte ich auf die Installation von Apps, die zu viele (in meinen Augen unnötige) Berechtigungen erfordern.

Wird die Play-Store-App nach der App-Installation nicht mehr auf dem Display angezeigt? Android legt ein Symbol der App unter *Alle Apps* ab, das heißt, Sie können die App über diese Seite jederzeit finden und aufrufen. Weiterhin richtet Android (solange Platz vorhanden ist) bei der Installation einer App eine Verknüpfung auf dem Startbildschirm ein. Rufen Sie dann die App über diese Symbole auf.

Wissenswertes über App-Käufe

Zum Kaufen von Apps im Google Play Store benötigen Sie eine Internetverbindung und ein Google-Konto. Über dieses Konto werden alle Ihre Einkäufe bei Google im Play Store verwaltet.

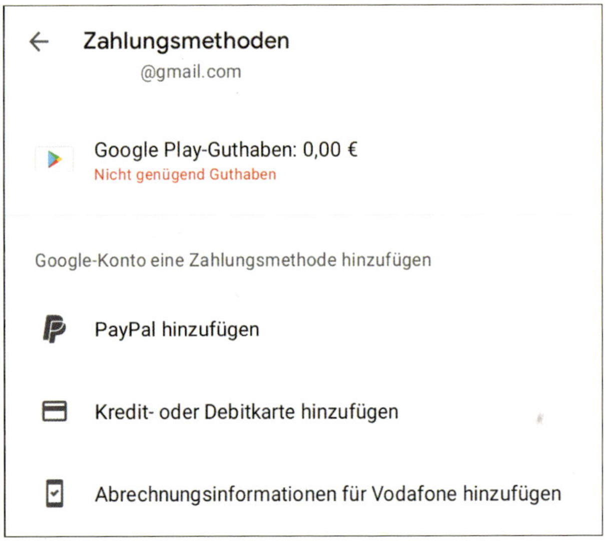

Zur Begleichung des Kaufpreises bei kostenpflichtigen Apps ist zudem die Angabe einer **Zahlungsmethode** erforderlich. Zahlungen können beispielsweise über Kreditkarte, den Zahlungsdienstleister PayPal oder per Guthabenkarte (im Handel erhältlich) erfolgen.

Ist nicht genügend Guthaben für einen Kauf vorhanden, erscheint ein entsprechender Hinweis als Pop-up-Fenster. Sie können dann eine Zahlungsmethode auswählen und deren Details festlegen.

Um die Kontrolle über solche Zahlungen zu behalten, verzichte ich auf die Eingabe von Zahlungsdaten und kaufe mir gegebenenfalls eine der in Supermärkten für Google Play erhältlichen Guthabenkarten.

Sofern Sie lediglich Gratis-Apps beziehen möchten, verzichten Sie auf die Angabe einer Zahlungsmethode und belassen die Einstellung, indem Sie jeweils die Option *Überspringen* in den angezeigten Pop-up-Fenstern wählen.

Verwalten der Play-Store-Daten

Der Google Play Store führt Buch über alle Ihre Einkäufe bei Google. Über die Play-Store-App können Sie daher auf die gespeicherten Daten, die gekauften Apps, die Zahlungsinformationen und mehr zugreifen.

1 Rufen Sie die Google-Play-Store-App auf und tippen Sie dann auf das Symbol des Benutzerkontos (1).

2 Tippen Sie in der eingeblendeten Seite auf den gewünschten Befehl (2), um die Daten einzusehen oder anzupassen.

Wischen Sie mit dem Finger im Menü nach oben oder unten, um eventuell nicht sichtbare Befehle in die Anzeige zu verschieben.

- *Apps und Gerät verwalten:* Wählen Sie diesen Befehl, um alle über dieses Konto erworbenen Apps aufzulisten und das Gerät zu verwalten.
- *Zahlungen und Abos:* Dieser Befehl zeigt die Seite, in der Sie die *Zahlungsmethoden* hinzufügen, einen Gutscheincode einlösen und den Bestellverlauf für Käufe einsehen können.
- *Einstellungen:* Der am Ende der Liste aufgeführte Befehl zeigt eine Einstellungsseite, in der Sie diverse Einstellungen festlegen.

HINWEIS

Der Befehl *Play Protect* öffnet eine Seite, auf der die Funktion die Apps und das Gerät auf schädliches Verhalten prüft und gegebenenfalls über Risiken informiert. Über den Befehl *Hilfe & Feedback* des Menüs lässt sich eine Seite mit zusätzlichen Informationen (z. B. bei auftretenden Fehlern) einsehen.

App-Updates

Apps werden von ihren Entwicklern von Zeit zu Zeit aktualisiert, um Fehler zu beheben oder neue Funktionen zu bedienen. Normalerweise müssen Sie sich um App-Updates nicht kümmern. Android stellt fest, dass es Updates gibt, und lädt die Apps bei bestehender Internetverbindung automatisch herunter. Die App-Aktualisierung wird auf dem Sperrbildschirm sowie in der Statusleiste signalisiert. Dort sehen Sie auch, ob App-Downloads erfolgen. Rufen Sie die Play-Store-App auf und gehen Sie auf das Kontosymbol und den Befehl *Apps und Gerät verwalten*, wird dort ein Befehl *Alle Apps sind aktuell* oder ähnlich mit dem Update-Stand angezeigt. Dort können Sie auch eine Liste kürzlich durchgeführter App-Updates einsehen und über eine Schaltfläche auch manuell nach Updates suchen lassen.

Apps deinstallieren

Benötigen Sie eine installierte App nicht mehr, deinstallieren Sie sie. Hierzu führen Sie beispielsweise folgende Schritte aus:

1 Rufen Sie die App *Einstellungen* über *Alle Apps* oder die Startseite (falls dort vorhanden) auf.

2 Tippen Sie in der App *Einstellungen* auf den (je nach Android-Version) mit *Apps* oder *Apps & Benachrichtigungen* benannten Eintrag ① und wählen Sie anschließend in der App-Liste die gewünschte App ② durch Antippen aus.

3 Tippen Sie im Detailfenster der App auf die Schaltfläche *Deinstallieren* ③.

4 Anschließend bestätigen Sie die Deinstallation der App im angezeigten Pop-up-Fenster.

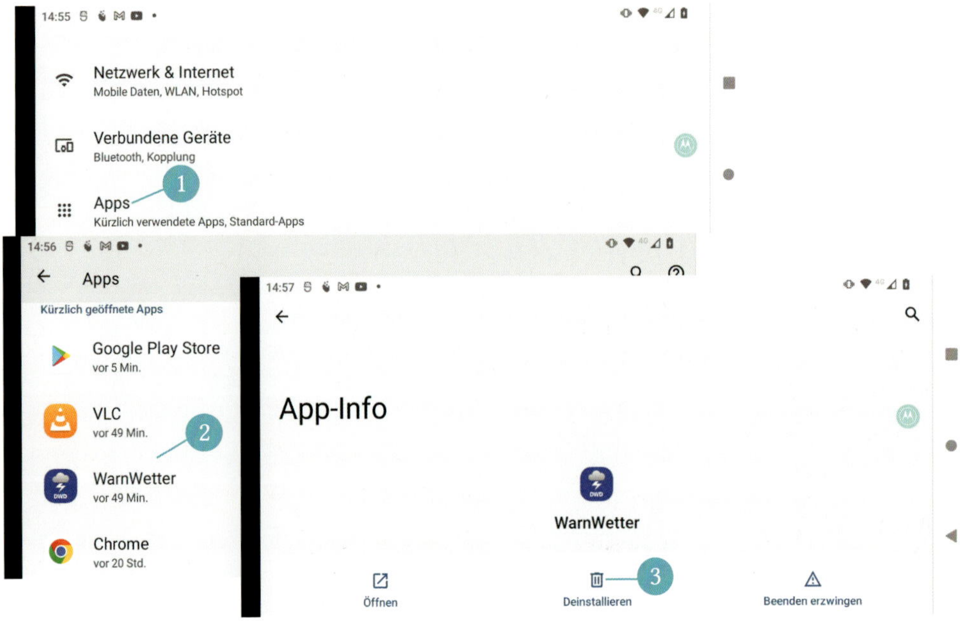

Android entfernt die App aus dem Speicher und vom Gerät. Die App-Daten bleiben aber im Speicher erhalten. Zudem gibt es eine Schaltfläche, um die App zwangsweise zu beenden.

Apps erneut installieren

Haben Sie eine App deinstalliert, lässt sich diese jederzeit neu aus dem Play Store herunterladen. Über Ihr Google-Konto wird festgehalten, welche Apps Sie jemals gekauft oder heruntergeladen haben. Suchen Sie im geöffneten Play Store erneut die App und installieren Sie sie wieder. Bei kostenpflichtigen Apps sollte dann zur Installation kein erneuter Kauf erforderlich sein.

In diesem Kapitel haben Sie die Grundlagen zum Arbeiten mit Android und Apps kennengelernt. Mit diesem Wissen können Sie mit dem Gerät arbeiten. Sie wissen nun auch, wie Sie Apps aus dem Google Play Store beziehen und diese starten. In den folgenden Kapiteln lernen Sie einzelne Apps kennen und erfahren, wie Sie diese sinnvoll nutzen können.

Surfen und Mailen

Smartphones und Tablets mit Android können Sie zum Surfen im Internet sowie zum Abrufen und Schreiben von E-Mails verwenden. Es ist lediglich eine Internetverbindung erforderlich, denn Android enthält sowohl eine Browser- als auch eine E-Mail-App. In diesem Kapitel erfahren Sie, wie Sie mit dem Google-Chrome-Browser surfen und welche Funktionen die E-Mail-App bereithält.

Das lernen Sie in diesem Kapitel **3**

- Google-Chrome-Grundwissen
- Chrome für Fortgeschrittene
- Einführung in die Mail-App
- Arbeiten mit der Mail-App

Google-Chrome-Grundwissen

Ein zum Surfen im Internet benötigter Browser ist in Android als App vorinstalliert. Meist ist dies der in diesem Kapitel beschriebene **Google-Chrome-Browser**, der entweder als App vorinstalliert ist oder kostenlos aus dem Google Play Store (siehe Kapitel 2) installiert werden kann.

Ist eine Internetverbindung vorhanden?

Der Status der zum Surfen benötigten WLAN- oder Mobilfunkverbindung wird in der rechten oberen Bildschirmecke in der Statusleiste angezeigt (die hier links sichtbaren zwei Symbole).

Die **Empfangsqualität** wird durch die Anzahl der angezeigten Balken signalisiert. Wie Sie eine **Mobilfunk**- oder **WLAN-Verbindung einrichten**, erfahren Sie im letzten Kapitel dieses Buches.

Die erste Webseite abrufen

Zum Surfen im Internet, sprich: dem Abrufen von Webseiten, verwenden Sie die Browser-App und führen folgende Schritte aus:

1 Tippen Sie auf dem Startbildschirm (oder auf der Seite *Alle Apps*) auf das Symbol *Chrome*, um den Browser zu starten.

2 Tippen Sie auf das Adressfeld und geben Sie die gewünschte Internetadresse über die Bildschirmtastatur ein.

> **TIPP**
>
> Ist bereits eine Internetadresse im Adressfeld vorhanden, wird diese in der Zeile unter dem Adressfeld als aktuelle Adresse eingeblendet. Tippen Sie auf den stilisierten Stift *Adresse bearbeiten*, um die Internetadresse zu korrigieren. Diese Zeile enthält weitere Symbole, um die Internetadresse (z. B. per E-Mail) zu teilen oder zur weiteren Verwendung in die sogenannte Zwischenablage zu kopieren.

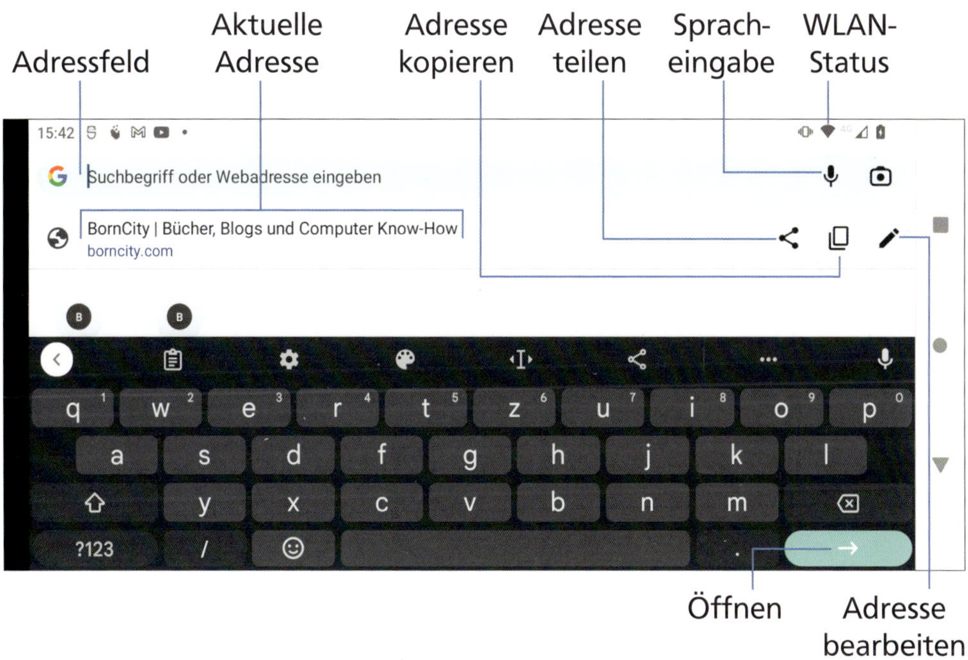

Beim Eingeben der Internetadresse werden Vorschläge mit ähnlichen Seitenadressen angezeigt. Diese Adressen übernehmen Sie durch Antippen.

3 Bestätigen Sie die Eingabe der Internetadresse auf der Bildschirmtastatur über die *Öffnen*-Taste (Eingabe-Taste).

Der Browser wird dann die betreffende Internetseite anfordern und anzeigen.

Schreibweise für Internetadressen

Adressen von Internetseiten (auch als Webadresse oder **URL**, die Abkürzung für **U**niform **R**esource **L**ocator, bezeichnet) aus dem World Wide Web besitzen einen festgelegten Aufbau. Die Kennung am Ende einer Webadresse gibt die Hauptzone, auch als Top-Level-Domain bezeichnet, an (*.com* steht für Unternehmen, *.org* für Organisationen, *.net* für Netzwerk, *.de* für Deutschland, *.ch* für die Schweiz, *.at* für Österreich etc.). Davor steht ein sogenannter eindeutiger Domänenname wie *google*, *zdf*, *spiegel*, *borncity* etc. Die Zeichenfolge *www* steht für die »Hauptadresse« (die Startseite, auch als Homepage oder Website bezeichnet). Die URL *www.borncity.com* ist meine Startseite im Internet. An diese Adresse können sich noch weitere Angaben (z. B. *https://www.borncity.com/senioren/)* anschließen. Das Webadressen vorangestellte Kürzel *https://* können Sie bei der Adresseingabe weglassen, da Google Chrome es ergänzt. Früher wurden Webseiten mit dem Vorspann *http://* aufgerufen. Solche Webseiten werden in modernen Browsern seit 2018/2019 aber als »unsicher« gekennzeichnet (da die Daten ungeschützt im Internet zum Browser übermittelt werden). Die meisten Webseiten verwenden mittlerweile die geschützte https-Übermittlung (**s** steht für **s**icher) zum Browser.

- Tippen Sie zum Abrufen weiterer Webseiten auf den betreffenden **Hyperlink** (also den Verweis auf die Folgeseite).
- Auf der Folgeseite tippen Sie bei Bedarf die in der Seite enthaltenen Hyperlinks erneut an, um weitere Folgeseiten aufzurufen.

Bei Bedarf können Sie am Smartphone das Symbol *Zurück* antippen, um eine Seite zurückzugehen. Mehr müssen Sie eigentlich zum Surfen im Internet nicht wissen.

TIPP

Versuchen Sie, Webadressen wie *www.spiegel.de* oder ähnliche Adressen einzutippen, und probieren Sie einfach Zeitschriften- oder Firmennamen wie *www.stern.de*, *www.focus.de*, *www.aldi.de*. Die Kunst beim »Surfen im Internet« ist es, die **Hyperlinks** zu **erkennen** und mit dem Finger zu treffen. Hyperlinks werden häufig durch eine andere Farbe und manchmal unterstrichen im Text dargestellt. Beim Antippen des Hyperlinks wird auf jeden Fall die Seite geöffnet, auf die der Hyperlink verweist.

Ist Ihnen die **Anzeige** der **Webseite zu klein**, spreizen Sie einfach die auf dem Bildschirm aufgelegten Daumen und Zeigefinger. **Google Chrome vergrößert** (in der Desktop-Variante) dann **die Darstellung** der angezeigten Seite und Sie treffen Hyperlinks besser. Ziehen Sie Daumen und Zeigefinger auf dem Bildschirm zusammen, um die **Darstellung** wieder zu **verkleinern**. Bei Mobilgeräten wie Smartphones klappt das nicht bei allen Webseiten – und Sie müssen die Desktop-Darstellung verwenden (wird auf den folgenden Seiten beschrieben). Alternativ vergrößern und verkleinern Sie dann die Darstellung durch Doppeltippen auf die Webseite.

Durch Wischen mit dem Finger nach oben oder unten lässt sich **innerhalb der Webseite blättern**. Die **Leiste mit** dem **Adressfeld** und den Elementen *Zurück* bzw. *Vorwärts* **verschwindet** beim Blättern des Inhalts nach unten. Wischen Sie den Bildschirminhalt nach unten, um die Leiste erneut einzublenden.

Gekonnt surfen mit Google Chrome

Mit ein paar Tipps können Sie sich das Abrufen von Webseiten im Browser erleichtern. Zudem ist es wichtig zu wissen, dass sich die Darstellung des Chrome-Browsers auf einem Smartphone und auf einem Tablet-PC etwas unterscheidet. Auf einem Tablet-PC verwendet die Google-Chrome-App die hier gezeigte Darstellung.

- Bei einer leeren Webseite gibt es ein Feld (1) zur Eingabe einer Webadresse oder eines Suchbegriffs.
- Durch Antippen des Mikrofonsymbols (2) aktivieren Sie die **Spracheingabe** zum Einsprechen einer Webadresse (z. B. *borncity Punkt com*).
- Tippen Sie in der Seite auf die Symbole gespeicherter Favoriten (3), um die zugehörigen Webseiten abzurufen.
- Eine Besonderheit beim Tablet sind die am oberen App-Rand gezeigten Browser-Tabs (4), mit der gleichzeitig mehrere Internetseiten geöffnet werden können.
- Durch Tippen auf die angezeigten Tabs können Sie dann zwischen Internetseiten wechseln. Mit dem Symbol (5) können Sie den Tab mit der Internetseite schließen.

- Mit dem Pluszeichen (6) wird ein *Neuer Tab* (4) erzeugt. Tippen Sie eine Internetadresse im Adressfeld ein, um die Seite anzuzeigen.
- Beim Tablet besitzt der Chrome-Browser noch die Symbole *Zurück* (7) und *Vorwärts* (8), mit denen Sie zwischen bereits besuchten Webseiten vor- und zurückblättern. Ist die jeweils erste bzw. letzte Seite erreicht, sperrt der Browser das betreffende Element *Zurück* oder *Vorwärts* (wird dann ausgegraut angezeigt). Auf dem Smartphone gibt es nur das Android-Symbol *Zurück* (7), um eine Seite zurückzublättern.
- Beim Laden der Webseite zeigt die App eine Fortschrittsanzeige im Adressfeld. Das angezeigte Symbol *Neu laden* (9) ermöglicht es, eine Webseite erneut zu laden. Dauert das Aufrufen der Webseite zu lange, wählen Sie das dann als ein x angezeigte Symbol *Abbrechen* am linken Rand des Adressfelds.
- Mit dem Home-Symbol (10) kehren Sie zu einem leeren Browser-Tab zurück.

Bei einem **Smartphone gibt es einige Abweichungen** in der Google-Chrome-App, denn dort sind nicht alle oben erwähnten Bedienelemente vorhanden. So fehlen die Symbole zum erneuten Laden oder Abbrechen oder zum Blättern zwischen Webseiten.

- Die Chrome-App zeigt auf einem Smartphone am unteren Rand eine Leiste mit Symbolen geöffneter Tabs an. Fehlt die Leiste, schieben Sie einfach die Anzeige per Finger nach unten, bis der Anfang der Webseite angezeigt wird. Dann erscheinen die Symbole.
- Das Antippen eines Symbols reicht, um zur Anzeige des zugehörigen Tabs zu wechseln.
- Tippen Sie auf das *Schließen*-Symbol des mit einem (blauen) Kreis markierten aktuellen Tabs, um diesen zu schließen.
- Das Pluszeichen am rechten unteren Rand öffnet einen neuen leeren Tab.

- Der Winkel ganz links in der Leiste (*Tabs einblenden*) blendet das nachfolgend gezeigte Pop-up-Fenster mit den Miniaturansichten geöffneter Tabs ein. Das Gleiche passiert, wenn Sie rechts neben dem Adressfeld auf das viereckige Kästchen *Tabs einblenden* tippen. Die Zahl im Kästchen gibt an, wie viele Webseiten in Tabs (kommt von »Tabulator«) geöffnet sind.
- Tippen Sie auf eine Miniaturansicht, um den entsprechenden Tab anzuzeigen. Auch auf der Seite mit den Miniaturansichten gibt es Symbole, um einen neuen Tab zu öffnen oder einen Tab zu schließen. Mit dem *Zurück*-Pfeil gelangen Sie zur App-Seite mit der Webseitenanzeige zurück.

Bei verschiedenen Webseiten kann die Miniaturanzeige neben Einzel-Tabs auch Gruppen von Tabs aufweisen. Durch Wischen mit dem Finger blättern Sie zwischen den Gruppen und Tabs.

- Tippen Sie auf die Miniaturansicht einer Gruppe, um zum obigen Pop-up-Fenster zu wechseln und dann einen Tab zur Anzeige zu wählen. Ein Antippen des Tabs holt diesen dann in den Vordergrund.
- Um eine Seite (Tab oder Gruppe) zu entfernen, tippen Sie auf das Symbol *Tab schließen* oder *Gruppe schließen*.

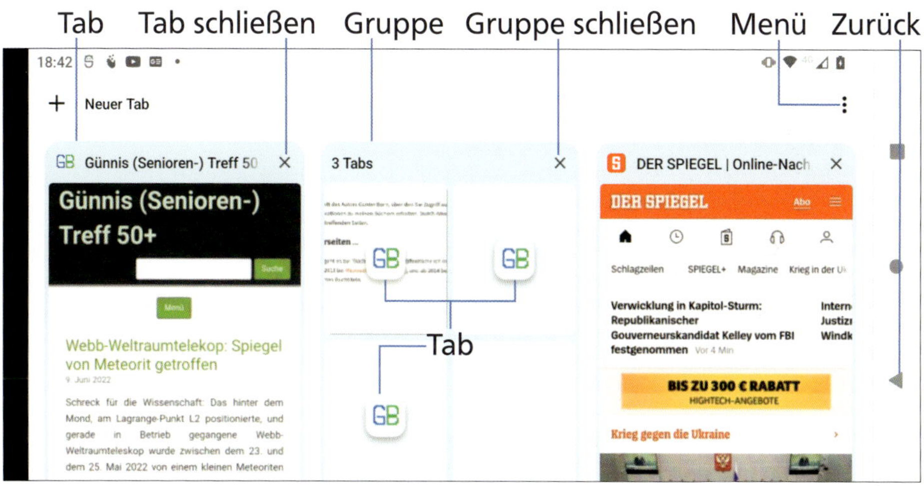

- Mit *Neuer Tab* öffnet sich eine neue Seite, auf der man dann eine neue Webseitenadresse eingeben kann.
- Ziehen Sie die Miniaturen geöffneter Tabs zur unteren Leiste *Tabs zum Gruppieren ziehen*, um diese zu Gruppen zusammenzustellen.
- Mit der Android-Schaltfläche *Zurück* oder dem in der App angezeigten Symbol *Zurück* gelangen Sie zur App-Seite mit der Webseitenanzeige zurück.

Die drei Pünktchen in der rechten oberen Ecke der App öffnen ein Menü, über dessen Befehle Sie verschiedene Zusatzfunktionen (z. B. die Desktop-Darstellung) aufrufen. Mehr als diese Techniken verwende ich beim täglichen Gebrauch der Chrome-App eigentlich nicht.

Wichtig beim Abrufen vertraulicher Webseiten

Beim Besuch von Bankseiten, E-Mail-Konten, Webshops etc. sollen die übertragenen Daten (Benutzername, Kennwort, Kontendaten) ja vertraulich bleiben. Der Browser kann die Daten abgesichert und verschlüsselt über die Internetleitung übertragen (verhindert, dass Dritte im Internet diese Informationen unbefugt einsehen können).

Besuchen Sie eine solche (Bank-)Seite, sollte vor der eigentlichen Webadresse ein kleines Schloss auftauchen. Dies signalisiert, dass die in der Webseite eingegebenen Daten verschlüsselt (z. B. zur Bank) übertragen werden und durch unbefugte Dritte nicht einsehbar sind. Wie bereits auf den vorherigen Seiten erwähnt, kennzeichnen Browser Seiten ohne **https**-Übertragung inzwischen mit einem kleinen Warndreieck-Symbol als unsicher. Daher verwenden die meisten Webseiten inzwischen die **https**-Übertragung statt des ungeschützten sogenannten **http**-Protokolls.

Webseiten in separaten Tabs öffnen

Die Chrome-App bietet die Möglichkeit, **gleichzeitig mehrere Webseiten** auf separaten Registerkarten (kurz **Tabs**) zu **öffnen**.

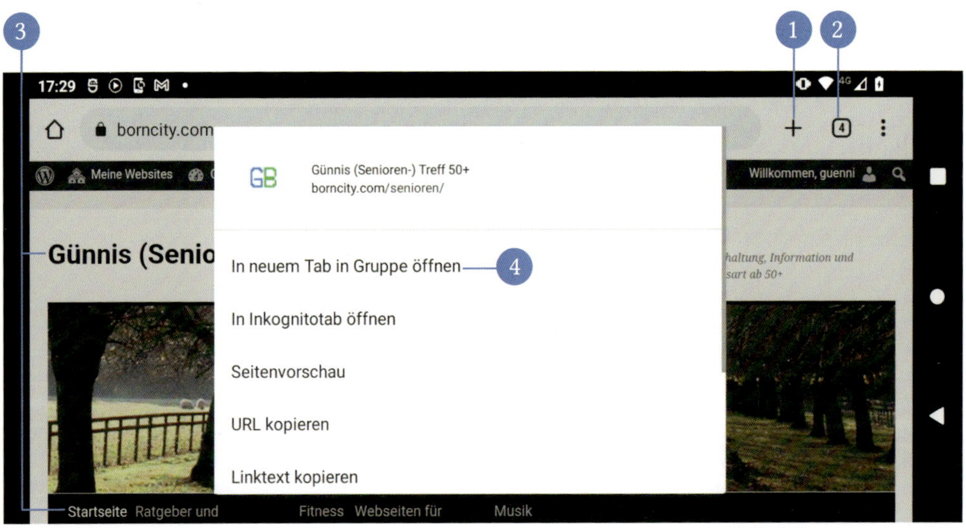

- Tippen Sie am oberen Rand der App auf das Pluszeichen 1 (bei Tablets wird das vor den Tabs angezeigt), wird ein **neuer Tab** zum Laden einer Seite angelegt.
- Tippen Sie auf die beim Tablet angezeigten Registerreiter oder am Smartphone auf das Symbol 2, um deren **Inhalt in** den **Vordergrund** zu **schalten** (wie auf den vorhergehenden Seiten gezeigt). Geben Sie dann im Adressfeld eine neue Webadresse ein, um die Webseite auf diesem Tab anzuzeigen.

Wie Sie einen **Tab** über das Symbol **x** *schließen*, wurde auf den vorhergehenden Seiten bereits gezeigt.

- Drücken Sie den Finger etwas länger auf einen Hyperlink 3. Über den Befehl *In neuem Tab in Gruppe öffnen* 4 des Pop-up-Fensters wird die Folgeseite direkt auf einem neuen Tab geöffnet.
- Der Befehl *In Inkognito-Tab öffnen* zeigt eine neue Seite im sogenannten Inkognito-Modus.

Der Inkognito-Modus bzw. die -Tabs erzwingen mehr Privatsphäre beim Surfen. Die Chrome-App speichert dann keine besuchten Webseiten sowie Downloadadressen.

Bei aktivem Inkognito-Modus wird das hier gezeigte Symbol (Schlapphut mit Fernglas) in der App eingeblendet. Tippen Sie auf das Logo, um zwischen Inkognito-Modus und normalem Anzeigemodus umzuschalten. In diesem Modus lassen sich keine Bildschirmfotos (Screenshots) anfertigen – die Aufnahme ist schwarz.

Geschlossene Tabs erneut öffnen

Irrtümlich geschlossene Tabs können Sie bei der Google-Chrome-App innerhalb einer Sitzung wieder öffnen.

1 Wurde ein Tab geschlossen, tippen Sie auf die drei senkrechten Pünktchen 1 rechts neben dem Adressfeld.

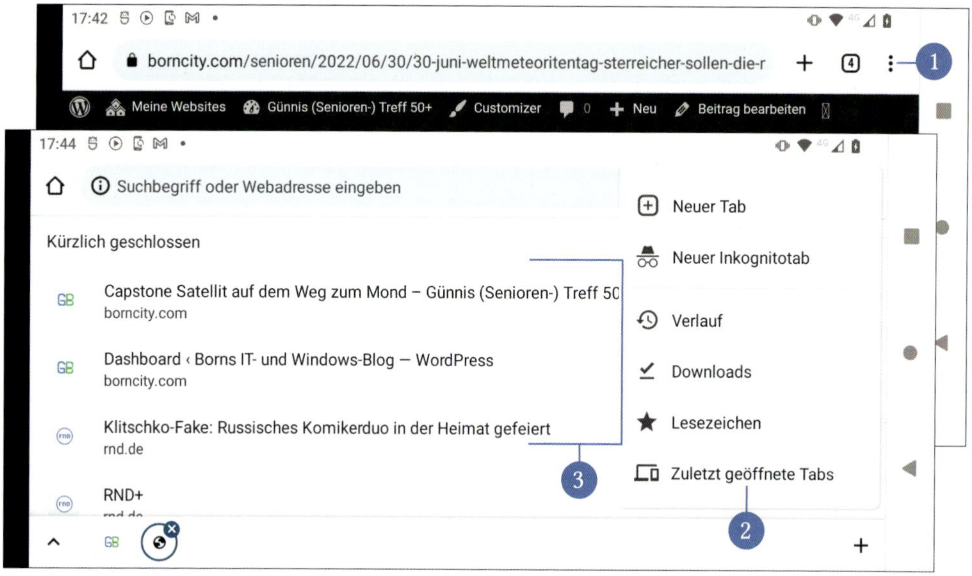

2 Wählen Sie im Menü der Chrome-App den Befehl *Zuletzt geöffnete Tabs* (2).

3 Tippen Sie in der eingeblendeten Liste der zuletzt geschlossenen Webseiten (3) auf den gewünschten Eintrag.

Die Chrome-App wird dann die geschlossene Webseite erneut im aktuellen Tab anzeigen.

Bei Anzeigeproblemen zur Desktop-Version wechseln

Manche Webseiten werden in einem speziellen Format für Mobilgeräte bereitgestellt. Dann klappt z. B. das stufenlose Zoomen der Seiteninhalte durch Spreizen per Finger nicht mehr. Markieren Sie im geöffneten Menü der Chrome-App den Befehl *Desktopwebsite* (gegebenenfalls im Menü nach unten blättern, bis der Befehl sichtbar wird). Dann zeigt die Google-Chrome-App die Seite wie die Desktop-Version des Google-Chrome-Browsers an. Das ist beispielsweise hilfreich, wenn eine Webseite in der App nicht richtig angezeigt werden kann.

Wissen zu Eingaben in Webformularen

Beim **Ausfüllen von Formularen** speichern Browser die Eingabewerte. Besuchen Sie später Webseiten mit Formularen, greift Google Chrome Ihnen mit einer als **Autoausfüllen** bezeichneten Funktion unter die Arme.

Wählen Sie ein Formularfeld an und tippen Sie die ersten Zeichen ein, schlägt der Browser passende Eingabewerte vor.

Tippen Sie auf den Vorschlag, um den Wert in das Formularfeld zu übernehmen.

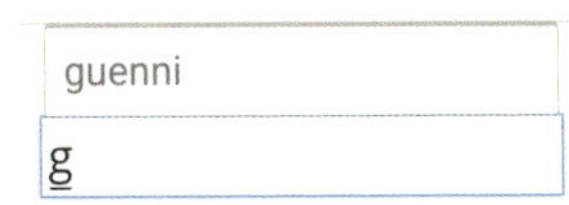

> **ACHTUNG**
>
> Bei **Anmeldeformularen** werden Sie gegebenenfalls gefragt, ob die **Anmeldedaten** und gegebenenfalls das Passwort gespeichert werden sollen. Dann kann Google Chrome Sie künftig automatisch anmelden. Verzichten Sie aus Sicherheitsgründen auf das **Speichern von Kennwörtern**. Andernfalls hat jeder, der das Gerät in die Finger bekommt, Zugriff auf das Anmeldekonto.
>
> Ob die Funktion zum Autoausfüllen verwendet wird, lässt sich in den Einstellungen der Chrome-App festlegen (siehe den Abschnitt »Google-Chrome-Einstellungen anpassen« auf Seite 100).

Suchen im Internet

Sie können gezielt im Internet nach Webseiten zu einem speziellen Thema suchen. Verwenden Sie die **Suche** in Google Chrome.

1 Tippen Sie den Suchbegriff (z. B. *Mallorca*) zumindest teilweise über die Bildschirmtastatur in das Adressfeld (1) ein.

2 Anschließend wählen Sie einen der im geöffneten Fenster angegebenen Suchvorschläge (2) durch Antippen aus.

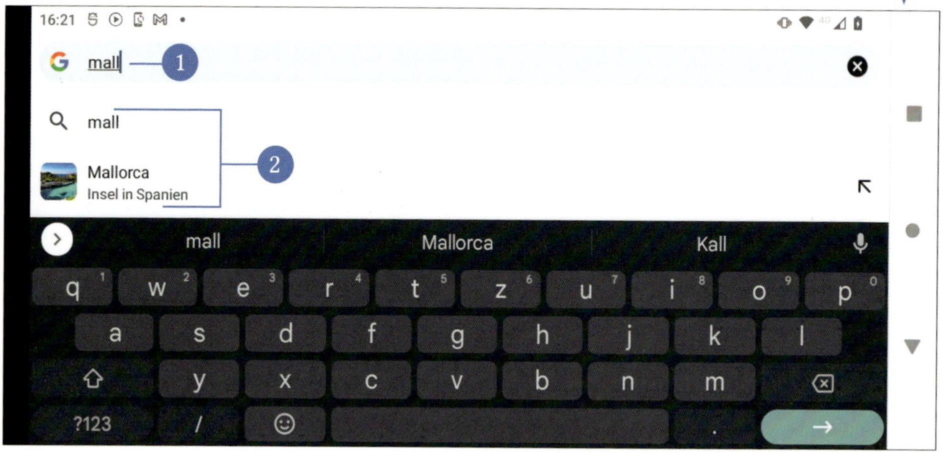

Die Browser-App zeigt dann die Treffer der Suche auf einer Ergebnisseite an.

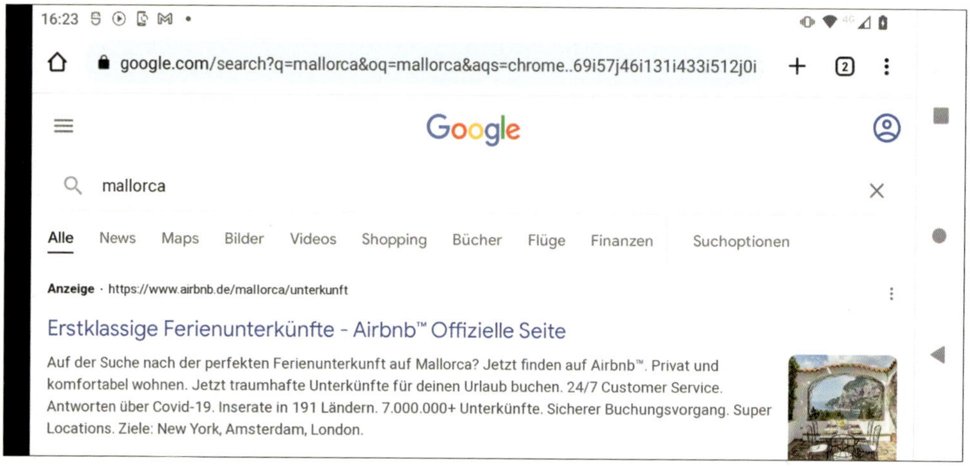

Als Suchmaschine ist standardmäßig Google voreingestellt. Diese ermittelt dann alle Webseiten, in denen der Begriff vorkommt, und gibt sie in einer Ergebnisliste im Browser aus. Zum Abrufen der Webseite tippen Sie den betreffenden Hyperlink in der Ergebnisseite an. Beachten Sie, dass die ersten Treffer der Liste meist Werbung beinhalten.

Alternative Suchmaschinen verwenden

Sind Sie mit den Suchergebnissen nicht zufrieden, probieren Sie andere Begriffe aus oder verwenden Sie eine zweite Suchmaschine. Rufen Sie über das Adressfeld beispielsweise die Webseite *www.bing.com* auf und geben Sie im Suchfeld den gewünschten Begriff ein. Verwenden Sie die Suchseite *www.startpage.com* oder *www.qwant.com/?l=de* oder *www.duckduckgo.com*, wenn Sie Suchergebnisse aus mehreren Suchmaschinen sehen und bei der Suche anonym bleiben möchten.

Eine alternative Suchmaschine verwenden

Um eine alternative Suchmaschine einzustellen, sind nur wenige Schritte in der Chrome-App erforderlich.

1 Rufen Sie das App-Menü (1) auf, blättern Sie (gegebenenfalls durch Wischen mit dem Finger) im Menü und wählen Sie den Befehl *Einstellungen* (2).

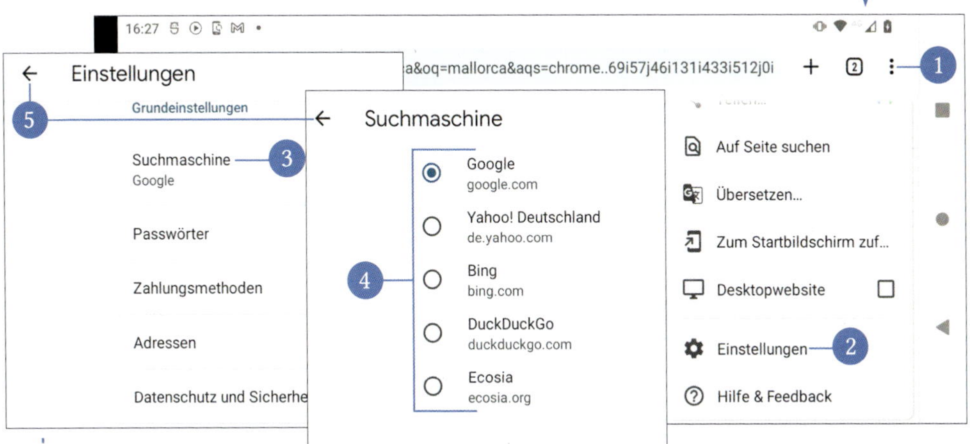

2 Tippen Sie unter *Einstellungen* auf den Befehl *Suchmaschine* (3), wählen Sie in der Seite *Suchmaschine* den gewünschten Eintrag (4) und tippen Sie auf *Zurück* (5).

Anschließend wechseln Sie über die *Zurück*-Schaltfläche zur Browseransicht zurück. Der gewählte Anbieter ist dann als Standardsuchmaschine festgelegt.

HINWEIS

Beachten Sie, dass sich die Schritte, abhängig von der App-Version, leicht ändern können. Zudem werden nur einige wenige alternative Suchanbieter angeboten.

So suchen Sie in einer Webseite

Browser-Apps unterstützen die Suche innerhalb der angezeigten Webseite. Führen Sie in der Chrome-App folgende Schritte aus:

1 Rufen Sie die Webseite in Google Chrome auf und öffnen Sie das Menü (1) der App.

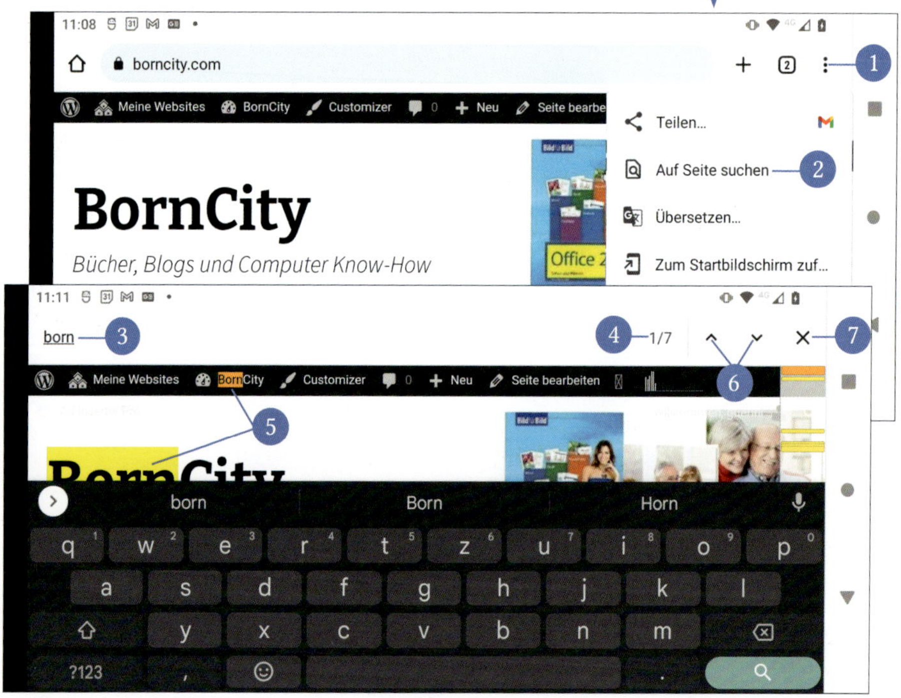

2 Tippen Sie im angezeigten Menü auf den Befehl *Auf Seite suchen* (2).

3 Tippen Sie den Suchbegriff mittels der Bildschirmtastatur im eingeblendeten Suchfeld (3) ein.

Die Zahl der Treffer wird in der Suchleiste angezeigt (4) und die App hebt die Treffer in der aktuell angezeigten Webseite farbig hervor (5).

Über die Symbole (6) der Suchleiste springen Sie zwischen den Treffern. Über das Symbol *x* (7) blenden Sie die Suchleiste wieder aus.

Chrome für Fortgeschrittene

Wer die Grundlagen beherrscht, kann spezielle Funktionen des Chrome-Browsers wie das Setzen von Lesezeichen, das Herunterladen von Inhalten (Download) bis hin zum Anpassen von Einstellungen verwenden.

Lesezeichen anlegen, ändern, löschen

Lesezeichen sind hilfreich, um häufig besuchte Webseiten besser abrufen zu können. Die Schritte zum Festlegen eines Lesezeichens variieren aber mit der Version der Chrome-App. Zudem ist es ein Unterschied, ob Sie einen Tablet-PC oder ein Mobilgerät verwenden. Hier die Schritte, wie sie beim Schreiben des Manuskripts erforderlich waren.

1 Rufen Sie die gewünschte Webseite in Google Chrome auf und tippen Sie gegebenenfalls auf das in der Adressleiste angezeigte Lesezeichen-Symbol (2).

2 Bei einem Smartphone tippen Sie in der rechten oberen Ecke der App auf die drei Pünktchen (1), um das Menü zu öffnen. Im Menü wählen Sie das Lesezeichen-Symbol (2).

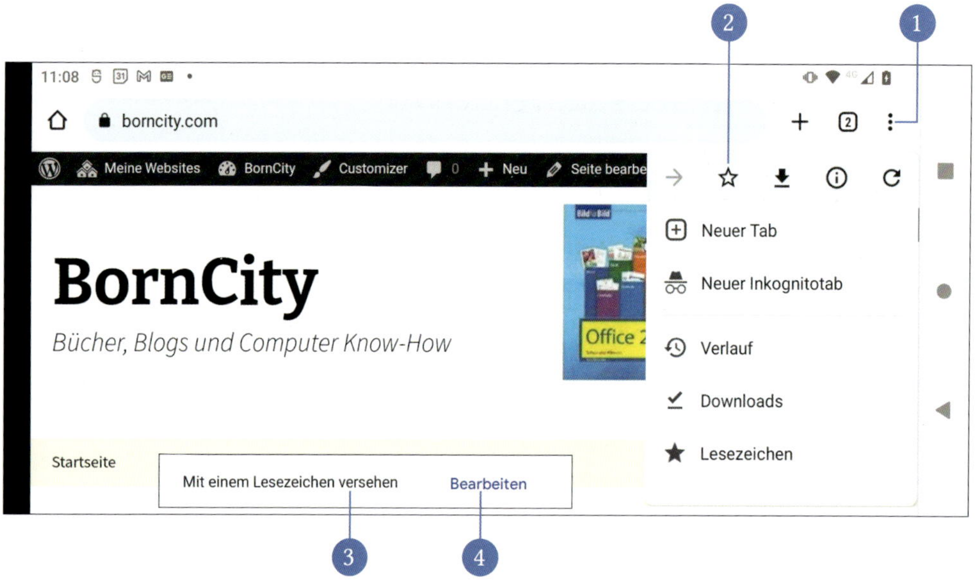

In allen Fällen blendet die Chrome-App eine Leiste mit dem Hinweis (3) ein, dass das Lesezeichen angelegt wurde. Über *Bearbeiten* (4) gelangen Sie zur Bearbeitung der Lesezeichenliste. Zum **Bearbeiten** oder **Löschen von Lesezeichen** verwenden Sie folgende Schritte:

1 Wählen Sie das Lesezeichensymbol, wie im vorherigen Abschnitt beschrieben, in der Chrome-App an.

2 Kontrollieren Sie im angezeigten Fenster *Lesezeichen bearbeiten* die Felder *Name* (5) und *URL* (6).

Tippen Sie bei Bedarf auf die Textfelder und passen Sie den Inhalt per Bildschirmtastatur an. Ein **Lesezeichen löschen** Sie über das Symbol in der rechten oberen Ecke des Fensters (7).

Zur Verwaltung vieler Lesezeichen haben Sie mit Google Chrome die Möglichkeit, Lesezeichen über Ordner in Gruppen abzulegen.

3 Tippen Sie hierzu im Pop-up-Fenster *Lesezeichen bearbeiten* auf den Eintrag des Felds *Ordner* (8).

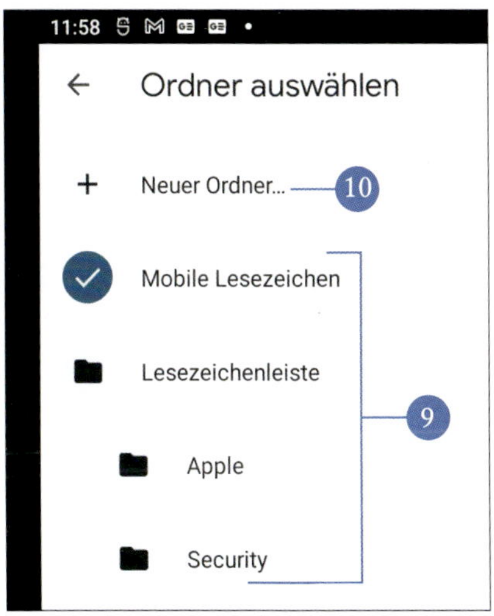

4 Tippen Sie im Pop-up-Fenster *Ordner auswählen* auf einen der vordefinierten Ordner (9).

5 Um einen eigenen Lesezeichenordner anzulegen, tippen Sie auf *Neuer Ordner* (10).

6 Wählen Sie im Pop-up-Fenster *Ordner hinzufügen* das Feld *Titel* (11) und geben Sie den Ordnernamen ein.

7 Um den neuen Ordner gezielt einzusortieren, wählen Sie optional im Pop-up-Fenster *Ordner hinzufügen* einen bestehenden Ordner (12).

Tippen Sie direkt auf *Speichern* (13), wird der neue Ordner unter *Mobile Lesezeichen* angelegt. Im Anschluss tippen Sie im Pop-up-Fenster *Lesezeichen bearbeiten* noch die *Zurück*-Schaltfläche (14) an, um zum Browser zu gelangen.

Lesezeichen abrufen

Greifen Sie beim Surfen über die folgenden Schritte **auf Lesezeichen zu**.

1 Tippen Sie auf die drei Pünktchen (1), um das Browsermenü zu öffnen, und wählen Sie den Befehl *Lesezeichen* (2).

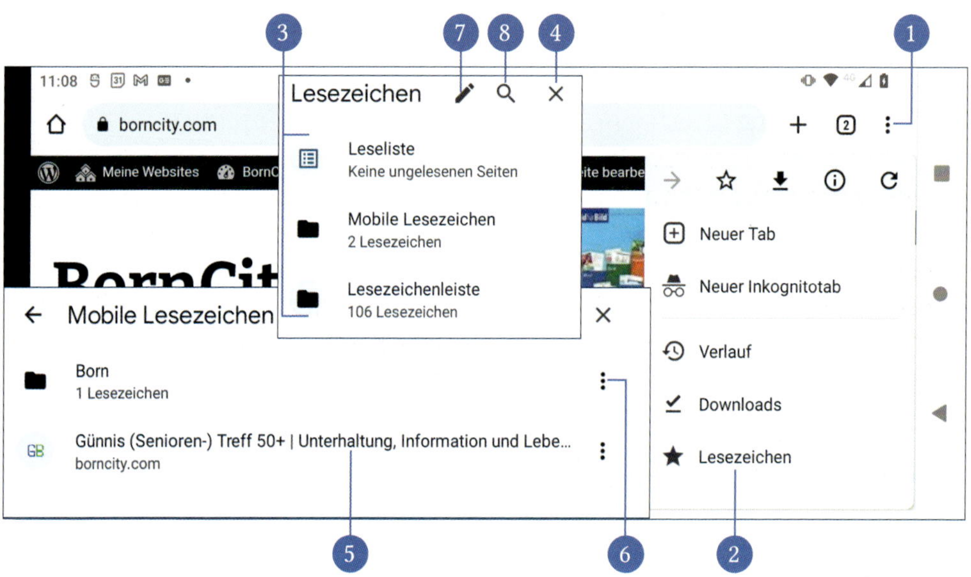

Jetzt erscheint die Liste der Lesezeichen (3). Bei Bedarf tippen Sie auf das *Schließen*-Symbol (4), um das Fenster wieder auszublenden.

2 Wählen Sie im Pop-up-Fenster einen der Lesezeicheneinträge (3), um einen Ordner zu öffnen.

3 Tippen Sie im Fenster auf den Eintrag des Lesezeichens (5), um die zugehörige Webseite zu öffnen.

Über die drei Pünktchen (6) rechts neben einem Lesezeichen öffnen Sie ein Menü, über dessen Befehle Sie ein Lesezeichen auswählen, bearbeiten, verschieben oder löschen können. Der eventuell eingeblendete Stift (7) ermöglicht es, die Ordner mit den Lesezeichen zu bearbeiten (siehe vorherigen Abschnitt), und über das Lupensymbol (8) lassen sich Lesezeichen durchsuchen.

Lesezeichen synchronisieren

Der Google-Chrome-Browser besitzt die Möglichkeit, die **Lesezeichen** zu **synchronisieren**. Beim ersten Aufruf der App werden Sie gefragt, ob Sie sich am Google-Konto anmelden. Nach dieser Anmeldung synchronisiert Google Chrome den Verlauf der besuchten Webseiten, die Lesezeichen etc. mit allen Chrome-Instanzen auf anderen Geräten, die ebenfalls an diesem Konto angemeldet sind. Die Synchronisationseinstellungen passen Sie an, indem Sie das Browsermenü öffnen und den Befehl *Einstellungen* wählen. Dann wird eine Seite eingeblendet, auf der Sie, sofern angezeigt, auf etwas wie *Als xxxx anmelden* tippen und auf der Folgeseite mit der *OK*-Schaltfläche bestätigen. Dann ist das Konto verbunden.

Sind Sie angemeldet, tippen Sie auf der Seite *Einstellungen* auf den Benutzernamen mit dem Google-Konto. Dann wird eine Seite angezeigt, auf der Sie die Synchronisationseinstellungen ändern oder auch ein neues Konto zuordnen können. Verwenden Sie die *Zurück*-Schaltfläche am unteren Rand, um wieder zur Vorgängerseite zu gelangen.

Webseiten auf dem Startbildschirm merken

Um eine besuchte Webseite (z. B. zum späteren Lesen) temporär aufzuheben, können Sie auch folgende Schritte ausführen:

1 Rufen Sie die gewünschte Webseite in Google Chrome auf und öffnen Sie das Browsermenü über die drei Pünktchen (1).

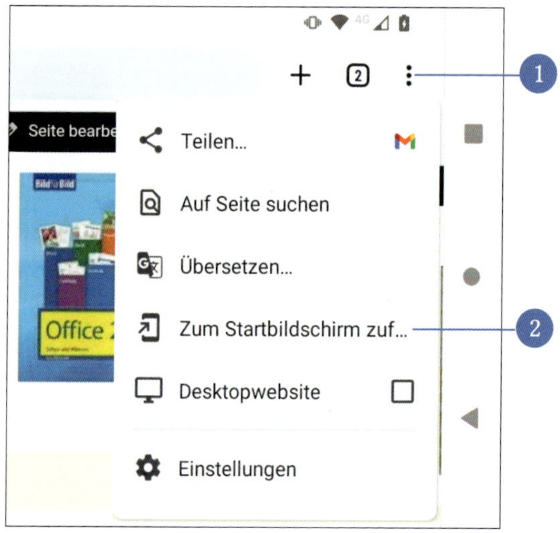

2 Wählen Sie im geöffneten Browsermenü den Befehl *Zum Startbildschirm zufügen* (2).

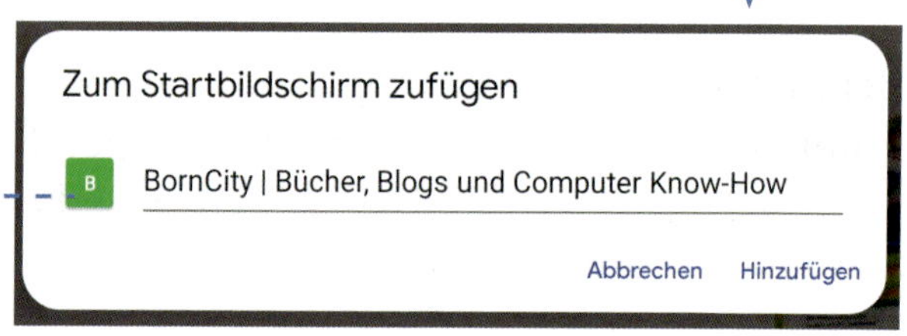

3 Passen Sie im Pop-up-Fenster gegebenenfalls den Titel an und wählen Sie *Hinzufügen*.

Die App legt dann eine Verknüpfung auf dem Startbildschirm ab. Tippen Sie später diese Verknüpfung an, öffnet sich die Chrome-App und zeigt die Webseite an.

HINWEIS

Diese Verknüpfung auf eine Webseite können Sie wie jede andere Verknüpfung des Startbildschirms löschen (siehe Kapitel 2, Abschnitt »Apps auf dem Startbildschirm verwalten«).

Den Verlauf besuchter Webseiten einsehen

Die von Ihnen besuchten Webseiten werden vom Browser in einer sogenannten Verlaufsliste aufgezeichnet. Dies ermöglicht es Ihnen, solche Seiten erneut über den Verlauf abzurufen.

1 Öffnen Sie das App-Menü über die drei Pünktchen (1) und wählen Sie den Befehl *Verlauf* (2).

2 Warten Sie, bis der Browser die Seite *Verlauf* (3) mit der Verlaufsliste anzeigt, und tippen Sie auf den gewünschten Eintrag (4).

Bei Bedarf wischen Sie mit dem Finger in der Liste nach oben oder unten, um im Verlauf zu blättern. Tippen Sie auf das Lupensymbol *Im Verlauf suchen* (5), lässt sich ein Suchbegriff per Bildschirmtastatur eingeben. Dann sucht die App nach entsprechenden Seitennamen im Verlauf.

Bei Anwahl eines Verlaufseintrags wird die zugehörige Webseite im Browser geöffnet. Tippen Sie auf das Symbol (6), wird der Eintrag aus der Liste gelöscht.

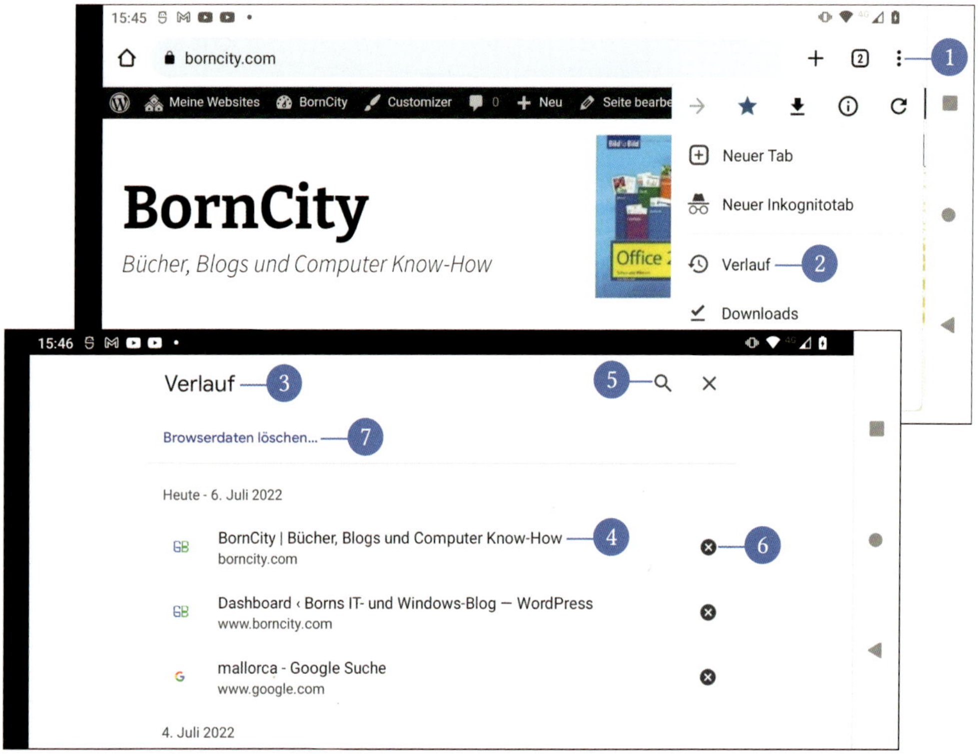

Browserdaten löschen

Beim Surfen im Internet speichert Google Chrome neben dem Verlauf weitere Daten (Cookies, Eingaben in Textfelder etc.).

Um diese gespeicherten Browserdaten zu löschen, rufen Sie die Seite *Verlauf* gemäß den obigen Schritten auf. Tippen Sie auf *Browserdaten löschen* (7), erscheint dieses Fenster.

Tippen Sie bei Bedarf auf die Kontrollkästchen (8), um die gewünschte Option zum Löschen an- oder abzuwählen. Ein Häkchen signalisiert eine zu löschende Kategorie.

Über das Listenfeld (9) geben Sie den Zeitraum zum Löschen (z. B. die letzte Stunde) vor. Bestätigen Sie das Ganze über *Daten löschen* (10), werden die Browserdaten um die betreffenden

Kategorien bereinigt. Das ist hilfreich, wenn Dritte nicht sehen sollen, was Sie im Web abgerufen haben.

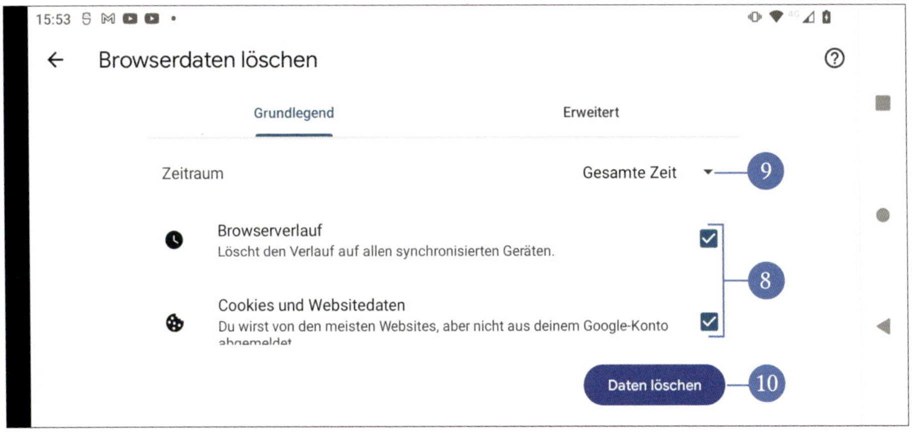

In den Einstellungen der Google-Chrome-App finden Sie in der Kategorie *Datenschutz und Sicherheit* eine Seite mit Optionen, mit denen Sie Browserdaten löschen und Datenschutzeinstellungen anpassen können.

Teilen von Webseiten mit anderen Apps

Google Chrome ermöglicht es Ihnen, aufgerufene Webseiten mit anderen Apps zu teilen (beispielsweise den Link zur Webseite per Mail versenden).

1 Tippen Sie auf das Menü-Symbol (1) und wählen Sie den *Teilen*-Befehl (2).

2 Tippen Sie im Pop-up-Fenster *Teilen über* die gewünschte App (3) zum Teilen an.

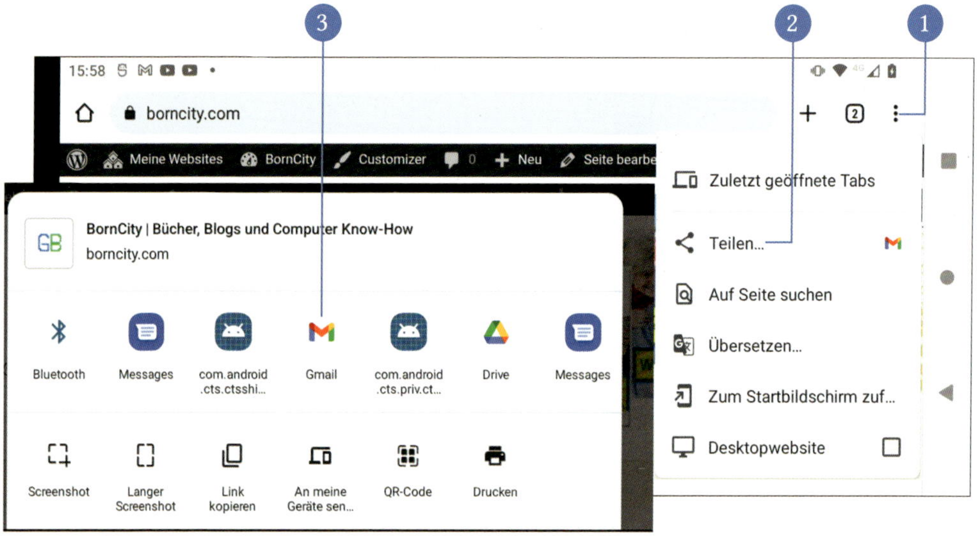

Dann öffnet sich die gewählte App, und die Webadresse (URL) der im Browser geöffneten Seiten kann weiterverarbeitet werden. Bei Anwahl der Gmail-App (3) öffnet sich z. B. das Formular zum Verfassen einer neuen E-Mail. Die Webadresse der in Google Chrome geöffneten Webseite ist dann bereits im Nachrichtenfeld eingefügt.

Dateien aus dem Internet herunterladen

In Google Chrome lassen sich auch **Dokumente** im PDF-Format oder beliebige andere Dateien **aus** dem **Internet herunterladen** (**downloaden**). Zum Testen gibt es auf meiner Homepage eine Downloadseite unter *www.borncity.de/Test/*.

1 Rufen Sie die Downloadseite in der Browser-App auf und tippen Sie den betreffenden Hyperlink (1) zum Download an.

2 Befolgen Sie gegebenenfalls die Anweisungen der Browser-App, falls diese Sie zum Bestätigen des Downloads auffordert.

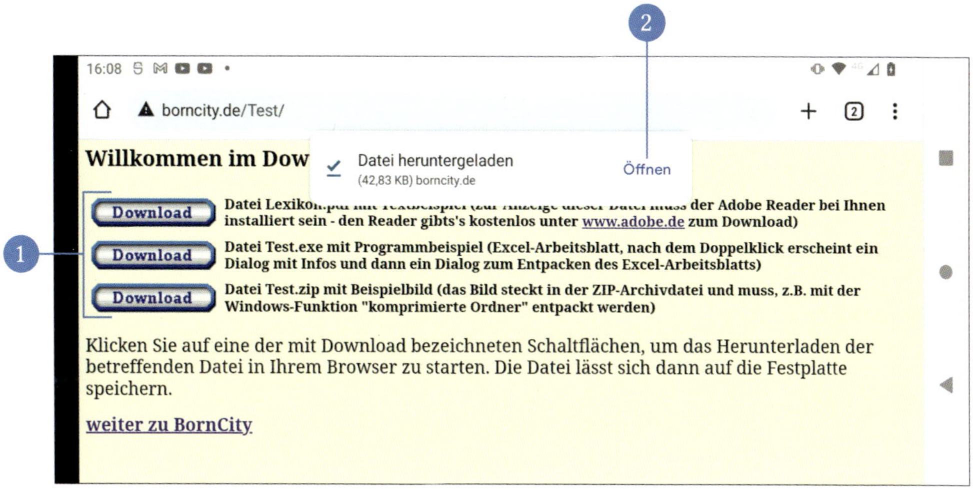

Android beginnt mit dem Download der Datei. Die heruntergeladenen Dateien werden im Ordner *Download* gespeichert. Gleichzeitig blendet die zum Download ausgewählte App meist eine Schaltfläche zum Öffnen der Datei (2) in der Anzeige ein.

HINWEIS

Die Reaktion hängt vom Typ des Downloads ab. Dokumente im Adobe-PDF-Format werden direkt in der App angezeigt. Ähnliches kann bei Bildern passieren.

Ist die Einblendung (2) zum Öffnen des Downloads bereits wieder verschwunden? Zum **Öffnen des Downloads** können Sie auch Folgendes versuchen:

3 Tippen Sie auf die drei Pünktchen (3) und wählen Sie im Menü den Befehl *Downloads* (4).

4 Auf der Seite *Downloads* tippen Sie auf den Eintrag für den gewünschten Download (5).

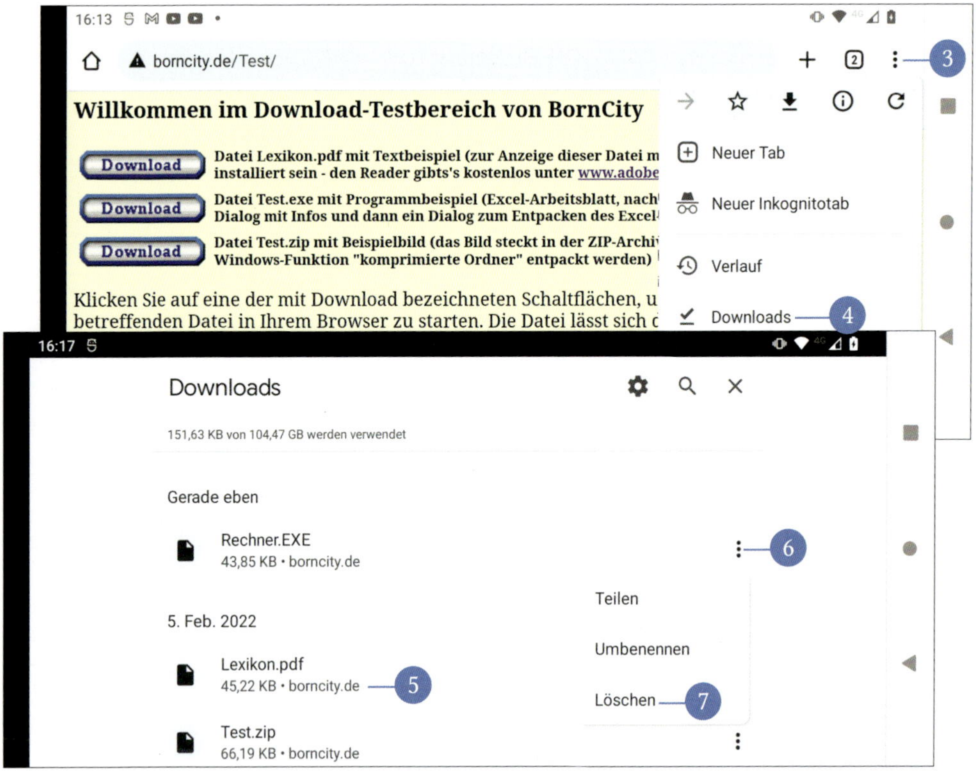

Voraussetzung zum Öffnen eines Downloads ist aber, dass Android eine App kennt, die dieses Dokument darstellen kann. Andernfalls erscheint die Meldung *Datei kann nicht geöffnet werden.*

Über die drei Pünktchen (6) rechts neben einem Download-Eintrag öffnen Sie ein Menü, über dessen Befehle Sie den Download mit anderen Apps teilen, die Datei umbenennen oder auch löschen (7) können.

Bilder speichern und kopieren

In Google Chrome ist es möglich, Bilder aus Webseiten zu speichern oder in die Zwischenablage zu kopieren.

1 Es genügt dazu, den Finger etwas länger auf das Bild (1) zu drücken.

2 Beim Loslassen erscheint ein Fenster, in dem Sie *Bild herunterladen* (2) (oder ähnlich bezeichnet) wählen.

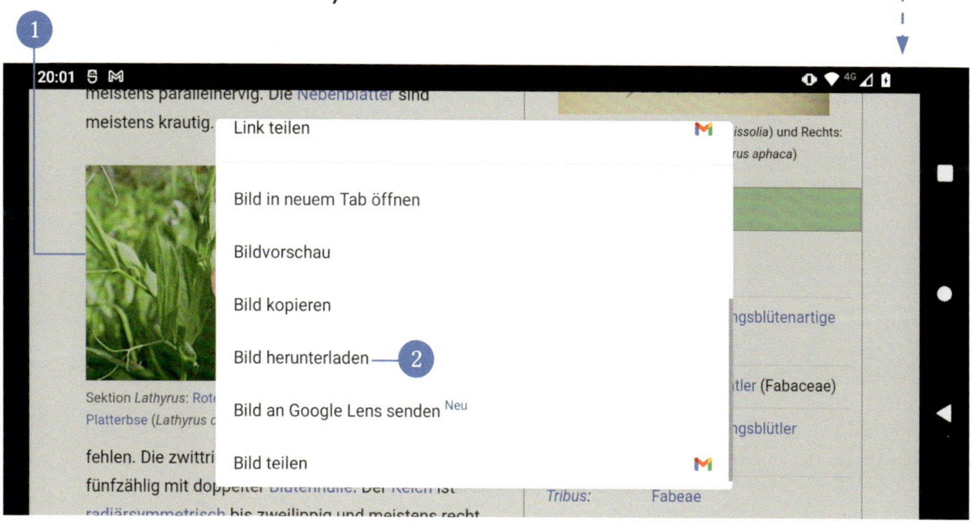

Der Befehl *Bild herunterladen* legt im Google-Chrome-Browser das Foto im Ordner *Download* ab. Die Bilder können anschließend in einer Dateimanager-App angewählt und mithilfe einer Foto-App angezeigt werden.

HINWEIS

Mit dem Befehl *Bild teilen* lässt sich anschließend eine App in einem Pop-up-Fenster auswählen, in die das Bild übernommen wird.

ACHTUNG

Beachten Sie beim Verwenden von Bildern aus dem Web das Copyright des betreffenden Rechteinhabers.

Google-Chrome-Einstellungen anpassen

Benötigen Sie **Zugriff auf die Einstellungen** von **Google Chrome**?

1 Öffnen Sie das Menü durch Antippen der drei Pünktchen (1) und wählen Sie den Befehl *Einstellungen* (2).

2 Wählen Sie in der angezeigten Seite (3) eine der Kategorien an.

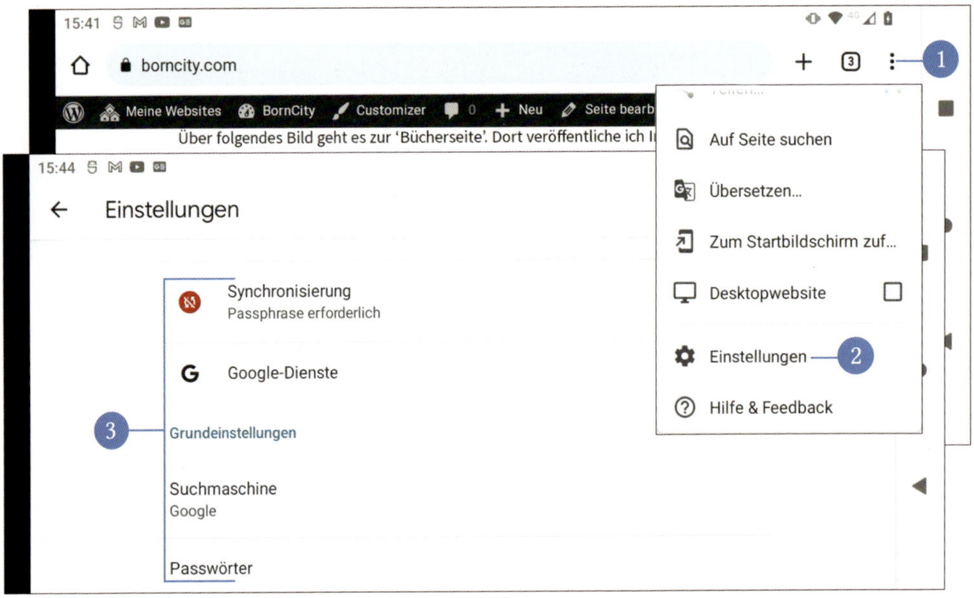

In der Detailseite mit den zugehörigen Einstellungen lassen sich (über Bedienelemente wie Schiebeschalter) Optionen aktivieren oder abwählen. Wischen Sie mit dem Finger, um innerhalb der Liste mit den Einstellungskategorien nach oben oder unten zu blättern.

- Über die Kategorie *Suchmaschine* öffnen Sie eine Zusatzseite zur Auswahl der Suchmaschine (z. B. Google, Bing, Yahoo!).
- Unter *Passwörter* legen Sie fest, ob Google Chrome in Formularfeldern Namen und Passwörter per Autoausfüllen eintragen und speichern darf.

- In der Kategorie *Datenschutz und Sicherheit* finden Sie Optionen, um Browserdaten zu löschen oder weitere Datenschutzeinstellungen festzulegen.
- In *Bedienungshilfen* lässt sich die Skalierung des Textes (der Zoomfaktor) sowie die Aktivierung der Zoomfunktion anpassen.
- Die Kategorie *Website-Einstellungen* ermöglicht es Ihnen, z. B. vorzugeben, ob sogenannte **Cookies** gespeichert, **Kamera** und **Mikrofon** verwendet oder **JavaScript** ausgeführt werden dürfen.

Weitere Kategorien ermöglichen den Zugriff auf die Zahlungseinstellungen, Benachrichtigungen etc. Die Einstellungen sind mehr oder weniger intuitiv. Falls Sie die Bedeutung einer Einstellung nicht kennen, belassen Sie sie auf der Voreinstellung.

HINWEIS

Das Sperren der Cookie-Annahme führt dazu, dass viele Webseiten, speziell Onlineshops, nicht mehr richtig funktionieren, da Anmeldeinformationen nicht mehr gespeichert werden können. Ähnliches gilt, falls Sie die Ausführung von JavaScript abschalten.

Einführung in die Mail-App

Zum Abrufen, Lesen, Bearbeiten und Beantworten von E-Mails steht in Android die App *Gmail* (Google Mail) zur Verfügung. Der folgende Abschnitt beschreibt, wie Sie die App aufrufen und einrichten. Außerdem erhalten Sie einen grundlegenden Überblick über die Funktionen der App.

Grundlagen der Gmail-App

Die App *Gmail* wird über ein Symbol der Favoritenleiste oder über *Alle Apps* aufgerufen und ermöglicht Ihnen den Zugriff auf verschiedene (eingerichtete) Postfächer bei unterschiedli-

Gmail

chen E-Mail-Anbietern. Je nach Android-Version sieht das Symbol wie hier gezeigt oder wie ein Briefumschlag aus.

TIPP

Der Punkt oben rechts am Gmail-Symbol zeigt dem Benutzer, dass neue E-Mails eingetroffen sind.

Die App zeigt standardmäßig die Seite mit dem Postfach und den E-Mails. Die genaue Darstellung unterscheidet sich zwischen Smartphone und Tablet. Hier ist die Smartphone-Darstellung zu sehen, auf einem Tablet werden alle Elemente unter Umständen nebeneinander in Spalten im App-Fenster eingeblendet. Die Bedienung unterscheidet sich nicht sonderlich.

- Das Symbol (1) ermöglicht es, auf die Seite zur Verwaltung der E-Mail-Konten zuzugreifen
- Im Fenster der App werden die im Posteingang eingetroffenen E-Mails mit dem Absendernamen, dem Datum und dem Betreff aufgelistet (2).
- Am oberen Rand der App finden Sie ein Feld, um über eingetippte Stichwörter gezielt nach Nachrichten zu suchen (3).
- Das Symbol (4) am unteren App-Rand zeigt an, wie viele eingetroffene E-Mails noch nicht gelesen wurden. In der Nachrichtenliste werden ungelesene Mails fett hervorgehoben.
- Links oben findet sich neben *In E-Mails suchen* das Burger-Menü (5). Tippen Sie dieses an, öffnet sich ein Menü (6), in dem Sie auf die Ordner eines Postfachs (*Posteingang*, *Gesendet*, *Papierkorb* etc.) zugreifen können.

Tippen Sie den Eintrag einer Nachricht (2) an, um deren Inhalt lesen zu können. Die Handhabung der Mail-App wird auf den folgenden Seiten noch detaillierter erläutert.

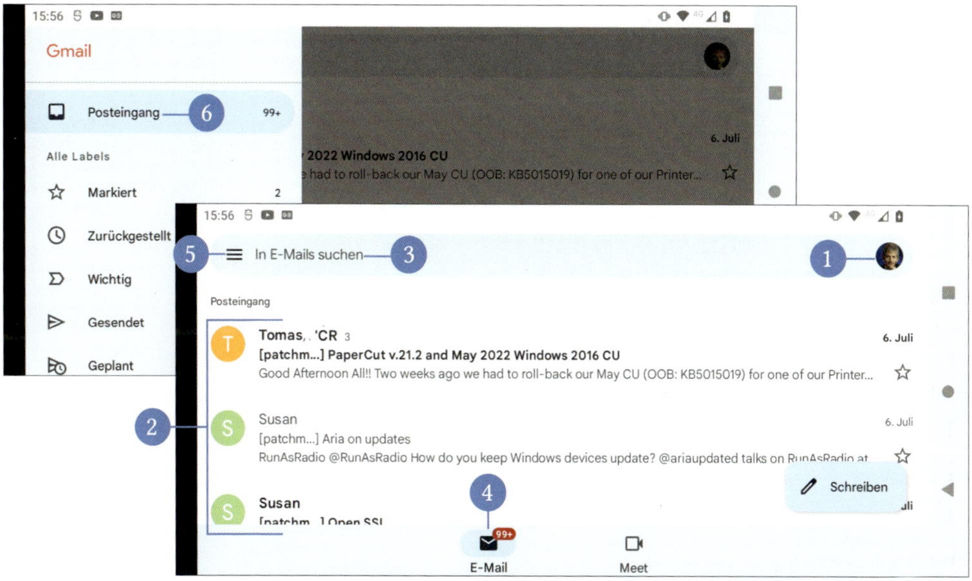

HINWEIS

Bei mehreren eingerichteten Postfächern gibt es im Burger-Menü auch den Eintrag *Alle Postfächer*, um alle E-Mails in der App anzuzeigen. Um ein E-Mail-Konto gezielt anzuzeigen, tippen Sie auf das Symbol des Kontos 1. Dann erscheint die Liste der eingerichteten Konten und Sie können ein Konto durch Antippen auswählen.

Beachten Sie, dass sich die Bedienung der App durch Updates ändern kann. Auf Tablets werden die Details einer Nachricht, die Nachrichtenliste und gegebenenfalls die Symbole des Burger-Menüs in drei Spalten nebeneinander angezeigt. Von Drittherstellern gibt es weitere E-Mail-Apps (z. B. eine Outlook-App von Microsoft). Diese werden aber aus Platzgründen hier nicht behandelt.

E-Mail-Konten einrichten

Um in der **Gmail-App** auf bestehende E-Mail-Konten zuzugreifen, sind diese einmalig in der App einzurichten. Dabei werden die Zugangsdaten zum jeweiligen **E-Mail-Konto in die App eingetragen**. Das

Google-Konto, das Sie für Android eingerichtet haben, sollte standardmäßig in der App hinterlegt sein. Um ein neues E-Mail-Konto zur App hinzuzufügen oder Optionen einzusehen, gehen Sie folgendermaßen vor:

1 Rufen Sie die Gmail-App auf (siehe vorheriger Abschnitt) und tippen Sie auf das Symbol des Burger-Menüs (1).

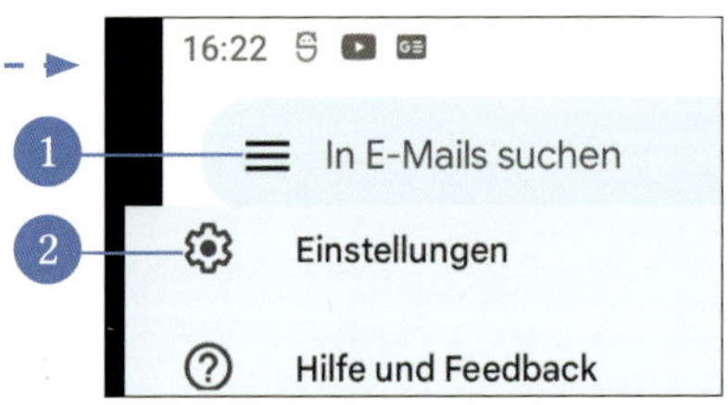

2 Tippen Sie in der linken Spalte des Menüs auf den Befehl *Einstellungen* (2).

Gegebenenfalls wischen Sie mit dem Finger im Menü, um den Befehl in die Anzeige zu bringen. Die Seite *Einstellungen* zeigt Ihnen, welche E-Mail-Konten bereits eingerichtet sind. Durch Antippen der Befehle können Sie allgemeine Einstellungen sowie die Einstellungen für ein bereits existierendes E-Mail-Konto anpassen oder ein Konto neu hinzufügen.

3 Tippen Sie in der linken Spalte des Menüs auf den Befehl *Konto hinzufügen* (3).

Jetzt möchte die App von Ihnen wissen, welche Art des E-Mail-Zugangs einzurichten ist.

4 Tippen Sie im angezeigten Fenster auf einen der aufgelisteten E-Mail-Anbieter (4).

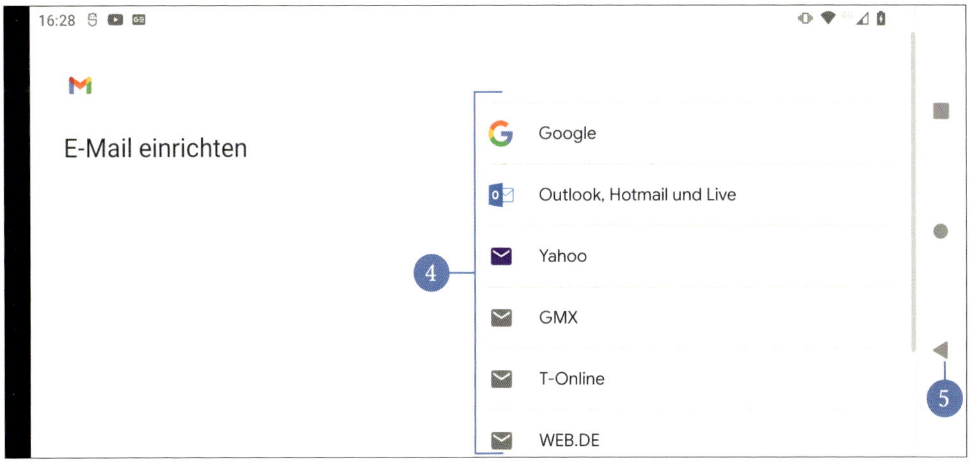

Die Auswahl ist dabei recht intuitiv: Besitzen Sie ein Konto bei Google, wählen Sie den Google-Eintrag. Alle anderen Postfächer bei Anbietern wie Microsoft (z. B. *Outlook.com*), T-Online, Web.de, GMX etc. werden über die betreffenden Optionen ausgewählt.

HINWEIS

Die Option *Exchange* dürfte nur in Firmenumgebungen von Bedeutung sein und bleibt in diesem Buch ausgespart. Der Eintrag *Sonstige* ermöglicht es, Postfächer eines E-Mail-Anbieters, der nicht aufgeführt ist, einzubinden. Über das Symbol (5) können Sie jederzeit zur vorherigen Seite zurückblättern.

5 Tragen Sie anschließend die E-Mail-Adresse des E-Mail-Kontos sowie das zugehörige Kennwort in die angezeigten Formulare ein.

Im ersten Formular wird die E-Mail-Adresse 6 abgefragt. Über *Weiter* 7 gelangen Sie dann zur Seite für die Kennworteingabe. Über *Zurück* 8 gehen Sie bei Bedarf einen Einrichtungsschritt zurück.

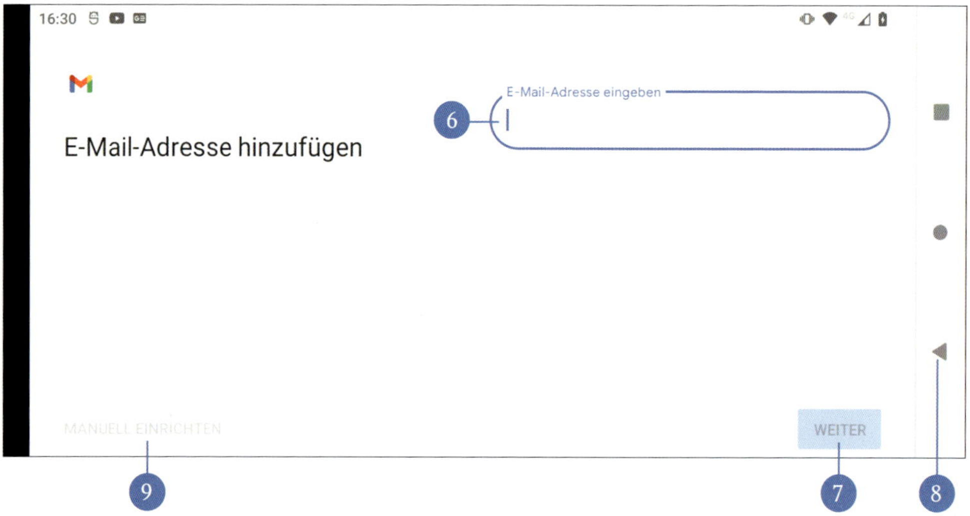

Im Idealfall klappt die Einrichtung des E-Mail-Kontos durch Eingabe der E-Mail-Adresse und des zugehörigen Kennworts. Bei Gmail-Konten und bei Microsofts *Outlook.com* ist dies der Fall.

Scheitern Sie bei der Einrichtung an der Meldung, dass das **Kennwort falsch** sei, gehen Sie folgendermaßen vor:

1 Klappt das automatische Einrichten nicht, wählen Sie in obigem Formular nach Eingabe der E-Mail-Adresse den Eintrag *Manuell einrichten* 9.

2 Tippen Sie in der angezeigten Seite auf den gewünschten Eintrag für den Kontotyp – meist *Privat (IMAP)* oder *Privat (POP3)*.

3 Tippen Sie im nächsten Formular *Anmelden* das zum E-Mail-Konto zugehörende Kennwort (10) ein. Die App zeigt eine Folgeseite zur Eingabe an, die Sie über die Schaltfläche *Fertig* verlassen.

Über das stilisierte Auge (11) können Sie das eingetippte und mit Punkten verdeckte Passwort anzeigen lassen.

4 Blättern Sie gegebenenfalls im Formular nach unten und korrigieren Sie die Adresse des Servers (12) sowie weitere Einstellungen des Postausgangsservers, und tippen Sie danach auf *Weiter* (13).

Die benötigten Anmeldedaten sowie die Adresse des SMTP- oder des IMAP-Servers etc. erhalten Sie vom Anbieter des E-Mail-Postfachs.

5 Befolgen Sie die weiteren angezeigten Anweisungen des Einrichtungsassistenten.

Was abgefragt wird, hängt vom jeweiligen E-Mail-Anbieter ab.

6 Passen Sie auf der Folgeseite gegebenenfalls die *Synchronisierungshäufigkeit* an (z. B. alle 15 Minuten E-Mails abrufen). Dazu markieren Sie bei Bedarf die **Kontrollkästchen** (Viereck mit blauer Füllung) zum Benachrichtigen und Synchronisieren und tippen erneut auf *Weiter*.

Durch Antippen des Kontrollkästchens kann die Option gesetzt oder abgewählt werden.

Sobald die Meldung kommt, dass das Konto eingerichtet ist, tippen Sie so lange auf *Weiter*, bis die Seite mit den Einstellungen wieder zu sehen ist. Dort sollten dann alle eingerichteten Konten sichtbar sein.

Gehen Sie über die *Zurück*-Schaltfläche zur Anzeige der Gmail-App mit den Postfächern zurück. Mit dem Befehl *Konto hinzufügen* legen Sie ein weiteres Konto an, und über *Allgemeine Einstellungen* greifen Sie auf die Einstellungsseite zu (siehe folgender Abschnitt).

Nützliche Informationen zum Einrichten von Konten

Beachten Sie, dass sich die oben gezeigten Schritte abhängig vom verwendeten E-Mail-Anbieter und der Version der Gmail-App ändern können.

Ist der Anbieter Ihres E-Mail-Kontos der App nicht bekannt, legen Sie gegebenenfalls die Anmeldedaten für das Postfach manuell fest. Dann werden der Typ des E-Mail-Servers und die Serverdaten abgefragt.

E-Mails können über die Protokolle IMAP oder POP3 abgeholt sowie über SMTP oder IMAP versandt werden. Kennt die Gmail-App den Anbieter, werden die benötigten Server-Adressen korrekt in den Einrichtungsseiten angegeben. Schauen Sie gegebenenfalls auf den Webseiten der E-Mail-Anbieter nach, welche Einstellungen für das E-Mail-Konto erforderlich sind.

Kontoeinstellungen einsehen und ändern

Um die **Kontoeinstellungen** einzusehen oder zu **ändern**, gehen Sie zu *Einstellungen* (siehe vorherige Seiten) und tippen auf den Eintrag für das Konto. Dann lassen sich der Kontoname oder die Synchronisationseinstellungen in der Seite *Einstellungen* ändern.

- Tippen Sie auf ein Feld *Kontoname* (1) oder *Mein Name* (2), um im eingeblendeten Feld die beiden Werte anzupassen.
- Im Feld *Mobile Signatur* (3) tragen Sie bei Bedarf einen Text ein, der unterhalb jeder verschickten E-Mail eingefügt wird. Man kann dort z. B. seinen Namen, einen Gruß etc. ablegen.

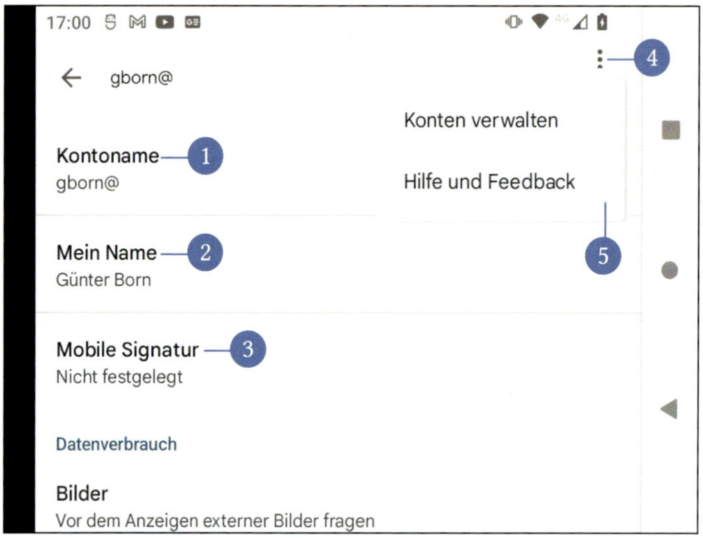

- Blättern Sie durch Wischen nach oben, steuern Sie über die Option *Bilder*, wie Gmail mit Bildern in E-Mails umgeht. Es lässt sich vorgeben, dass die Anzeige von Bildern durch den Benutzer freizugeben ist (um im Mobilfunkbetrieb das Datenkontingent zu schonen).
- Wählen Sie das Feld *Synchronisierungshäufigkeit*, öffnet sich ein Pop-up-Fenster, in dem Sie über Optionsfelder festlegen, wie häufig die Mails vom Server abgeholt werden (*Nie*, *5 Minuten*, *15 Minuten* etc.).
- In der Kategorie *Servereinstellungen* können Sie auf die Einträge für eingehende und ausgehende Nachrichten tippen. Dann öffnet sich eine Seite, in der Sie die Zugangsdaten für den betreffenden Server einsehen und ändern können.

Über die drei Pünktchen (4) in der rechten oberen Ecke der App öffnen Sie bei Bedarf ein Menü (5), über das Sie auf den Befehl zur Kontenverwaltung zugreifen können.

HINWEIS

Die genaue Anzeige der Felder hängt dabei vom Typ des E-Mail-Kontos und vom Gerät ab. Auf meinem Android-Smartphone sind z. B. nicht alle Felder, die hier genannt wurden, in den Einstellungen der Mail-App zu finden.

E-Mail-Konto löschen

Das Löschen eines E-Mail-Kontos ist in Android etwas trickreich. Generell ist das Löschen nur für die in der Gmail-App festgelegten Zusatzkonten möglich.

Das Haupt-Google-Konto bleibt dagegen immer erhalten. Um auf die Funktionen zum Löschen eines zusätzlichen E-Mail-Kontos zuzugreifen, gehen Sie beispielsweise in folgenden Schritten vor:

1 Gehen Sie in der E-Mail-App über das Burger-Menü *Einstellungen* zur gleichnamigen Seite (siehe vorhergehende Seiten) und tippen Sie in der rechten oberen Ecke der Seite auf die drei Pünktchen (4). Dann wählen Sie im Menü (5) den Befehl *Konten verwalten* (siehe vorherige Abbildung).

2 Tippen Sie auf der Folgeseite auf den Eintrag für das zu löschende E-Mail-Konto, blättern Sie in der Seite nach unten und wählen Sie die Schaltfläche *Konto entfernen*.

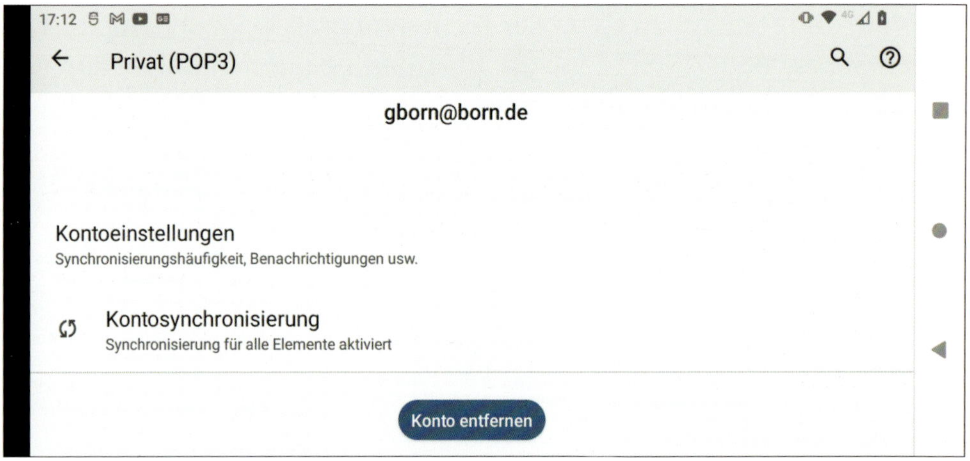

Dieser Schritt ist in einem eingeblendeten Pop-up-Fenster *Konto entfernen?* über *Konto entfernen* (oder ähnlich) zu bestätigen. Dann wird das Konto aus der Gmail-App ausgetragen.

HINWEIS

Kleine Wiederholung: In der linken oberen Ecke weisen die meisten Apps einen nach links zeigenden Pfeil auf. Tippen Sie auf den Pfeil, um in den Einstellungsseiten jeweils einen Schritt zurückzugehen. Um zwischen den Android-Einstellungen und der Gmail-App zu wechseln, verwenden Sie die *Startbildschirm*-Schaltfläche.

Gmail-Einstellungen anpassen

Um die allgemeinen Einstellungen der Gmail-App einzusehen oder zu verändern, rufen Sie die Seite *Einstellungen* der App über das Burger-Menü auf (siehe vorhergehende Abschnitte).

1 Tippen Sie unter *Einstellungen* auf den Befehl *Allgemeine Einstellungen* (1).

2 Anschließend passen Sie auf der Seite *Allgemeine Einstellungen* ② die gezeigten Optionen an.

Hierzu tippen Sie auf die jeweiligen Kontrollkästchen, um die blaue Markierung mit dem Häkchen zu setzen oder zu entfernen.

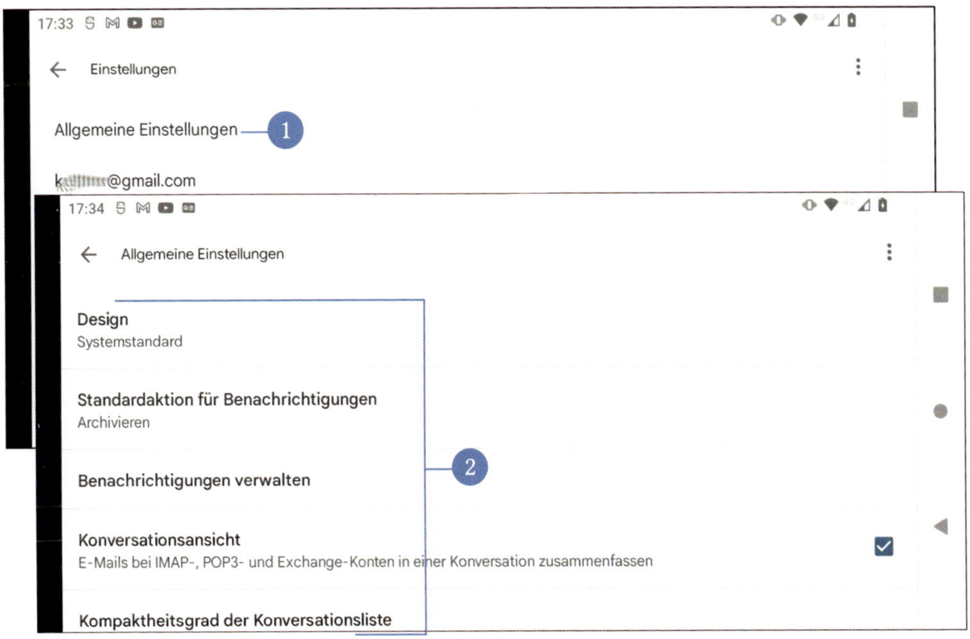

Was unterscheidet Optionsfelder und Kontrollkästchen?

Bei einem **Kontrollkästchen** zeigt ein Häkchen, dass die Option gesetzt ist. Bei einem Optionsfeld ist dagegen der Punkt farbig gefüllt. Bei **Optionsfeldern** lässt sich immer nur eine Option aus einer Gruppe markieren, während bei Kontrollkästchen beliebige Optionen der Gruppe markiert werden können.

Auch hier die Anmerkung, dass die Einstellungen der Mail-App je nach Android-Version und Gerät leicht abweichen können.

Arbeiten mit der Mail-App

Sind in der Gmail-App E-Mail-Konten eingerichtet, tauscht die App E-Mails mit dem Mail-Server aus. Nun erfahren Sie, wie Sie E-Mails in der Gmail-App abrufen, lesen, erstellen oder versenden.

E-Mails suchen, lesen und verwalten

Die Funktionen zum Suchen, Lesen, Löschen oder Verschieben von eintreffenden E-Mails sind sehr intuitiv und mit wenigen Worten erklärt:

- Bei mehreren eingerichteten E-Mail-Konten tippen Sie zur **Auswahl eines E-Mail-Kontos** auf das Kontosymbol (1) und dann auf das gewünschte Konto (2), um dessen übermittelte Mails anzuzeigen.
- Über das Burger-Menü (3) greifen Sie auf die Ordner wie Posteingang, Postausgang, Papierkorb etc. des aktuellen Kontos (4) oder auf *Alle Posteingänge* zu. Notfalls müssen Sie im Menü per Finger nach oben oder unten wischen, um zwischen den Befehlen zu blättern.
- Über die Navigationstaste *Zurück* (5) oder ein angezeigtes *Schließen*-Symbol blenden Sie die Kontoanzeige oder das Burger-Menü wieder aus.

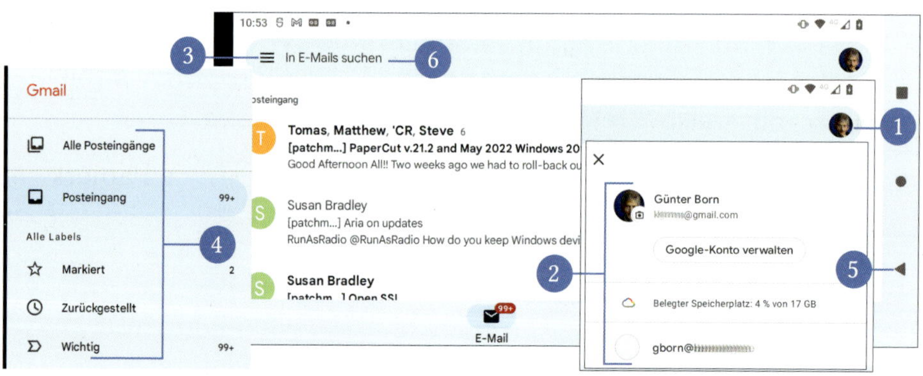

- Zum **Suchen nach E-Mails** tippen Sie auf das Suchfeld 6, geben den gewünschten Begriff ein und tippen auf das Lupensymbol der angezeigten Tastatur.

Über ein angezeigtes Mikrofonsymbol starten Sie die Spracheingabe, um Suchbegriffe einzusprechen (siehe auch Kapitel 2). Über das bei Eingaben rechts im Suchfeld eingeblendete Symbol *x* wird der eingetragene Suchbegriff gelöscht.

Über eine Zurück-Schaltfläche (Pfeil nach links) der App-Seite oder das gleichnamige Android-Symbol lässt sich der letzte Schritt (z. B. die Suche) beenden. Die Suchergebnisse werden automatisch in der Spalte mit der Nachrichtenliste gefiltert.

- Tippen Sie zum **Lesen einer E-Mail** diese in der Nachrichtenliste 7 an. Der Inhalt der E-Mail wird auf dem Bildschirm 8 angezeigt und kann dann gelesen werden. Durch Wischen mit dem Finger blättern (scrollen) Sie durch einen längeren E-Mail-Text.

Auf einem Tablet-PC werden die Nachrichtenliste und eine geöffnete E-Mail meist nebeneinander in zwei Spalten der Mail-App angezeigt.

Auf einem Smartphone zeigt die App dagegen nur eine Seite mit der Nachrichtenliste oder der geöffneten E-Mail.

Hier noch einige Arbeitstechniken zum Umgang mit E-Mails:

- Über die Zurück-Schaltfläche der geöffneten Mail 9 oder von Android 9 gelangen Sie aus der Nachrichtenanzeige 8 zur Nachrichtenliste 7 zurück.
- Tippen Sie auf das in der Nachrichtenleiste sichtbare Papierkorb-Symbol 10, um eine **E-Mail** zu **löschen**. Alternativ wischen Sie in der Nachrichtenliste 7 die Nachricht einfach mit dem Finger nach rechts aus der Spalte heraus.

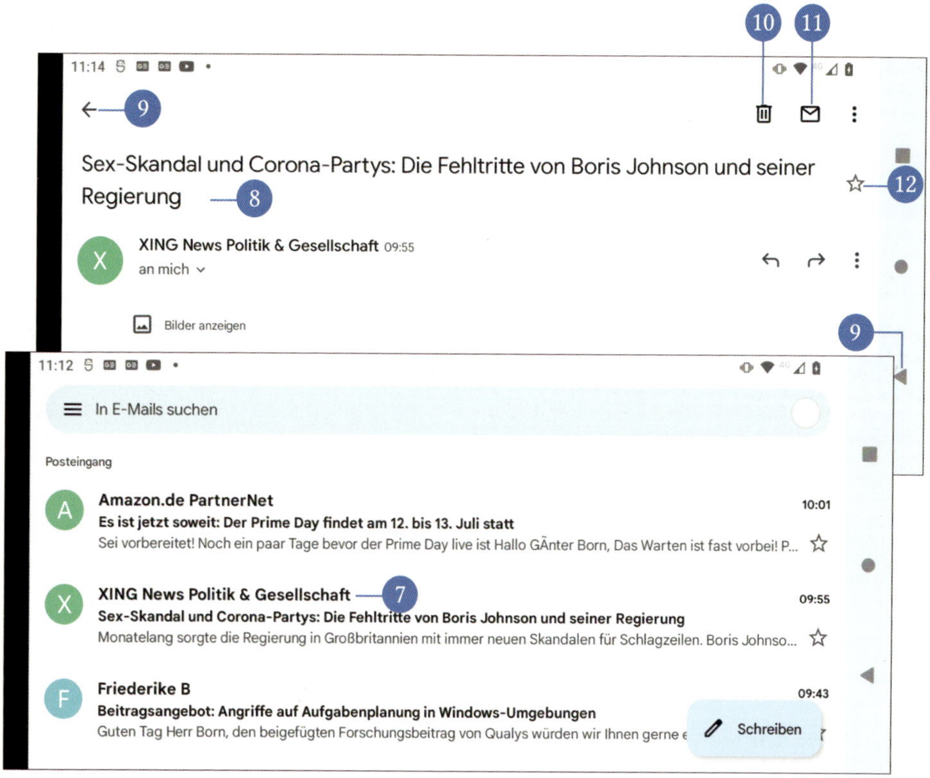

- Die E-Mail wird ohne Nachfrage in den Papierkorb verschoben, lässt sich aber sofort über ein eingeblendete *Rückgängig* zurückholen. Zudem können Sie über die nachfolgend beschriebene Ordnerstruktur gelöschte Nachrichten aus dem Papierkorb zurückholen.
- Ungelesene Nachrichten werden in der Nachrichtenliste mit einer fetten Titelzeile dargestellt. Durch Antippen des in der Nachrichtenanzeige sichtbaren Briefumschlags (11) lässt sich eine **Nachricht** in der Nachrichtenliste (7) wahlweise mit Fettschrift (ungelesene Nachricht) oder Normalschrift (gelesene Nachricht) **kennzeichnen**.
- Das Symbol des Briefumschlags wechselt dann zwischen geschlossen und geöffnet. Tippen Sie in der Nachricht auf das Symbol des Sternchens (12), um diese als Favoriten zu kennzeichnen.

Die drei Pünktchen öffnen ein Menü, über das Sie den Befehl zum **Drucken der Nachricht** abrufen können. Das setzt aber spezielle Drucker voraus und wird hier nicht weiter behandelt.

Benachrichtigung bei Mails

Treffen E-Mails ein, zeigt Android eine Benachrichtigung auf dem Sperrbildschirm an.

Ziehen Sie das Kästchen nach rechts über den Bildschirmrand, um die Benachrichtigung zu löschen. Tippen Sie rechts auf das Symbol der Nachricht, wird diese sogar angezeigt. Ist dagegen der Android-Startbildschirm sichtbar, werden neu eingetroffene E-Mails per Gmail-Symbol oben in der Statusleiste angezeigt.

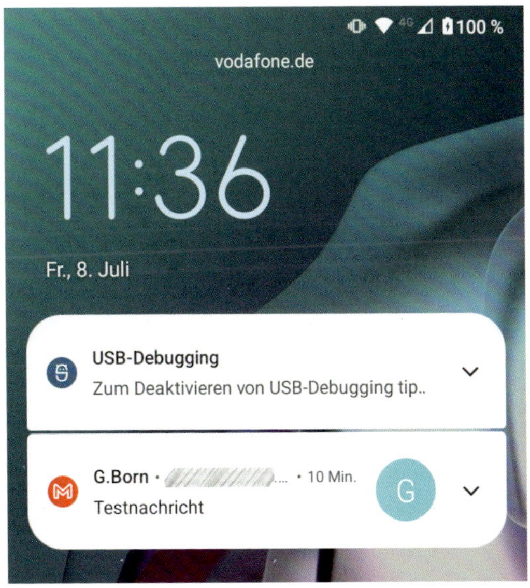

Ziehen Sie das Symbol einfach per Finger aus dem Statusbereich nach unten. Dann werden die neuen Nachrichten im Benachrichtigungsbereich eingeblendet. Gegebenenfalls tippen Sie auf das *Einblenden*-Symbol, um die Liste der Mails anzuzeigen, denn die Darstellung hängt etwas von der Android-Version ab.

Der angezeigte Befehl *Alle löschen* ermöglicht es Ihnen, die Liste der angezeigten Nachrichten im Statusbereich zu löschen – die E-Mails bleiben aber erhalten.

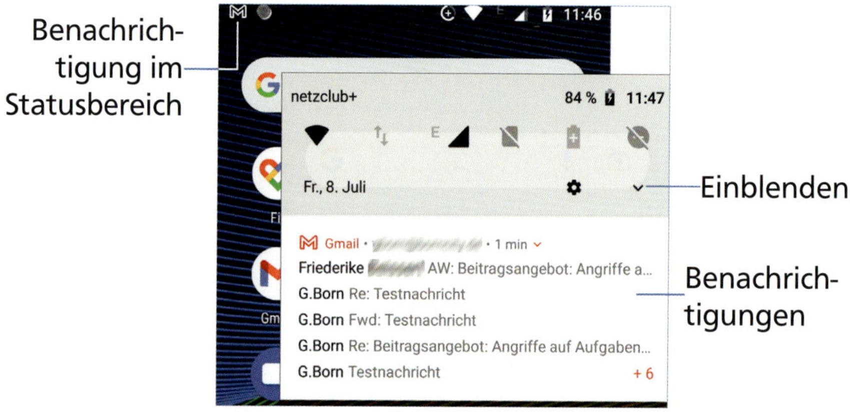

E-Mails verschieben, so geht's

E-Mails lassen sich (bei vielen Postfächern) in verschiedene Ordner des E-Mail-Kontos verschieben. Das funktioniert auch, um gelöschte Nachrichten aus dem Papierkorb zurückzuholen.

1 Um **Nachrichten** zu **verschieben**, wählen Sie über das Burger-Menü (1) in der eingeblendeten Spalte (2) der Mail-App einen Ordner (z. B. Papierkorb, Entwürfe etc.).

2 Dann tippen Sie auf den Eintrag, um die **Nachricht zu öffnen**, und wählen in der Anzeige der Nachricht das Drei-Punkte-Menü (3).

3 Unterstützt das Postfach das Verschieben von Mails, wählen Sie einen der im Menü eingeblendeten Befehle *In Posteingang verschieben* (4) oder *Verschieben nach* (5).

4 Tippen Sie im Pop-up-Fenster *Verschieben nach* auf einen Eintrag (6), um die Nachricht in den Ordner zu verschieben.

Über *Abbrechen* (7) lässt sich das Pop-up-Fenster *Verschieben nach* schließen, ohne dass die Nachricht verschoben wird. Die Optionen erscheinen nur, wenn das Postfach das Verschieben von Nachrichten auch unterstützt. Welche Ordner aufgeführt werden, hängt ebenfalls vom Anbieter des E-Mail-Kontos ab.

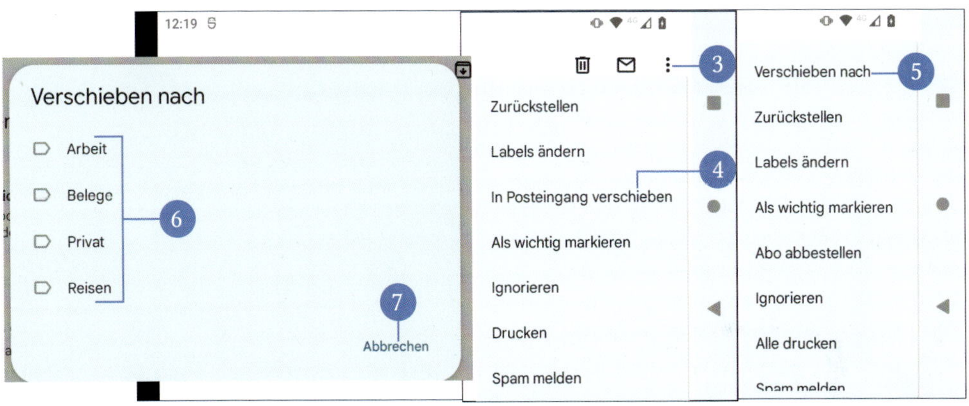

HINWEIS

Der Ordner *Papierkorb* enthält gelöschte Nachrichten, und in den Ordnern wie *Junk-E-Mail* oder *Phishing* werden unerwünschte Nachrichten aus den Kategorien Werbemüll und Phishing abgelegt. Unter *Gesendet* finden Sie Kopien Ihrer verschickten E-Mails. Im Postausgang liegen möglicherweise Nachrichten, die noch nicht verschickt werden konnten, weil beispielsweise aktuell keine Internetverbindung besteht.

Haben Sie irrtümlich eine **Nachricht** durch Verschieben in den Papierkorb gelöscht? Versuchen Sie die obigen Schritte und schauen Sie, ob die gelöschte Nachricht im Papierkorb noch vorhanden ist. Dann probieren Sie, ob die oben beschriebenen Schritte zum Verschieben angeboten werden. Unterstützt das Postfach kein Verschieben? Dann schicken Sie sich die Mail als Antwort erneut zu (siehe auch die folgenden Abschnitte).

Anlagen von E-Mails einsehen/speichern

Einer E-Mail lassen sich Anlagen in Form von Dateien (Fotos, Videos, Musik etc.) mitgeben. Erhalten Sie eine E-Mail mit einem solchen Anhang, erkennen Sie dies am stilisierten Symbol einer Büroklammer in der Nachrichtenliste (allerdings erst, nachdem der Anhang auf das Gerät heruntergeladen wurde, was oft erst nach dem Öffnen der Mail der Fall ist).

- Tippen Sie auf eine Nachricht in der Spalte der Nachrichtenliste der Mail-App, wird diese auf dem Bildschirm angezeigt.

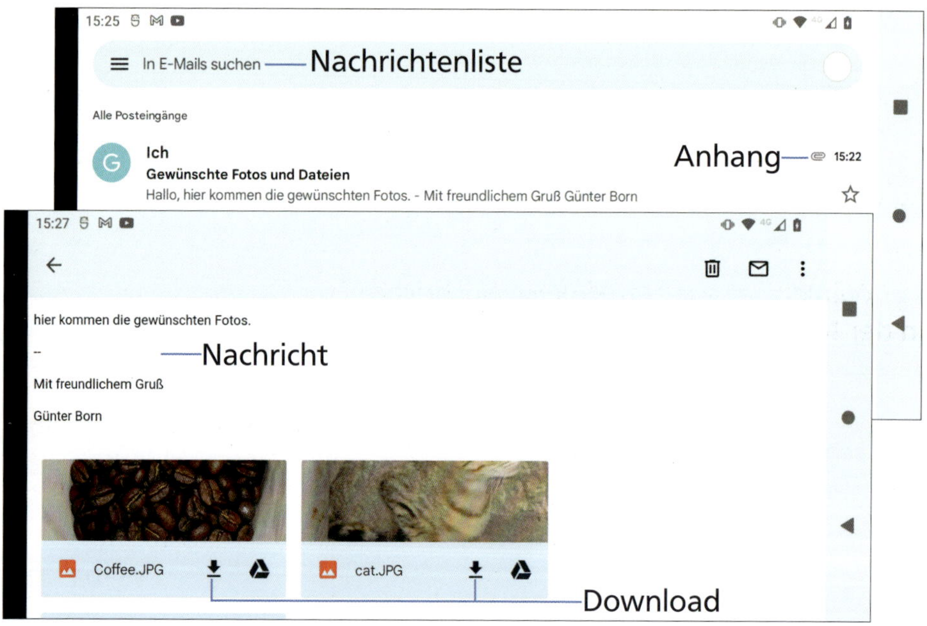

- Darstellbare Elemente wie Fotos erscheinen direkt in der Nachricht. Andernfalls befindet sich am Ende der Nachricht ein Platzhalter mit dem Anhang.
- Tippen Sie auf das im Platzhalter bzw. beim Bild gezeigte Download-Symbol, um den Anhang vom E-Mail-Server in den Ordner *Download* herunterzuladen.
- Ein Download wird in der Statusleiste am oberen Rand mit einem Symbol (Häkchen mit einem Unterstrich) angezeigt.
- Wischen Sie vom oberen Displayrand nach unten, werden die Downloads über eine Liste angezeigt. Durch Antippen einer Download-Kachel öffnet sich ein Pop-up-Fenster zur Auswahl der App, mit der die Dokumentdatei zu öffnen ist. Das entspricht dem Vorgehen beim Download im Browser.

Gespeicherte Anhänge können Sie zudem über einen Dateimanager durch Antippen in einer passenden App öffnen. Bei Fotos in Mails reicht es, diese per Finger anzutippen. Dann öffnet sich das Bild in der Fotos-App.

E-Mails beantworten und weiterleiten

Um eine empfangene Nachricht zu beantworten oder an Dritte weiterzuleiten, gehen Sie folgendermaßen vor:

1 Wählen Sie die betreffende Nachricht (1) in der Nachrichtenliste des Posteingangs an.

2 Tippen Sie in der Nachricht auf das Symbol für *Antworten* (2) oder *Weiterleiten* (3) oder tippen Sie auf die drei Pünktchen (4) und wählen Sie den Menübefehl *Allen antworten* (5).

3 Ergänzen Sie im eingeblendeten Fenster der Nachricht die Betreffzeile, den Nachrichtentext, beim Weiterleiten zusätzlich die Empfängeradresse und versenden Sie die Nachricht.

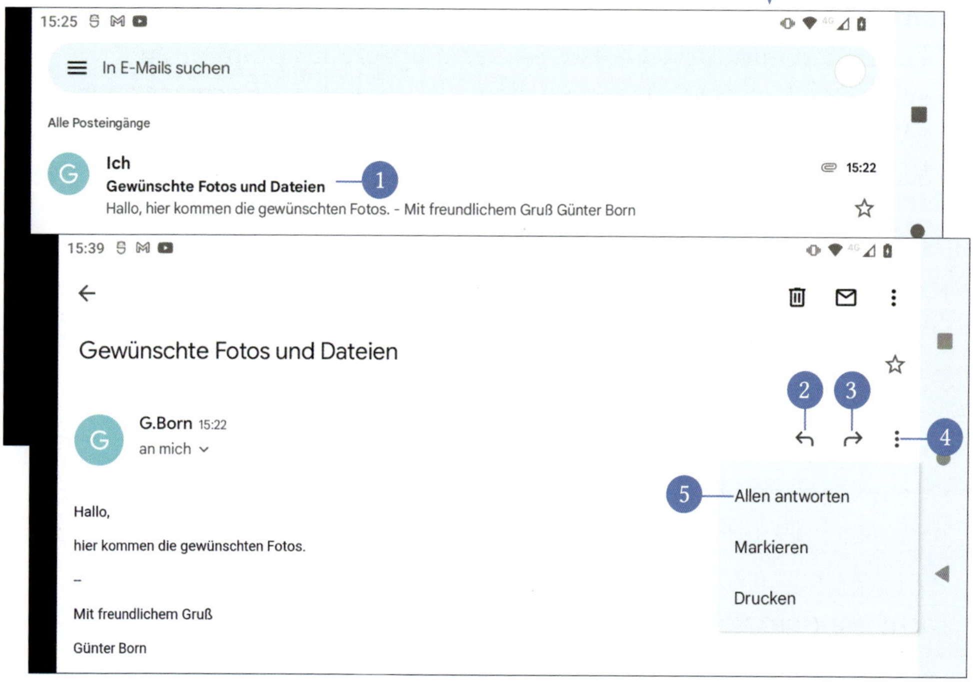

Hinweise zu Schritt 3 finden Sie im Abschnitt zum Erstellen einer neuen E-Mail. Welche dieser Antwortoptionen Sie wählen, hängt davon ab, was Sie damit bezwecken:

- **Antworten** (2): Öffnet ein neues Formular der Mail-App zum Beantworten der Nachricht, in dem bereits die Empfängeradresse und der Betreff eingetragen sind. Der Vorspann *Re:* (steht für **Re**ply, also »Antwort«) im Betreff kennzeichnet die Nachricht als Antwort. Weiterhin wurde der Text der empfangenen Nachricht bereits als Zitat in die Antwort übernommen.

- **Allen antworten** (5): Wählen Sie diesen Befehl, um allen auf dem Verteiler stehenden Empfängern eine Antwort zukommen zu lassen. Die Mail-App übernimmt die Empfängerliste in die Antwort-Mail – alles andere bleibt wie beim Beantworten.
- **Weiterleiten** (3): Dieser Menübefehl übernimmt die empfangene Nachricht, um diese an einen oder mehrere Empfänger zu schicken. Der Betreffzeile wird ein *Fw:* (steht für **F**or**w**ard, also »Weiterleiten«) vorangestellt. Bei einer Weiterleitung müssen Sie die Empfängeradresse im Feld *An* selbst angeben.

Im neuen Formular können Sie anschließend den Antworttext zur Nachricht hinzufügen und danach versenden. Dies funktioniert wie beim Erstellen einer neuen Nachricht (siehe den folgenden Abschnitt).

Netiquette für E-Mails

Pendelt eine Nachricht mehrfach zwischen Personen, wird beim Beantworten oder Weiterleiten der zitierte Teil der vorhergehenden Nachrichten immer länger.

Löschen Sie die nicht mehr relevanten Teile der vorherigen Nachricht vor dem Versenden (z. B. hinter den Text tippen und dann die [⇦]-Taste auf der Bildschirmtastatur drücken). Fassen Sie sich in der Antwort kurz, und schicken Sie niemandem ungefragt eine Anlage zu.

E-Mails verfassen und senden

Zum Erstellen einer neuen E-Mail sind in der Mail-App nur wenige Schritte erforderlich:

1 Wählen Sie das in der E-Mail-App am unteren Rand gezeigte Symbol (1) zum Öffnen der Seite mit der neuen E-Mail.

2 Anschließend tragen Sie im angezeigten Formular *Schreiben* die Empfängeradresse(n) im Feld *An* (2) und gegebenenfalls im Feld *Cc* sowie *Bcc* ein. Diese Zusatzfelder lassen sich über das Symbol (3) einblenden.

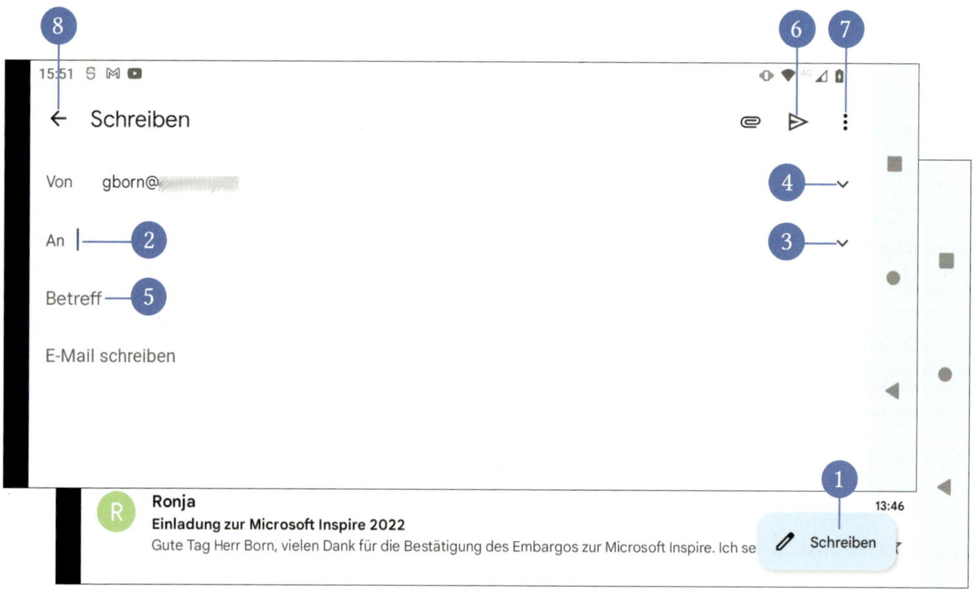

Die Felder *Cc* (Kopie) sowie *Bcc* (Blindkopie) dienen quasi als Verteiler für »Durchschläge« an weitere Empfänger zur Kenntnisnahme. Bei einer Blindkopie bekommt der Empfänger die E-Mail-Empfängerliste nicht zu sehen. Bereits beim Eintippen werden Ihnen möglicherweise Vorschläge passender E-Mail-Adressen angeboten. Diese lassen sich durch Antippen übernehmen.

3 Sind mehrere E-Mail-Konten eingerichtet, können Sie über das Symbol der Zeile *Von* (4) das Absender-E-Mail-Konto auswählen.

4 Tragen Sie im Textfeld *Betreff* (5) einen aussagekräftigen **Nachrichtentitel** und im darunter befindlichen Feld *E-Mail schreiben* den eigentlichen Nachrichtentext ein.

5 Bestätigen Sie das Ganze, indem Sie auf *Senden* (6) tippen.

Die Nachricht wird über die bestehende Internetverbindung zum Postausgangsfach des E-Mail-Anbieters übertragen und von dort dem Empfänger zugestellt.

ACHTUNG

Eingegebene **E-Mail-Adressen** erfordern eine **gültige Schreibweise** und werden in der Form *Name@anbieter.xxx* geschrieben. *Name* steht für den E-Mail-Namen des Empfängers.

Dann kommt das als AT (ät gesprochen) oder Klammeraffe bezeichnete Zeichen @, gefolgt von einer Art »Ortsangabe« mit der Adresse des E-Mail-Servers, auf dem das Postfach des Empfängers zu finden ist.

HINWEIS

Über die drei Pünktchen (7) öffnen Sie ein Menü, über dessen Befehle Sie eine neue **Nachricht als Entwurf speichern** oder verwerfen können. Zudem finden Sie im Menü einen Befehl zum Zugriff auf die Einstellungen.

Über die Schaltfläche *Zurück* (8) in der linken oberen Ecke geht es zur Hauptseite der Mail-App zurück. Dann wird die Nachricht automatisch als Entwurf gespeichert.

Fotos, Videos, Dateien an Nachricht anfügen

Einer E-Mail können Sie Fotos, Videos oder andere Dateien anhängen. Diese werden mit der Nachricht übertragen und können vom Empfänger bei Bedarf separat gespeichert werden (siehe den Abschnitt »Anlagen von E-Mails einsehen/speichern« weiter vorne in diesem Kapitel).

1 Erstellen Sie, wie im vorherigen Abschnitt beschrieben, die neue Nachricht (oder die Antwort auf eine Nachricht).

2 Tippen Sie auf das Symbol der Büroklammer (1) und im angezeigten Menü auf *Datei anhängen* (2).

Es erscheint eine Seite mit verschiedenen Quellen (3) (*Drive*, *Fotos* etc.) für den Anhang. Über *Fotos* können Sie Bilder auf dem Gerät auswählen, über *Drive* lässt sich ein Dokument vom Onlinespeicher Google Drive anhängen.

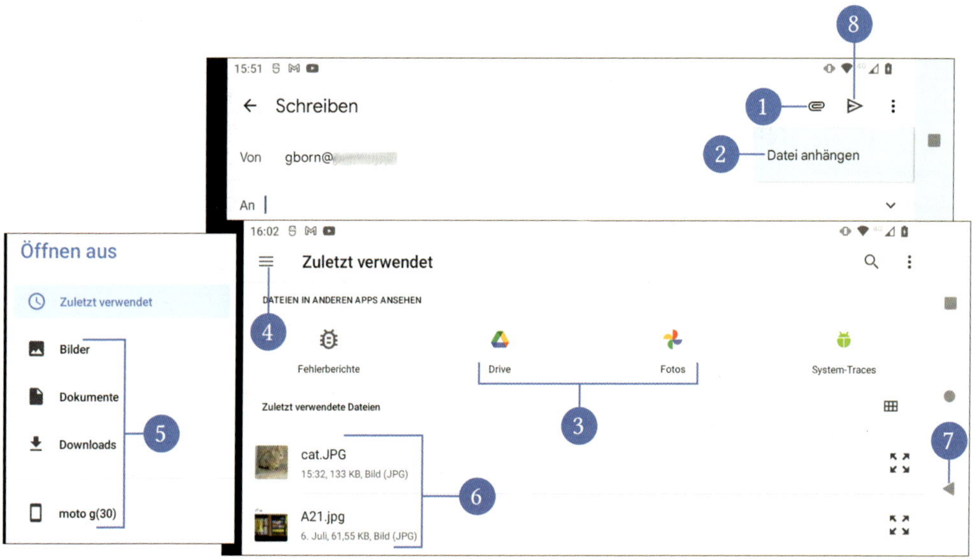

Über das Burger-Menü (4) blenden Sie das Menü *Öffnen aus* (5) ein. Dort lassen sich weitere Speicherorte wie *Bilder*, *Dokumente*, *Downloads* zur Auswahl der Anhänge antippen.

Zudem werden die zuletzt verwendeten Daten (6) auf der Seite angezeigt. Über das Android-Symbol *Zurück* (7) lässt sich nach einer Auswahl jeweils ein Schritt zurückgehen.

3 Wählen Sie den Ordner zum Einfügen der Anlagen. Es erscheint eine Seite mit Fotos oder anderen Dateien des gewählten Speicherorts.

4 Wählen Sie im eingeblendeten Fenster das gewünschte Foto oder die gewünschte Datei durch Antippen aus.

Im Auswahlfenster werden Sie schrittweise geführt, um die anzuhängende Datei auszuwählen und als E-Mail-Anlage zu übernehmen.

5 Tippen Sie zum Abschluss im Fenster der neuen Nachricht auf *Senden* (8), um die Nachricht abzuschließen.

Das angehängte Foto, Video oder die Datei wird mit der E-Mail zum Server übertragen. Der Versand und Empfang dauert bei sehr großen Anhängen sehr langc. Vergewissern Sie sich daher vorher, ob der Empfänger dies auch wünscht.

HINWEIS

Manche E-Mail-Anbieter weisen zu große E-Mail-Anhänge zurück. Die Lösung besteht darin, diese Dateien auf Onlinelaufwerke wie Google Drive hochzuladen und den Empfängern den Link zum Zugriff auf die Fotos oder Videos per E-Mail zuzusenden.

Google Drive ist automatisch in Gmail erreichbar. Wählen Sie im App-Fenster (3) einfach *Drive* statt eines lokalen Ordners und dann die anzuhängende Datei auf Google Drive. Dann wird nur ein Link zu dieser Datei per Mail versandt.

E-Mail-Sicherheitstipps

Geben Sie keine E-Mail-Adressen bei Gewinnspielen oder auf Webseiten ein, wenn Sie den Zweck und die Verwendung nicht kennen (es droht Werbemüll).

Antworten Sie niemals auf Spam-Mails und löschen Sie E-Mails von unbekannten Absendern, die gegebenenfalls noch einen Anhang angefügt haben, ungeöffnet. Die Gefahr, sich Schadsoftware bzw. -Apps einzufangen, ist einfach zu hoch.

Vorgebliche Nachrichten Ihrer Bank oder anderer Dienstleister wie z. B. Onlineshops mit dem Hinweis, das Konto durch Eingabe Ihrer Anmeldedaten überprüfen zu wollen, ignorieren Sie.

Bei solchen unaufgefordert zugegangenen Mails handelt es sich ausnahmslos um Phishing-Versuche. Betrüger versuchen, auf diese Weise Ihre Zugangsdaten für Bank- oder E-Mail-Konten etc. herauszufinden. Gelingt dies, übernehmen die Betrüger Ihre Online-Identität und treiben gegebenenfalls in Ihrem Namen Missbrauch.

Braucht man einen Virenschutz unter Android?

Im Internet und in Google Play werden Virenschutz-Apps angeboten. **Google sagt**, dass ein **Virenschutz nicht erforderlich** ist. Denn Android besitzt ein integriertes Sicherheitskonzept, das verhindert, dass eine App Schadfunktionen in einer anderen App speichern kann. Allerdings kann eine App selbst natürlich bösartige Funktionen enthalten, die zum Beispiel Anmeldedaten klaut.

Alle Apps, die aus dem Google Play Store installiert wurden, scannt Google zwar mit der Funktion *Google Play Protect* auf Schadfunktionen. Allerdings gibt es immer wieder Apps mit Schadfunktionen, die Google durchrutschen.

Apps mit Schadfunktionen wie Trojanern (**Malware**), die Daten vom Mobilgerät entwenden oder Daten verschlüsseln (Ransomware) und den Nutzer dann erpressen, sind unschön. Die für Android angebotenen Virenscanner- und Sicherheits-Apps taugen häufig aber nicht zum Schutz gegen diese Bedrohungen.

Man kann höchstens eine solche App verwenden, um das Gerät auf Befall mit schädlichen Apps zu testen. Ob die Schutz-Apps den Befall wirksam entfernen können, hängt dann vom Einzelfall ab. Ich selbst hatte auch schon den Fall, dass eine solche Virenschutz-App ständig den Akku des Smartphones binnen weniger Stunden entlud.

Mein Ratschlag ist, zurückhaltend mit der Installation allzu vieler Apps zu sein und sich bei den Entwicklern auf bekannte Namen wie Google, Microsoft etc. zu verlassen.

Laden Sie vor allem keine Apps aus obskuren Quellen im Internet (Links werden per E-Mail oder auf Webseiten angeboten) oder aus dubiosen App-Stores herunter.

Wer in den Android-Einstellungen die Installation von Apps aus unbekannten Quellen gemäß den Google-Vorgaben gesperrt lässt, bekommt nur Apps aus dem Google Play Store, die gegebenenfalls auch von Google aus der Ferne gelöscht werden können.

Unter Android 12 können Sie die Einstellung in der Kategorie *Apps/Spezieller App-Zugriff/Unbekannte Apps installieren* überprüfen. Dort sollte keiner der aufgeführten Apps die Installation weiterer Apps unbekannter Herkunft ermöglicht werden. Dann ist man vor der versehentlichen Installation solcher Apps geschützt.

Auf Onlinebanking (besonders mit Banking-Apps) sollten Sie auf einem Android-Gerät aus Sicherheitsgründen verzichten.

In diesem Kapitel haben Sie die Grundlagen zum Surfen im Web und zum Arbeiten mit dem Google-Chrome-Browser unter Android kennengelernt.

Weiterhin habe ich Ihnen eine Einführung in das Arbeiten mit der Mail-App gegeben. Mit diesem Wissen können Sie im Web surfen, d. h. Webseiten ansehen sowie Ihre E-Mails auf dem Android-Gerät abrufen und beantworten.

Beachten Sie aber, dass sich die Darstellung der Apps mit der Zeit ändern kann. Zudem unterscheiden sich die Apps in der Darstellung auf Smartphone und Tablet leicht. Im nächsten Kapitel lernen Sie die Fotofunktionen von Android kennen.

Foto-Apps

Mittlerweile hat jedes Android-Smartphone und jedes Android-Tablet Kameras, mit denen sich Fotos und Videos per Kamera-App erstellen lassen. Auf dem Android-Gerät lassen sich Fotos zudem anzeigen, bearbeiten sowie mit einem Computer austauschen.

Das lernen Sie in diesem Kapitel

4

- Fotos und Videos aufnehmen
- Fotos/Dateien mit dem PC austauschen
- Fotos und Videos verwalten
- Fotobearbeitungsfunktionen

Fotos und Videos aufnehmen

Verwenden Sie die Kameras auf der Front- und Rückseite des Android-Geräts, um mithilfe der Kamera-App sowohl Foto- als auch Videoaufnahmen anzufertigen. In diesem Abschnitt stelle ich Ihnen die Funktionen der Kamera-App vor.

Die Kamera-App im Überblick

Mit der Kamera-App bedienen Sie die Front- und Rückseitenkameras des Android-Geräts und fertigen Fotos oder Videoaufnahmen an. Während die Frontkamera mehr für Videounterhaltungen und zur Aufnahme der berühmten »Selfies« (Selbstporträts) gedacht ist, ist die Rückseitenkamera als Ersatz für eine Digitalkamera durchaus verwendbar.

1 Starten Sie die Kamera-App über dieses Symbol, um auf die Kameras des Android-Geräts zuzugreifen.

Sie finden das Symbol der Kamera-App standardmäßig in der Favoritenleiste oder rufen die App über das Symbol auf der Seite *Alle Apps* auf.

2 Verwenden Sie anschließend die Fotofunktionen der Kamera-App, um Fotos und Videos von der Front- oder Rückseitenkamera aufzunehmen.

Die gespeicherten Fotos und Videos lassen sich später mithilfe der Android-Fotos-App (siehe folgende Abschnitte) anzeigen. Die Kamera-App zeigt beim Start das Kamerabild und blendet auch Bedienelemente in der Anzeige ein.

- Halten Sie die Kamera so, dass das Motiv scharf auf dem Bildschirm erscheint. Notfalls tippen Sie auf den angezeigten Motivbereich, um den Autofokus auf der Bildstelle zu fixieren.
- Anschließend tippen Sie mit dem Finger auf das angezeigte Auslöser-Symbol.

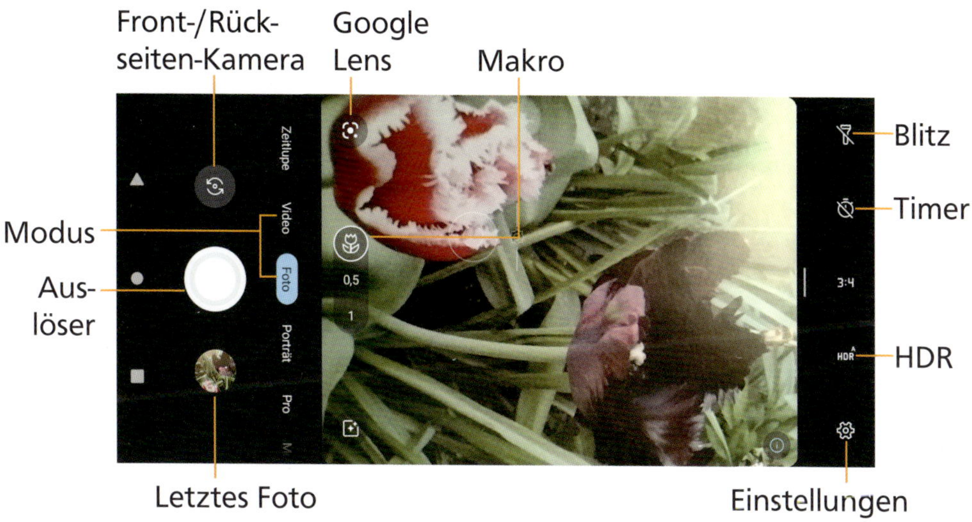

Mehr braucht man für einfache Schnappschüsse nicht zu wissen. Sie können dabei das Tablet oder Smartphone im Hoch- oder Querformat halten, um das Motiv als Porträt- oder Landschaftsaufnahme zu fotografieren.

HINWEIS

Beachten Sie, dass die Gerätehersteller ihre eigenen Kamera-Apps mitliefern, die individuelle Bedienelemente und -funktionen aufweisen. Aus Platzgründen stelle ich hier nur die wichtigsten Universalfunktionen vor. Näheres zur Bedienung aller Funktionen entnehmen Sie der Anleitung Ihres Geräts.

Da viele Android-Geräte zwei oder mehr Kameras besitzen und diese sich auch zur Aufnahme von Fotos oder Videos verwenden lassen, sind zusätzliche Bedienoptionen vorhanden.

- Es gibt entweder ein (Zahnrad-)Symbol oder das Drei-Punkte-Menü, um die Optionen und Einstellungen in der App einzublenden.
- Tippen Sie dann auf die Symbole der angezeigten Kamera-Optionen, um die Funktionen abzurufen.

- Wischen Sie gegebenenfalls vom oberen, unteren, rechten oder linken Bildrand, um weitere Optionen (falls vorhanden) einzublenden.

Ich habe die relevanten Bedienelemente einmal in obiger Abbildung beschriftet.

- Es gibt ein Symbol zur **Umschaltung** zwischen **Front-** und **Rückseitenkamera**. Tippen Sie auf das Symbol, um die Kamera zu wechseln. Die Frontkamera zeigt das Motiv übrigens spiegelverkehrt an. Dies wird aber beim Speichern korrigiert.
- Der *Aufhellblitz* wird als Symbol nur angeboten, wenn die Rückseitenkamera über ein **LED-Blitzlicht** verfügt. Durch mehrfaches Antippen des Symbols lässt sich der LED-Blitz zuschalten, abschalten oder als Aufhellblitz aktivieren. Ein **Aufhellblitz** wird verwendet, um das Motiv im Vordergrund etwas besser auszuleuchten und gegebenenfalls Schatten zu vermeiden. Beim Makromodus wird eventuell ein Taschenlampensymbol eingeblendet, um das LED-Licht ein-/auszuschalten.
- Das Kürzel *HDR* (steht für **H**igh **D**ynamic **R**ange) ermöglicht Aufnahmen in Situationen, die einen hohen Kontrastverlauf haben (z. B. Lichtquelle vor einem dunklen Hintergrund). Standardmäßig neigen Kameras dann zur Unter- oder Überbelichtung des Fotos. Im **HDR-Modus** werden mehrere Aufnahmen mit unterschiedlichen Belichtungszeiten angefertigt. Anschließend fügt die App die jeweils besten Bereiche aus diesen Aufnahmen zu einem Foto zusammen.
- Das Antippen des Timer-Symbols blendet ein Menü des Aufnahmetimers ein. Dort können Sie den **Aufnahmetimer** auf die Modi *Aus*, *3 Sekunden* und *10 Sekunden* stellen. Welcher Modus eingestellt ist, wird eingeblendet. Bei aktivem Timer wird das Foto erst nach Ablauf der eingestellten Wartezeit ausgelöst. Ist das Android-Gerät auf einem Stativ montiert, ermöglicht dies Aufnahmen mit Selbstauslöser.

- Ein großer Kreis über dem Motiv zeigt den Autofokuspunkt, an dem das Motiv scharf sein sollte, auf dem Display an. Tippen Sie gegebenenfalls auf einen Punkt auf dem Bildschirm, um den Fokuspunkt auf diese Stelle des Motivs zu legen.
- Symbole oder Bezeichnungen wie *Foto, Video* etc. ermöglichen es, zwischen verschiedenen Aufnahmemodi umzustellen. Je nach App können auch spezielle Aufnahmen (Panorama, Porträt etc.) über diese Programmwahltaste abgerufen werden.
- Um die digitale **Zoomfunktion** der Rückseitenkamera zu verwenden, legen Sie einfach zwei Finger auf das Display und spreizen Sie sie. Dann sollte das Motiv auf dem Bildschirm vergrößert erscheinen. Durch Zusammenkneifen von Daumen und Zeigefinger auf dem Display lässt sich der Zoom rückgängig machen. Je nach Kamera-App werden auch Symbole für Makro- oder Zoom-Aufnahmen eingeblendet.

HINWEIS

Je nach Gerät und verwendeter Kamera-App sind eventuell weitere Optionen verfügbar. Auch eine Belichtungssteuerung lässt sich gegebenenfalls optional einblenden. Diese speziellen Optionen werden in diesem Buch nicht behandelt. Schlagen Sie in der Geräteanleitung nach, um die Details herauszufinden.

ACHTUNG

Android-Geräte mit GPS-Funktion können den Aufnahmeort erfassen und dann in den Fotodateien speichern. Was einerseits eine nette Funktion ist, stört vielleicht manchen Nutzer.

Ob der Standort mit den Fotos gespeichert wird, lässt sich in den Einstellungen der Kamera-App festlegen (siehe Abschnitt »Zugriff auf die Kamera-Einstellungen« auf Seite 137).

Sobald die Kameraoptionen gewählt wurden und der Fokuspunkt gefunden ist, tippen Sie auf den **Kameraauslöser**. Damit fertigen Sie ein Foto von der gewählten Kamera an, lösen den Selbstauslöser aus oder starten und beenden eine Videoaufzeichnung.

Videoaufnahmen anfertigen

Das Anfertigen von Videoaufnahmen ist mit der Kamera-App mit wenigen Handgriffen möglich.

1 Schalten Sie in der Kamera-App über das betreffende Symbol vom Modus *Foto* (1) auf *Video* (2) um.

2 Tippen Sie gegebenenfalls auf das Symbol (3) zur Umschaltung der Kamera zwischen Front- und Rückseite.

3 Sind alle Einstellungen vorgenommen, visieren Sie das Motiv an und tippen auf das Symbol für den Auslöser (4).

Anschließend führen Sie die Kameralinse des Android-Geräts so, dass die gewünschte Videoszene in der Anzeige erscheint. Vermeiden Sie dabei ruckartige Bewegungen. Die Kamera-App zeichnet das Video kontinuierlich auf und erfasst den Ton über das Mikrofon des Android-Geräts. Während der Aufnahme wird in der App das Aufzeichnungssymbol und in einer Ecke die digitale Aufzeichnungszeit eingeblendet.

4 Um die Videoaufzeichnung zu beenden, tippen Sie in der Kontrollleiste erneut auf das Symbol (4).

Das Video wird dann mit Bild und Ton im Fotospeicher (Ordner *DCIM*) abgelegt.

HINWEIS

Wo und wie Foto- und Videodateien unter Android gespeichert werden, erkläre ich im Abschnitt zum Datenaustausch mit dem Computer. Hinweise zur Anzeige von Fotos und Videos finden Sie im Abschnitt »Fotos und Videos verwalten«. Zum Beenden der Spezialmodi wischen Sie in der App vom Bildschirmrand und tippen auf den gewünschten Befehl (z. B. *Foto*).

Zugriff auf die Kamera-Einstellungen

Um auf die Kamera-Einstellungen (z. B. manuelle Belichtung einschalten) zuzugreifen, gehen Sie folgendermaßen vor:

1 Starten Sie die Kamera-App und tippen Sie das Symbol zum Aufrufen der *Einstellungen* an (ein Zahnrad, manchmal durch Wischen vom linken Rand zur Bildschirmmitte einblendbar).

2 Anschließend passen Sie auf den Einstellungsseiten die gewünschten Optionen an.

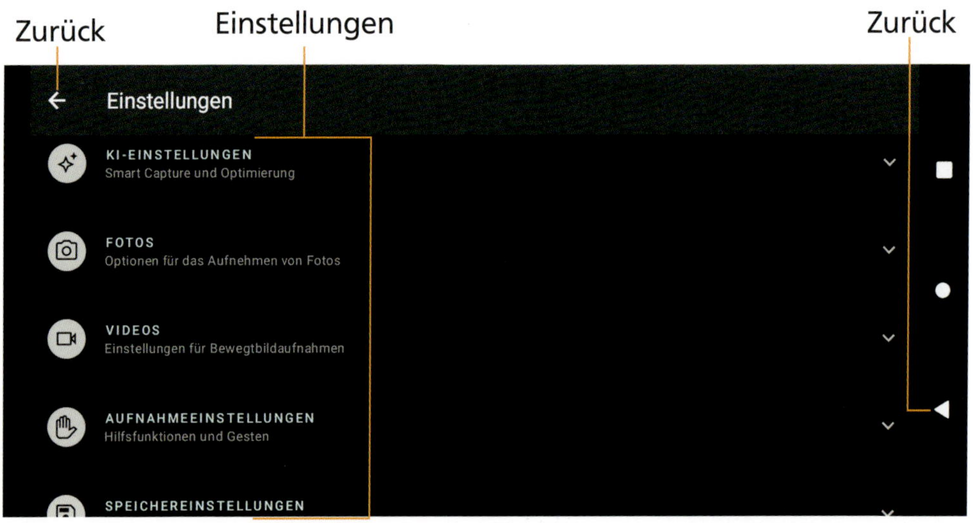

In den *Einstellungen* finden Sie auch die Option *Standort speichern* (meist bei den Speicheroptionen). Die Option steuert, ob die Kamera-App die Fotos mit Ortsangaben per GPS versieht. Falls Sie dies nicht möchten, schalten Sie diese Option durch Antippen aus.

Sobald Sie die Option antippen, werden Ihnen die verfügbaren Einstellungen angezeigt. Über die Schaltfläche *Zurück* kehren Sie zur Fotos-App zurück.

Bildschirmfotos anfertigen

Benötigen Sie ein Bildschirmfoto (auf Englisch **Screenshot**) der Anzeige Ihres Geräts? Für diesen Zweck drücken Sie gleichzeitig die Einschalttaste und die Lauter-Taste.

Bei einigen Geräten gibt es dafür allerdings auch andere Kombinationen, etwa die Einschalttaste und Leiser-Taste bei einigen Samsung-Galaxy-Modellen.

Man hört dann den Kameraauslöser und es erscheint kurzzeitig ein weißer Rahmen. Die Bildschirmfotos werden im Android-Ordner *Pictures\Screenshots* gespeichert.

Fotos/Dateien mit dem PC austauschen

Fotos und andere Dateien lassen sich zwischen einem PC und dem Android-Gerät übertragen. Dieser Abschnitt beschreibt, was Sie zum Austausch von Dateien allgemein und Fotos im Speziellen wissen sollten.

Dateien von Android zum PC übertragen

Um Fotos, Videos oder andere Dateien (Musik, Dokumente) zwischen einem PC und dem Android-Gerät zu übertragen, verwenden Sie die folgenden Schritte:

1 Verbinden Sie einfach das eingeschaltete Smartphone oder Tablet mithilfe des mitgelieferten USB-Kabels mit der USB-Buchse eines PCs.

2 Sobald Windows das Fenster mit Befehlen zum Zugriff auf das angeschlossene Gerät anzeigt, wählen Sie die Option zum Anzeigen der Dateien (1).

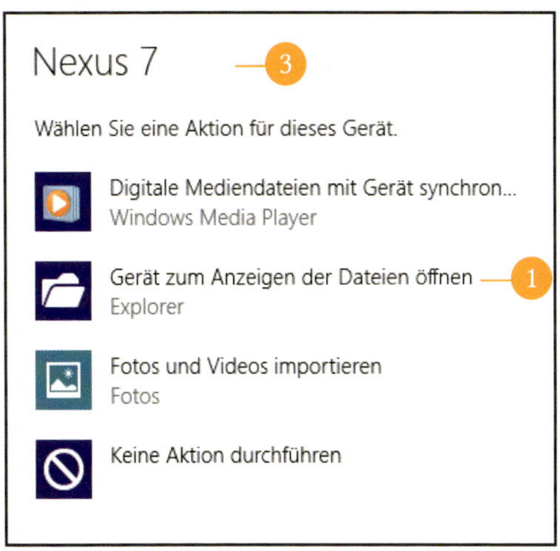

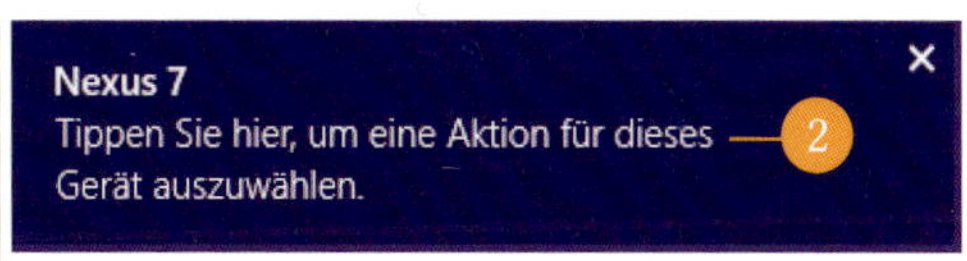

Windows 10 sowie Windows 11 zeigen eine Benachrichtigung (2) und eine Palette (3) an.

Der Befehl *Gerät zum Anzeigen der Dateien öffnen* 1 ermöglicht den Zugriff auf den Speicher des Android-Geräts über ein geöffnetes Ordnerfenster. Sie können anschließend auf alle Ordner zugreifen und von dort Dateien auf den Computer kopieren oder verschieben. Das Ordnerfenster gibt Ihnen aber auch Gelegenheit, Dateien vom Computer in die Ordner des Android-Geräts zu kopieren. So lassen sich Fotos, Musik, Videos oder auch andere Dateien wie Office-Dokumente, PDF-Dateien etc. auf dem Android-Gerät ablegen.

HINWEIS

Verzichten Sie nach Möglichkeit auf die Windows-Funktion zum Importieren von Fotos und Videos. Denn diese Variante unterstützt nicht die Rückübertragung von Fotos oder Dateien auf das Android-Gerät. Je nach Android-Gerät kann es sein, dass Ihnen zwei externe Laufwerke angeboten werden. Ein Laufwerk bezieht sich auf den internen Gerätespeicher, während das zweite Laufwerk zur Micro-SD-Karte gehört. Bei Geräten ab Android 7 müssen Sie den Zugriff auf die Dateien aus Sicherheitsgründen in den Android-Einstellungen freigeben. Ich habe die betreffenden Schritte im Beitrag *https://www.borncity.com/blog/?p=206695* näher beschrieben.

TIPP

Erscheint die Benachrichtigung zum Zugriff auf das Android-Gerät nicht, gehen Sie im Windows-Explorer die Liste der angeschlossenen Laufwerke und Geräte durch. Das Android-Gerät sollte dort (gegebenenfalls als externes Laufwerk) auftauchen. Wählen Sie das Gerätesymbol an, um auf die Ordner des Gerätespeichers zuzugreifen. Alternativ haben Sie auch die Möglichkeit, die gegebenenfalls im Android-Gerät vorhandene Micro-SD-Karte zu entnehmen und über einen geeigneten Kartenleser direkt am PC einzulesen.

Wo sind in Android die Daten gespeichert?

Ein per USB-Kabel an den Computer angeschlossenes Android-Gerät verhält sich wie ein externes Laufwerk.

Öffnen Sie am Windows-PC ein Ordnerfenster, lassen sich die Dateien einsehen, in einen lokalen Ordner der Festplatte kopieren bzw. verschieben oder auch löschen. Android verwendet eine feste Ordnerstruktur, um aufgenommene Fotos, Bildschirmfotos, Videos, Musik, Downloads oder andere Dokumente zu speichern.

Die Struktur ist im hier gezeigten Ordnerfenster zu erkennen.

- Jeder Ordner steht für einen Speicherort einer App. Bei den meisten Ordnern wie *Alarms*, *Android* etc. macht der Zugriff aus Windows keinen wirklichen Sinn. Ordner mit einem vorangestellten Punkt sind Systemordner von Android oder von Apps, die Sie nicht löschen oder verändern sollten.
- **Fotos** und **Videos**, die Sie mit der Kamera-App aufgenommen haben, werden im Ordner *DCIM* abgelegt. Sie finden die **JPEG**-Fotodateien sowie die **MP4**-Videodateien in einem Unterordner *Camera*.
- **Bildschirmfotos** (Screenshots) legt Android dagegen im Ordner *Pictures* im Unterordner *Screenshots* ab. Die Screenshots werden zudem im **PNG**-Dateiformat gespeichert. Diese können mit einem Grafikprogramm eingelesen und als JPEG-Fotodateien gespeichert werden.
- **Musikdateien** werden dagegen als **MP3**-Dateien im Ordner *Music* abgelegt und können mit der Google-Music-App wiedergegeben werden. **Videodateien**, die mit der Video-App angezeigt werden sollen, sind in geeigneten Formaten (MP4-Videodatei) im Ordner *Videos* zu speichern.

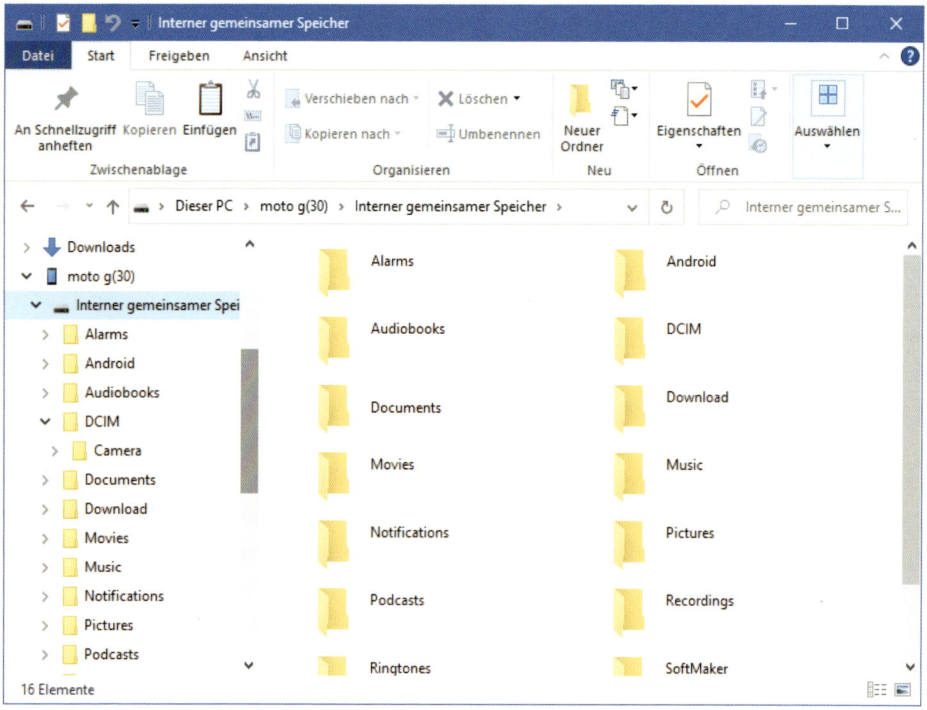

Im Android-Speicher finden Sie noch den Ordner *Documents*. In diesem Ordner können Sie beispielsweise PDF-Dateien, Office-Dokumente und so weiter vom Computer kopieren. Die Dateien lassen sich dann unter Android mit geeigneten Apps (z. B. PDF-Viewer) ansehen. Der Ordner *Download* wird verwendet, wenn Sie unter Android Dateien in einem Browser herunterladen (downloaden).

HINWEIS

Der Ordner *DCIM* signalisiert, dass die Fotos nach dem Digitalkamera-Speicherstandard abgelegt sind. Ein Fotoimport-Assistent erkennt anhand dieser Struktur, wo er die Fotos importieren kann.

Android-Dateimanager

Um unter Android einen Blick in die einzelnen Ordner zu werfen, **Dateien zu öffnen**, zu **löschen**, zu **verschieben** oder umzubenennen, verwenden Sie einen Dateimanager. Falls Ihrem Android-Gerät kein Dateimanager beiliegt, können Sie entsprechende Apps von verschiedenen Anbietern aus dem Google Play Store beziehen.

In der Basis-Version sind diese Dateimanager sogar kostenlos – manche werden aber über Werbung und sogenannte In-App-Käufe finanziert. Nachfolgend ist der *Schlichter File Manager* zu sehen, den ich mir auf dem Gerät installiert habe.

Fotos und Videos verwalten

Die Android-App *Fotos* stellt Ihnen Funktionen zur Fotoanzeige und -verwaltung bereit und kann die von der Kamera aufgenommenen Videos wiedergeben. Nachfolgend finden Sie eine Übersicht über die Funktionen dieser App.

Grundlagen zur Fotos-App

Die Fotos-App stellt Ihnen verschiedene Anzeigefunktionen für Fotos und Videos zur Verfügung und wird über das nachfolgende Symbol aufgerufen.

Dieses Symbol finden Sie entweder auf dem Startbildschirm oder unter *Alle Apps*.

Fotos

Die App zeigt Ihnen alle auf dem Android-Gerät von der Kamera aufgenommenen Fotos und Videos (oder die in *DCIM* gespeicherten Fotos).

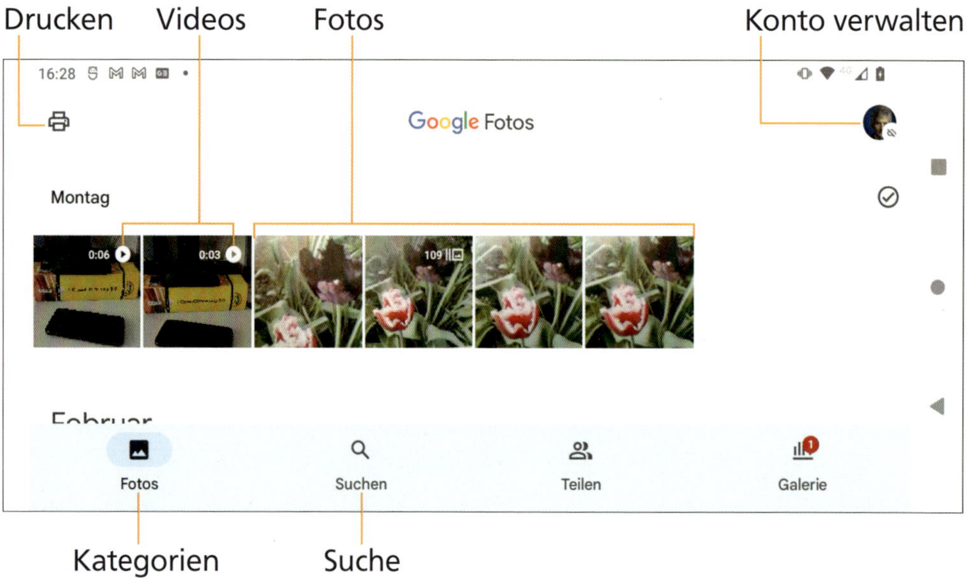

Am oberen und unteren Rand der App lassen sich verschiedene Funktionskategorien für die Fotoanzeige, zum Suchen sowie zum Teilen von Fotos anwählen.

- In der Ansicht *Fotos* werden Miniaturen der Fotos, gruppiert nach dem Aufnahmedatum (und gegebenenfalls Aufnahmeort) aufgelistet. Die App zeigt dabei die per Kamera aufgenommenen Fotos sowie optional die auf Google Drive abgelegten oder synchronisierten Fotos an.
- Über *Galerie* lässt sich eine Darstellung der Fotos über verschiedene Ordner (*Kamera, Downloads, Screenshots*) oder in Form von Fotoalben abrufen.

- Mit *Teilen* können Sie Fotos mit anderen Apps (z. B. *Mail*) teilen, während das Symbol *Suchen* eine Suchseite zur Suche nach Fotos anzeigt.

Über das Kontosymbol in der rechten oberen Ecke greifen Sie auf Funktionen zur Verwaltung des Google-Kontos, zur Erstellung einer automatischen Sicherung in der Cloud sowie zum Freigeben von Speicherplatz zu.

HINWEIS

Ist die *Sicherung* aktiviert, werden Fotos unter dem Google-Konto in der sogenannten Cloud im Internet gesichert und auf anderen Mobilgeräten, die das gleiche Konto verwenden, bereitgestellt.

Aus Gründen der Sicherheit verwende ich diese Option nicht, sondern speichere Fotos immer nur lokal.

Funktionen zum Synchronisieren werden in diesem Buch daher nicht behandelt. Beachten Sie auch, dass die Fotos-App häufiger aktualisiert wird und sich die Bedienung sowie die Bezeichnung einzelner Optionen geringfügig ändern können.

Fotos-App: Fotos und Videos ansehen

Die Fotos-App ermöglicht es Ihnen, durch die Fotos zu navigieren und Fotos oder Videos anzeigen zu lassen. Zum **Navigieren** bietet die **Fotos-App** verschiedene Möglichkeiten.

- Wischen Sie in der Ansicht *Fotos* oder *Galerie* nach oben oder unten, um durch die sortierten Fotos zu blättern.
- Fotos werden als Miniaturen dargestellt. Videos erkennen Sie an dem Wiedergabesymbol und der Zeitangabe (Videolänge), die oben in der Miniaturansicht eingeblendet werden (siehe Abbildung im vorherigen Abschnitt).
- Um ein **Foto** oder **Video** anzuzeigen, tippen Sie auf die angezeigte Miniaturabbildung. Dann wird der Inhalt des angewählten Elements in der **Vollbildansicht** in der App angezeigt.

Innerhalb der Vollbildansicht stehen Ihnen verschiedene Funktionen zur Verfügung.

- Wischen Sie mit dem Finger nach oben/unten, um zwischen den gespeicherten **Fotos** in der vergrößerten Darstellung zu **blättern**.
- Ein **Foto** können Sie durch Spreizen oder Zusammenziehen von Daumen und Zeigefinger in der Vollbilddarstellung auf dem Bildschirm **vergrößern** oder **verkleinern**.
- Ist ein Foto größer als die Anzeige, lässt sich der sichtbare **Bildausschnitt** per Finger auf dem Bildschirm **verschieben**.
- Über das *Zurück*-Symbol in der linken oberen Ecke eines Fotos (oder das gleichnamige Android-Symbol) verlassen Sie die Vollbildansicht und kehren zur vorherigen Ansicht der App zurück. Im unteren Bereich der App finden Sie diverse Symbole, um spezielle Funktionen der Fotos-App aufzurufen.
- Verwenden Sie das *Bearbeiten*-Symbol, um die nachfolgend beschriebenen **Foto-Bearbeitungsfunktionen** abzurufen.
- Über das *Teilen*-Symbol am unteren App-Rand können Sie die **Fotos** oder **Videos** per E-Mail verschicken oder mit anderen Apps **teilen**.
- Mit dem Symbol *Lens* starten Sie eine spezielle Funktion, die Texte in Fotos erkennen, übersetzen oder auch Motive im Foto erkennen kann. Kommt beispielsweise bei Pflanzenfotos ganz gut, wenn sofort der Hinweis auf den Namen gegeben wird. Das Ganze benötigt aber eine Internetverbindung, um zu funktionieren.
- Tippen Sie auf das Papierkorb-Symbol *Löschen*, um ein **Foto** zu **entfernen**. Dieses Löschen muss über ein Pop-up-Fenster bestätigt werden, da das Foto oder Video überall (also gegebenenfalls auch auf anderen Geräten) gelöscht wird.

Tippen Sie bei angezeigter Miniaturansicht des Fotos in der rechten oberen Ecke der App auf die drei Pünktchen, um eine neue Seite zu öffnen. Dort können Sie weitere Befehle abrufen.

- *Diashow:* Startet die zeitgesteuerte Wiedergabe der Fotos. Tippen Sie auf das Foto der Diashow und wählen Sie in der linken oberen Ecke *Zurück*, um zur vorherigen Ansicht zurückzukehren.
- *Zu Album hinzufügen:* Ermöglicht es, das aktuelle Foto einem existierenden Album zuzuweisen.

HINWEIS

Ein **gelöschtes Foto** können Sie **zurückholen**, indem Sie am unteren Rand der Fotos-App auf *Galerie* tippen und auf der Folgeseite den Befehl *Papierkorb* anwählen.

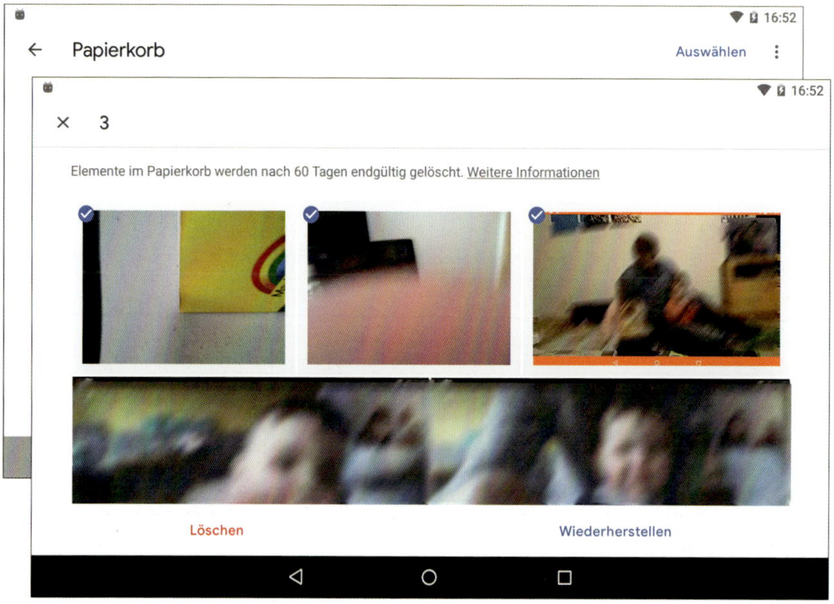

Sobald Sie den Inhalt des Papierkorbs sehen, tippen Sie auf den angezeigten Befehl *Auswählen* und drücken den Finger auf ein gelöschtes Element, um es (mit einem Häkchen) zu markieren. Anschließend werden Befehle zum Wiederherstellen oder Löschen des Fotos angezeigt. Oder Sie tippen ein gelöschtes Foto an, um die Detailansicht mit der Schaltfläche *Wiederherstellen* zu wählen. Das *Schließen*-Symbol *x* hebt die Markierung auf. Anschließend gehen Sie über die *Zurück*-Schaltfläche zur alten Darstellung zurück.

- *Jetzt sichern:* Verschiebt (sofern angezeigt) das Foto per Internetverbindung in die sogenannte Cloud bei Google. Mit *Herunterladen* lässt sich ein solches Foto wieder auf das Android-Gerät zurückholen.

- *Verwenden als:* Der Befehl öffnet ein Pop-up-Fenster. Dort finden Sie Symbole, um das **Foto** als **Hintergrund** oder in einem Kontakt zu verwenden.

- *Drucken:* Ermöglicht es, in einer Folgeseite das Foto aus der Vollbildansicht auf einem geeigneten Drucker auszugeben oder als Grafikdatei sowie als PDF-Datei im Ordner *Download* zu speichern.

Weiterhin gibt es die Möglichkeit, Fotos über ein Labor als Abzug zu bestellen. Mit *Vom Gerät löschen* lässt sich die lokal gespeicherte Kopie des Fotos vom Gerät entfernen. Der Befehl *Ins Archiv verschieben* ermöglicht es (sofern angeboten), das Foto ins Archiv zu verschieben. Das Foto wird dann in den Miniaturansichten nicht mehr angezeigt. Um dieses Archiv einzusehen, tippen Sie am unteren Rand auf das Symbol *Galerie* und wählen nachfolgend den Befehl *Archiv*. Ein markiertes Archivbild lässt sich aus dem Archiv wiederherstellen und in die Fotosammlung zurückholen.

Mit einem Befehl *In Ordner verschieben* oder *In Ordner kopieren* können Sie das Foto zwischen Speicherorten übertragen. Zudem können

Sie über das Feld *Beschreibung hinzufügen* am unteren App-Rand einen Text zum Foto notieren. Blättern Sie durch Wischen mit dem Finger in der Detaildarstellung des Fotos nach unten, werden Details (Aufnahmedatum, Aufnahmegerät) angezeigt.

TIPP

Beachten Sie, dass die Fotos-App immer wieder überarbeitet wird, die Funktionalität also zur Beschreibung hier im Buch abweichen kann. Tippen Sie in der rechten oberen Ecke der Fotosammlung auf das Symbol zur Kontenverwaltung.

Auf der *Einstellungen*-Seite finden Sie im Menü den Befehl *Hilfe und Feedback*, um auf die Google-Online-Hilfeseiten zuzugreifen. Dort gibt es eine knappe, aber meist aktuelle Beschreibung der App-Funktionen, die die Ausführungen im Buch ergänzen.

Besonderheiten bei Videodateien

Die Miniaturansicht einer Videodatei oder Zeitrafferaufnahme wird durch eine Zeitangabe mit einer stilisierten Videokamera oder einem Kreis gekennzeichnet. Wählen Sie die Miniatur einer Videodatei in der Fotos-App an, wird das Video wiedergegeben. Gegenüber der Vollbildansicht eines Fotos gibt es aber einige Besonderheiten.

- Zoomen durch Spreizen mit Daumen und Zeigefinger sowie das Wischen vom Bildschirmrand, um durch geöffnete Videos zu blättern, klappt bei Videodateien nicht.
- Um die Videoansicht zu verlassen und zur Miniaturansicht der Fotos-App zurückzukehren, verwenden Sie die *Zurück*-Schaltfläche des Android-Navigationsbereichs oder (falls angezeigt) der App.
- In der geöffneten Videoanzeige sehen Sie die im vorherigen Abschnitt erläuterten Symbole zum Bearbeiten, Teilen und Löschen der Videodatei.

- Bei gestoppter Wiedergabe erscheint in der Mitte der Videovorschau das Symbol *Wiedergeben*. Durch Antippen schalten Sie die Wiedergabe des Videos ein. Dann wird eine **Wiedergabeleiste** am unteren App-Rand mit einer **Zeitleiste** sichtbar.
- Die Zeitleiste gibt Ihnen die Länge des Videos sowie die aktuelle Zeit an der Wiedergabeposition an. Tippen Sie auf das Symbol *Anhalten/Wiedergeben*, um die Wiedergabe des Videos zu unterbrechen und fortzusetzen.

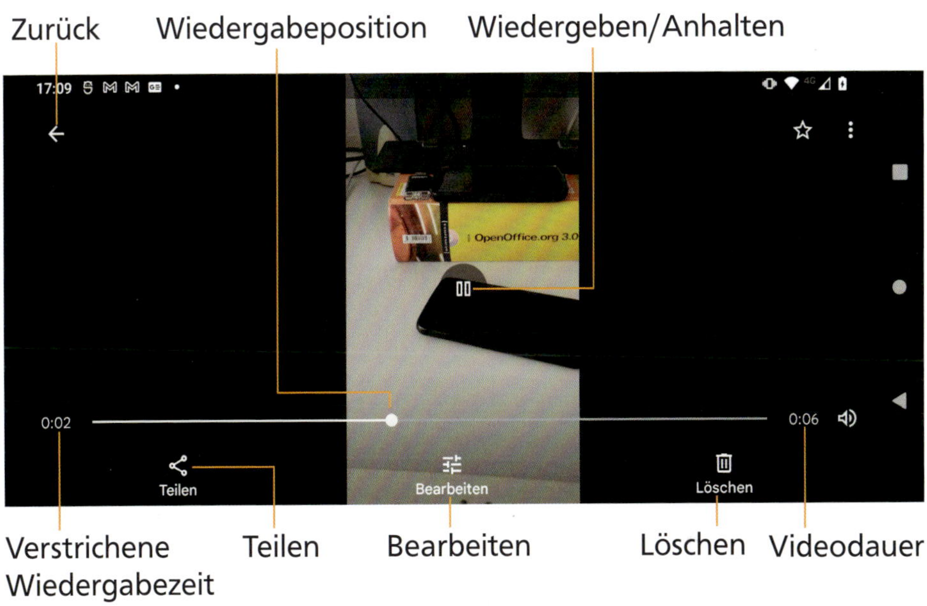

In der Zeitleiste wird die aktuelle Wiedergabeposition durch eine farbige Linie angezeigt. Streichen Sie mit dem Finger über die Zeitleiste, um den Marker mit der aktuellen Wiedergabeposition zu verschieben.

Alben anlegen

Sie können Fotos auch in Fotoalben (kurz Alben) einsortieren.

1 Tippen Sie in der Fußzeile der App auf *Galerie* 1 und wählen Sie auf der Folgeseite *Neues Album* 2.

2 Geben Sie den Namen des Albums ins Textfeld 3 ein und tippen Sie auf *Fotos auswählen* 4.

3 Tippen Sie auf der Folgeseite mit dem Finger auf die Fotos 5, die zum Album hinzugefügt werden sollen, um sie mit einem Häkchen zu markieren. Erneutes Antippen hebt die Markierung auf.

4 Tippen Sie auf das in der rechten oberen Ecke angezeigte *Hinzufügen* 6 und gehen Sie über die links oben eingeblendete *Zurück*-Schaltfläche zur App-Anzeige zurück.

Sie können später in der Fußzeile der App über *Galerie* 1 auf die erstellten Alben zugreifen und die dort einsortierten Fotos ansehen. Einzelne Fotos lassen sich in der Miniaturansicht über das Drei-Pünktchen-Menü (siehe vorherige Seiten) zu einem Album hinzufügen.

Fotos teilen und versenden

Die Fotos-App ermöglicht das Teilen eines Fotos oder Videos mit anderen Apps oder Personen. So kann man beispielsweise ein Foto per E-Mail versenden.

1 Tippen Sie in der Vollbildansicht des Fotos auf das Symbol *Teilen*, um die Liste der Apps einzublenden. Bei Bedarf lässt sich mit dem Finger durch die Liste der Fotos eines Albums blättern.

2 Tippen Sie auf der Folgeseite der App die zu teilenden Fotos und Videos an, um diese zu markieren, und bestätigen Sie dies über *Weiter*.

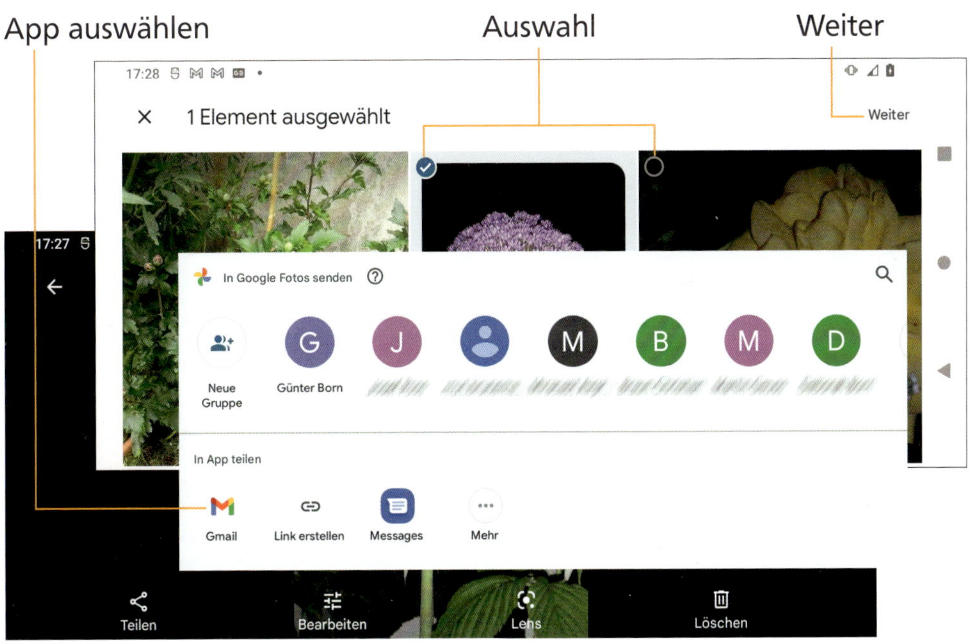

3 Tippen Sie im dann angezeigten Pop-up-Fenster die entsprechende App an, um das Foto oder das Video mit dieser App zu teilen, und führen Sie in der App die benötigten Schritte aus. Mit *Mehr* lässt sich die Liste der Apps erweitern.

Wurde die Gmail-App gewählt, öffnet sich diese App und zeigt eine neue Mail an. Ergänzen Sie noch den Empfänger, einen Betreff und den Text der Nachricht und versenden Sie die Mail. Das Foto oder Video ist bereits eingefügt. Details zu Gmail finden Sie in Kapitel 3.

Fotobearbeitungsfunktionen

Die Fotos-App ermöglicht Ihnen neben dem Löschen von Fotos auch deren Bearbeitung (Drehen, Zuschneiden, Aufhellen etc.). Nachfolgend lernen Sie die wichtigsten Funktionen kennen.

Ein Foto bearbeiten

Zum Bearbeiten eines Fotos rufen Sie dessen Einzelbilddarstellung in der Fotos-App auf (siehe vorhergehende Abschnitte). Danach führen Sie die folgenden Schritte aus:

1 Tippen Sie am unteren Rand der Vollbildansicht auf das Symbol *Bearbeiten*.

2 Wählen Sie in der Bearbeitungsansicht eines der am unteren Rand eingeblendeten Symbole *Vorschläge*, *Zuschneiden*, *Optimieren* etc., um zur entsprechenden Bearbeitungsfunktion zu wechseln.

3 Führen Sie in der Bearbeitungsfunktion die gewünschten Korrekturschritte aus und bestätigen Sie diese.

Sie können durch Wischen mit dem Finger nach links oder rechts zwischen diversen Befehlen blättern. Mit Befehlen wie *Belichtung korrigieren* oder *Optimieren* führt die App dann eine Autokorrektur aus und passt Helligkeit und/oder andere Parameter an. Dabei wird die Bearbeitungsdarstellung angezeigt.

- Mit dem rechts unten sichtbaren Befehl *Kopie speichern* übernehmen Sie die durchgeführten Änderungen.

- Durch Antippen des *Abbrechen*-Symbols werden die Änderungen verworfen und Sie gelangen zum unbearbeiteten Bild zurück.

Ähnliche Bearbeitungssymbole finden Sie bei allen Funktionen zur Fotobearbeitung.

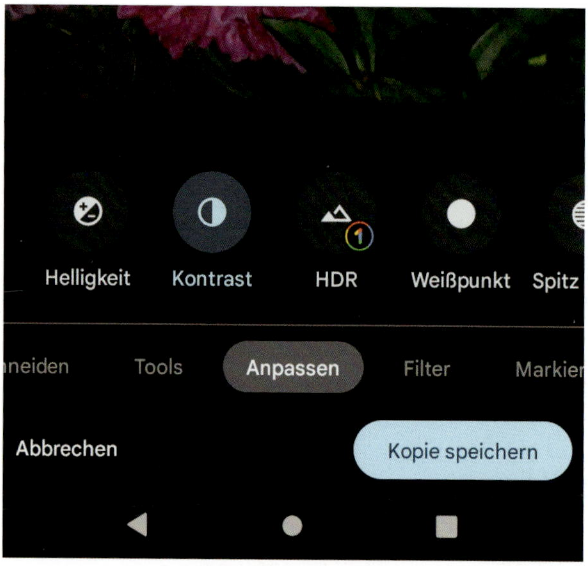

Über die Schaltfläche *Anpassen* blenden Sie die hier sichtbaren Optionen ein. Mit *Helligkeit* korrigieren Sie die Helligkeit eines Fotos. Das Symbol *Färbung* ermöglicht es, die Farbsättigung zu variieren.

Fotos drehen und beschneiden

Um ein Foto in der Fotos-App zu drehen oder zu beschneiden, führen Sie folgende Schritte aus:

1 Rufen Sie den Bearbeitungsmodus der Fotos-App auf (siehe vorhergehender Abschnitt) und tippen Sie auf die *Zuschneiden*-Schaltfläche.

2 Wenden Sie anschließend in der App die Bearbeitungsoptionen zum Drehen und Beschneiden an.

Die App bietet Ihnen über Bedienelemente am unteren Rand verschiedene Bearbeitungsfunktionen an.

- Fotos kippen Sie durch Anwahl des Symbols *90 Grad drehen* schrittweise gegen den Uhrzeigersinn.
- Bei schief fotografierten Motiven (z. B. schräger Horizont) lässt sich über die Skala *Drehwinkel* direkt mit dem Finger in der Fotoanzeige stufenlos kippen und so das Motiv »geraderücken«.

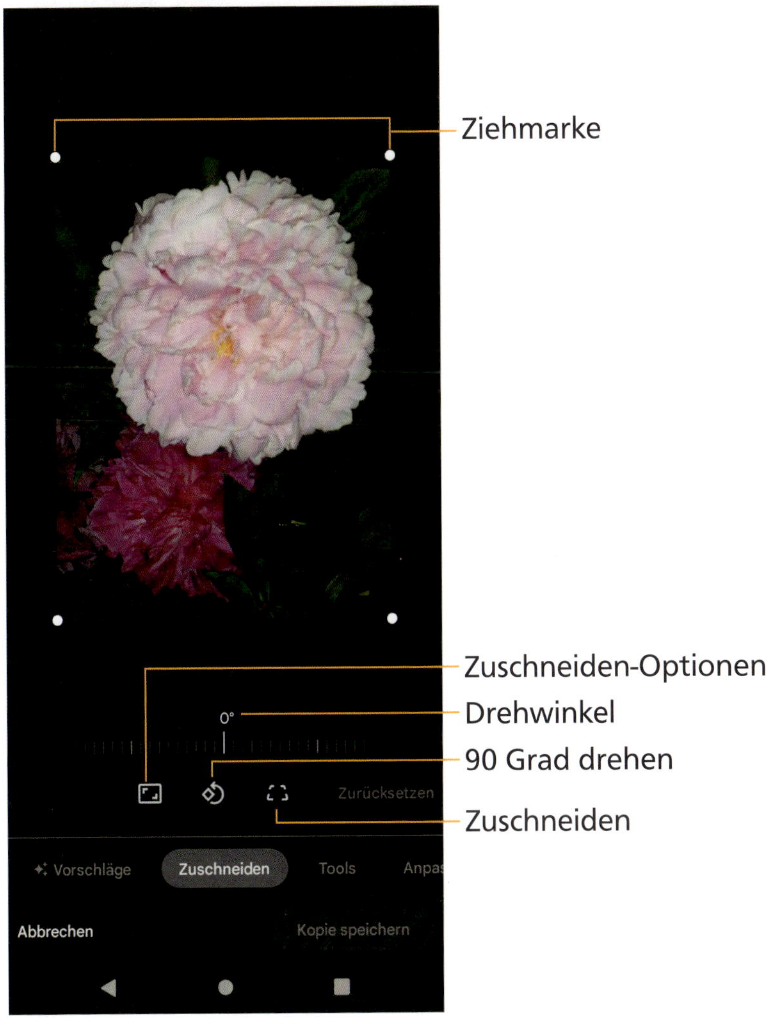

- Zum **Beschneiden** des **Fotos** wählen Sie *Zuschneiden* und verschieben die an den Ecken sichtbaren weißen Ziehmarken so mit dem Finger, dass der Bildbereich durch das Rechteck markiert wird.
- Mit *Zuschneiden Optionen* blenden Sie ein Menü ein, über dessen Befehle Sie feste Fotoformate für den Beschnitt auswählen können.

Sie können Änderungen über die Schaltfläche *Zurücksetzen* jederzeit rückgängig machen. Über die Schaltfläche *Abbrechen* lassen sich Bearbeitungsschritte komplett verwerfen und Sie gelangen zur Fotoansicht zurück. Bestätigen Sie die Änderungen über den eingeblendeten Befehl *Kopie speichern*, um die Änderungen in einer Kopie der Fotodatei zu sichern.

In diesem Kapitel haben Sie den Umgang mit Apps zum Aufnehmen, Anzeigen und Bearbeiten von Fotos und Videos auf dem Android-Gerät kennengelernt. Im nächsten Kapitel lernen Sie die Apps zur Musik- und Videowiedergabe kennen.

Unterhaltung: Musik, Videos, E-Books

Android-Geräte wie Tablet und Smartphone lassen sich auch zur Unterhaltung (Musik hören, Videos ansehen, E-Books lesen) verwenden. In diesem Kapitel lernen Sie Apps zur Musik- und Videowiedergabe sowie zum Lesen von E-Books kennen.

Das lernen Sie in diesem Kapitel

5

- Musikwiedergabe
- Videos ansehen
- Musik/Videos auf das Gerät kopieren
- E-Books lesen

Alles zur Musikwiedergabe

Lernen Sie, wie man Musikstücke auf dem Android-Gerät mit Apps wiedergibt. Alternativ verwenden Sie Apps, mit denen sich kostenfrei Webradio hören lässt.

> **Google Play Musik eingestellt**
>
> Auf Ihrem Android-Gerät findet sich eventuell noch die App *Google Play Music* zur Wiedergabe von Musik (Audiodateien) und von Medieninhalten. Google hat diese App inzwischen eingestellt. Verwenden Sie den nachfolgend vorgestellten VLC-Player zur Wiedergabe.

Musik hören mit dem VLC-Player

Im Google Play Store gibt es verschiedene Musik-Player-Apps. Ich selbst habe mir den VLC-Player aus dem Google Play Store installiert. Denn diese App ist kostenlos, kann sowohl Musik als auch Videos wiedergeben und ist in der Bedienung sehr intuitiv.

VLC

Es reicht, die App nach der Installation über dieses Symbol zu starten. Dann erscheint die App mit den jeweiligen Bedienelementen.

- Über die Symbole wie *Video*, *Audio*, *Dateien* etc. am unteren Rand wählen Sie, welche Medien Sie wiedergeben möchten. Über *Dateien* werden die auf dem Android-Gerät gespeicherten lokalen Ordner und Dateien sowie die in einem Netzwerk erreichbaren Elemente angezeigt und lassen sich durch Antippen zur Wiedergabe auswählen.
- Zur Musikwiedergabe wählen Sie *Audio*. Dann werden die gefundenen Titel in der App angezeigt. Wählen Sie in der Kopfzeile, ob diese nach *Künstler*, *Alben*, *Titel* oder *Genres* angezeigt werden sollen.

- Oben rechts finden Sie Symbole, um nach Musik oder Videos zu suchen, den aktuell gespielten Titel zu wiederholen, die Titelliste nach den Namen auf- oder absteigend zu sortieren und die Darstellung zwischen Kacheln oder Listen umzuschalten.

Drei senkrechte Pünktchen, die an verschiedenen Stellen angezeigt werden, öffnen immer ein Menü, das in der Kopfzeile z. B. einen Befehl zur Aktualisierung der Anzeige enthält. Bei einem Album öffnet sich ein Pop-up-Menü mit Befehlen zur Wiedergabe, um eine sogenannte Playlist oder Wiedergabeliste zu erstellen etc.

Musik wiedergeben

Die Musikwiedergabe ist mit der VLC-Player-App recht einfach und mit wenigen Sätzen erklärt.

- Es reicht, ein Album oder einen Titel mit dem Finger anzutippen, um dessen Inhalt einzusehen oder wiederzugeben.
- Bei der Wiedergabe wird am unteren App-Rand das Symbol zum Starten oder Stoppen der Wiedergabe eingeblendet.

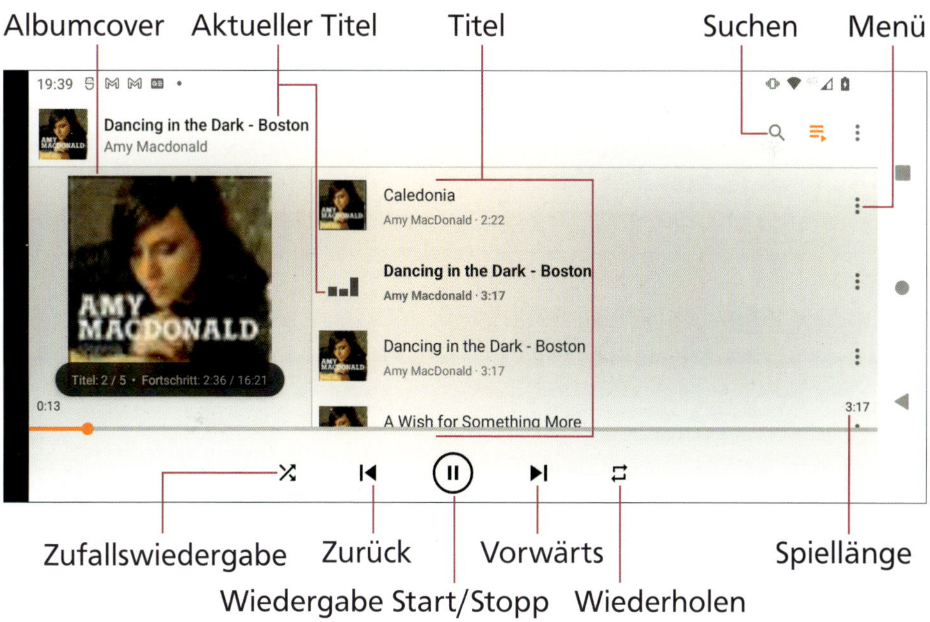

- Wischen Sie die angezeigte Schaltfläche *Wiedergabe Start/Stopp* mit dem Finger nach oben, erscheint eine erweiterte Darstellung mit dem Albumcover, den Titeln eines Albums und weiteren Schaltflächen zur Wiedergabesteuerung (Zurück, Vorwärts, Wiederholung, Zufallsauswahl, Titel etc.).

Drei angezeigte Pünktchen öffnen wiederum ein Menü mit passenden Befehlen zum aktuellen Kontext. Die erweiterte Darstellung des Players lässt sich über die Kopfzeile per Finger wieder nach unten schieben, sodass die Titel- oder Albumliste des VLC-Player wieder erscheint.

HINWEIS

Die Lautstärke der Musikwiedergabe regeln Sie über die Lautstärkewippe des Android-Geräts. Diese befindet sich meist an der Gehäuseseite (siehe Kapitel 1).

TIPP

Der VLC-Player kann Musik im Hintergrund wiedergeben, während man z. B. im Internet surft. Die Bedienung erfolgt dann über ein Element, das sich durch Wischen vom oberen Rand im Statusbereich einblenden lässt. Tippen Sie auf diesen Mini-Player, wird die VLC-Player-App in den Vordergrund geholt.

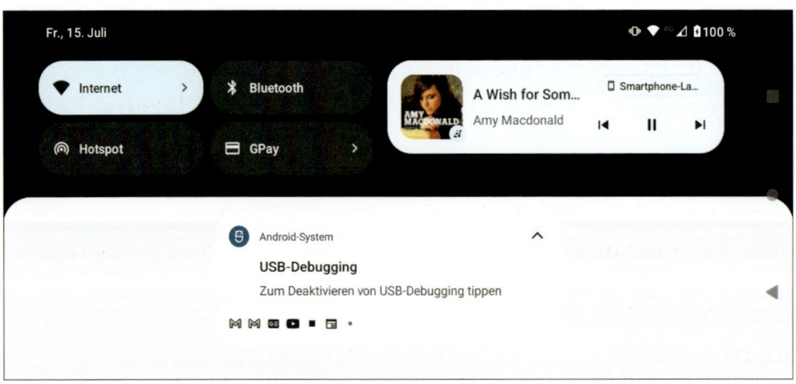

Wiedergabelisten verwenden

Wiedergabelisten ermöglichen es Ihnen, auf dem Android-Gerät eine Liste der Lieblingstitel zusammenzustellen und diese Titel dann in einem Rutsch abzuspielen. Sie können Wiedergabelisten mit folgenden Schritten erstellen:

1 Tippen Sie in der App auf die drei Pünktchen des gewünschten Titels, um das Menü einzublenden.

2 Wählen Sie den gewünschten Befehl und befolgen Sie die angezeigten Anweisungen.

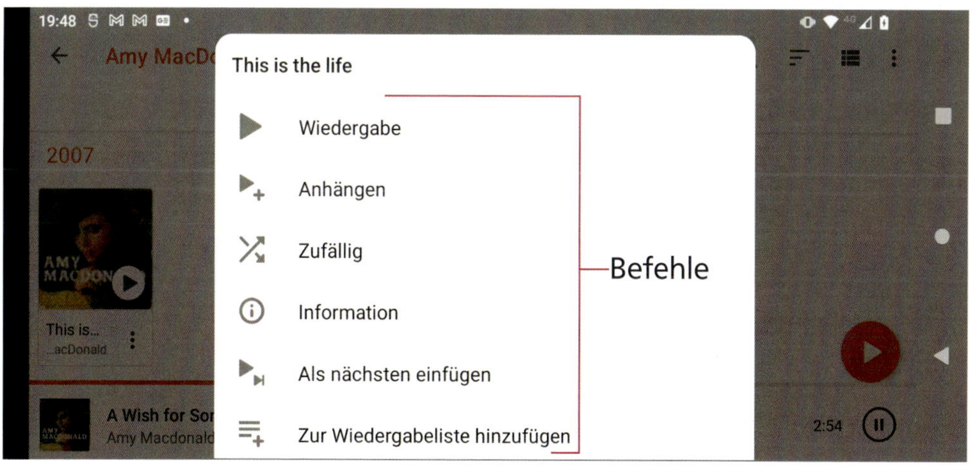

Über *Wiedergabe* wird der Musiktitel gespielt, und *Als nächsten einfügen* baut den gewählten Titel in die Schlange der wiederzugebenden Titel ein.

- Tippen Sie im Pop-up-Menü auf *Anhängen*, um einen Titel in der Liste für die Wiedergabe in einer Wiedergabeliste zu merken.
- Wählen Sie *Zur Wiedergabeliste hinzufügen*, um den Titel in einer auszuwählenden Liste aufzunehmen. Es erscheint ein Pop-up-

Fenster mit den Namen der Wiedergabelisten, sodass Sie eine auswählen können.

- Ist noch keine Wiedergabeliste definiert, tippen Sie auf das Feld *Name der Wiedergabeliste*, geben den Namen der Wiedergabeliste per Bildschirmtastatur ein und bestätigen ihn über *Speichern*.

Um Wiedergabelisten mit den dort festgelegten Titeln abzuspielen, wählen Sie im Startfenster der App den Eintrag *Wiedergabeliste* am unteren Rand. Die Wiedergabelisten werden dann eingeblendet und lassen sich wie Alben anwählen und abspielen. Der VLC-Player arbeitet die Titel der Wiedergabeliste dann nacheinander ab.

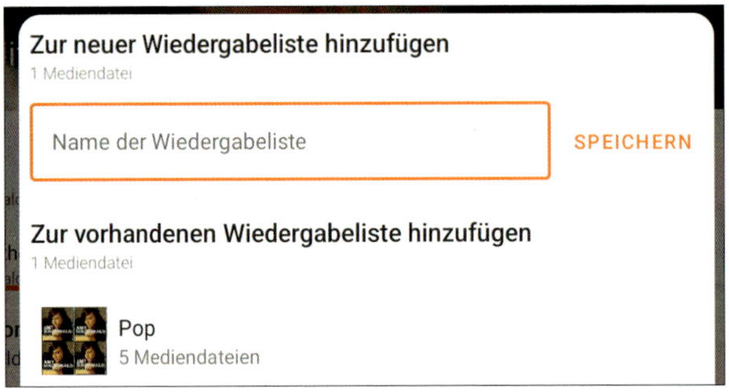

Tippen Sie bei einer Wiedergabeliste auf die drei Pünktchen, öffnet sich ein Pop-up-Menü. Dort finden Sie auch den Befehl *Löschen*, um die Wiedergabeliste zu löschen. Ist eine Wiedergabeliste geöffnet, öffnen die drei Pünktchen dagegen ein Pop-up-Menü mit Befehlen, um Titel aus der Liste zu löschen oder Inhalte zu teilen.

Über das *Zurück*-Symbol in der oberen linken Ecke der App oder der Android-Navigationsleiste gelangen Sie zu den jeweils vorhergehenden Seiten der App.

Zugriff auf die App-Einstellungen

Leider besitzt die VLC-Player-App kein Burger-Menü mehr. Um die Einstellungen der VLC-Player-App einzusehen oder anzupassen, tippen Sie am unteren Rand auf den Befehl *Mehr*.

Auf der Folgeseite wählen Sie das angezeigte Feld *Einstellungen*. Anschließend passen Sie auf der Seite *Einstellungen* die angezeigten Optionen gegebenenfalls durch Antippen an.

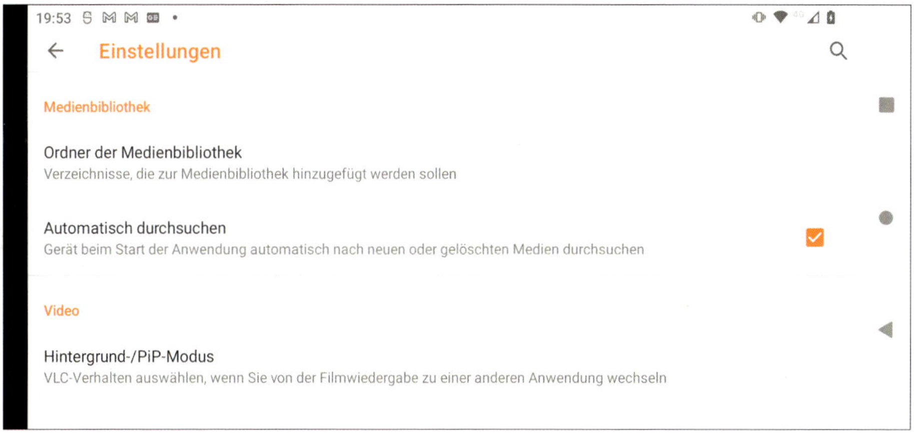

Webradio hören

In den meisten modernen Android-Geräten ist kein UKW-Empfängerchip mehr eingebaut. Falls Ihr Gerät doch einen FM-Empfänger besitzt, finden Sie eine entsprechende Radio-App vorinstalliert.

HINWEIS

Einige Bedienhinweise zur FM-Radio-App finden Sie in meinem Blog unter *www.borncity.com/blog/?p=107994*.

Die Alternative besteht darin, sich Apps zum Hören von **Webradio** per Internet aus dem Google Play Store zu installieren. Diese empfangen Musik per Internet von sogenannten Internet-Radiostationen.

So kann man in aller Welt heimische Radiosender empfangen oder von zu Hause Radiosender aus aller Welt hören.

Geben Sie den Begriff *Radio* im Suchfeld des Google Play Store ein, werden Ihnen verschiedene Treffer angezeigt. Probieren Sie gegebenenfalls verschiedene Apps aus.

Die Bedienung der Radio-Apps ist weitgehend intuitiv: einfach den Radiosender durch Wischen in der Senderliste suchen und *Play* anwählen – fertig.

HINWEIS

Es gibt Radio-Apps, die mir persönlich zu viele App-Berechtigungen fordern oder zu aggressiv Werbung einblenden. Der Dienst **Spotify**, für den es eine kostenlose App gibt, ermöglicht es, Musik von großen Plattenlabeln zu hören. Neben einem Gratisangebot gibt es die Möglichkeit zu einem Musik-Abonnement. Kritisiert wird aber, dass die Musiker bei diesem Abo-Modell weitgehend leer ausgehen.

Unter dem Kunstwort **Podcast** (setzt sich zusammen aus dem Namen des Apple-Musikabspielers iPod und Broadcasting) wird das Anbieten von abonnierbaren Mediendateien wie Audio oder Video per Internet verstanden. Blogs, TV-Sender und Radiostationen bieten Informationen in Form abonnierbarer Podcasts an. Suchen Sie eine **Podcast-App** wie *Podcast Addict*, um auf die Angebote zugreifen zu können. Die App bietet Ihnen dann Funktionen, um Podcasts zu suchen und zu abonnieren.

Videos ansehen

Ein Android-Smartphone oder Tablet lässt sich zur Wiedergabe von Videos und TV-Sendungen verwenden. In diesem Abschnitt stelle ich Ihnen die betreffenden Apps und deren Funktionen vor.

Google hat die früher mit Android mitgelieferte App *Play Filme & Serien* inzwischen deaktiviert. Sie haben aber die Möglichkeit, auf dem Android-Gerät (z. B. mit der Kamera aufgenommene) gespeicherte Videodateien mit dem VLC-Player wiederzugeben.

1 Rufen Sie die installierte VLC-Player-App, wie auf den vorhergehenden Seiten bereits beschrieben, auf und tippen Sie am unteren Rand links auf *Video*.

2 Tippen Sie auf eines der im App-Fenster aufgeführten Videos, um dieses im Player wiederzugeben.

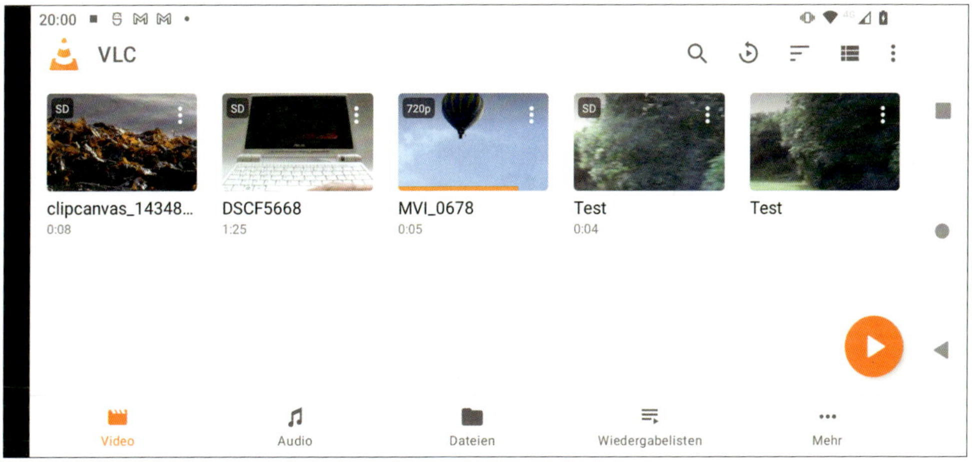

Während der Videowiedergabe werden am unteren Rand des App-Fensters die Schaltflächen zum Starten/Stoppen der Wiedergabe und weitere Elemente wie die Fortschrittsanzeige eingeblendet.

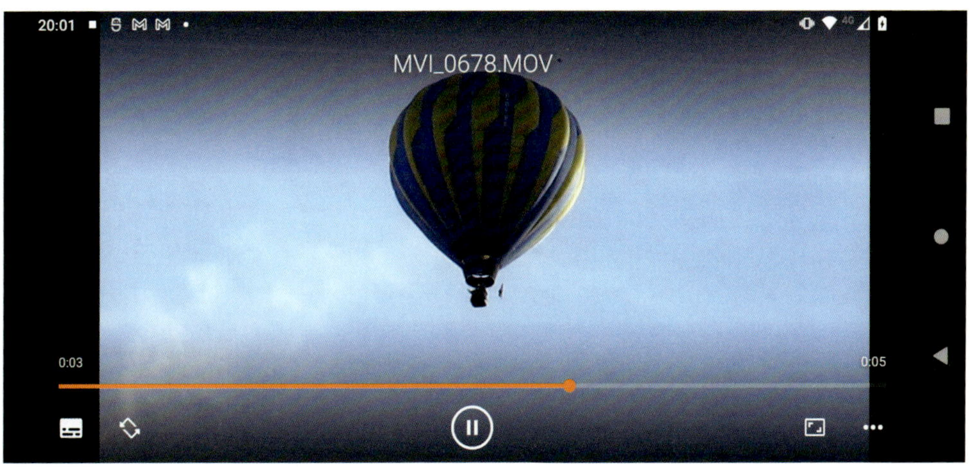

HINWEIS

Die Videos müssen in einem Format vorliegen, das von den auf dem Android-Gerät installierten Medien-Player-Apps wiedergegeben werden kann. Meist können MP4-Videodateien abgespielt werden.

YouTube-Videos abrufen

Auf der von Google betriebenen Webseite *youtube.com* lassen sich (Musik-)Videos kostenlos per Internet abrufen. In Android wird die YouTube-App von Google mitgeliefert. Die App lässt sich entweder aus dem Favoritenbereich des Startbildschirms oder über *Alle Apps* starten. Zur Handhabung der YouTube-App ist nicht viel Wissen erforderlich.

- Im Fußbereich der App lässt sich die Anzeige über Symbole auf *Abos*, *Mediathek* oder die *Start*-Seite umschalten. Das Symbol *Aufnehmen* ermöglicht es, Videos mit der Kamera des Android-Geräts aufzunehmen.
- Im Kopfbereich gibt es Inhaltskategorien, um beispielsweise auf Musik oder Videos zum *Heimwerken* etc. zuzugreifen.
- Zum **Suchen nach Videos** tippen Sie in der rechten oberen Ecke der App auf das Suchsymbol und geben über die Bildschirmtastatur einen Suchbegriff im Textfeld ein. In einem Fenster lassen sich Vorschläge auswählen. Die Suche wird über die Taste *Suchen* der eingeblendeten Bildschirmtastatur gestartet.
- Die drei Pünktchen öffnen Menüs, über deren Befehle Sie z. B. **Videos** mit anderen Apps **teilen** oder **zu Playlists hinzufügen** können.
- Das **Chromecast**-Symbol ermöglicht es, YouTube-Videos drahtlos mit besonderen Chromecast-Empfängern am TV-Gerät wiederzugeben.

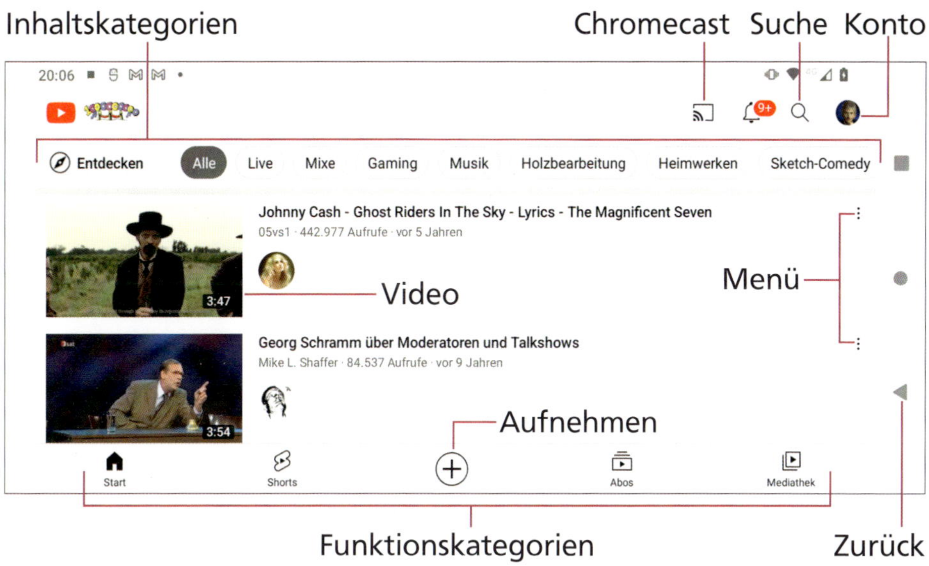

- Zur **Wiedergabe eines Videos** tippen Sie einfach auf die angezeigte Miniaturansicht eines Videos. Ein Eintrag kann auch für eine Wiedergabeliste (Playlist) stehen – erkennbar an einer eingeblendeten Zahl. Nach Anwahl des Videos öffnet sich der Player und beginnt mit der Wiedergabe der aus dem Internet geladenen Videodaten.
- Tippen Sie auf den Videobereich (Symbol *Start/Stopp*), um die **Wiedergabe anzuhalten** und erneut **fortzusetzen**. Ist der Wiedergabebereich angewählt, blendet die App einige Steuerelemente in der Anzeige ein.
- Am unteren Rand erscheint die **Suchleiste**, auf der sich der Schieber beim Abspielen der Medientitel nach rechts bewegt. Sie sehen also, welcher Teil des aktuellen Titels bereits abgespielt wurde bzw. noch wiederzugeben ist. Durch Ziehen des Schiebers mit dem Finger lässt sich eine bestimmte Stelle im aktuellen Titel suchen.
- Rechts im Videobereich finden Sie das Symbol *Maximieren/Minimieren* und oben links das Symbol *Zurück*, um das **Video** in die **Vollbildansicht** zu schalten und anschließend wieder zu minimieren.

- Über *Zurück* wechselt die App von der Hochkant- zur Querdarstellung und zeigt das minimierte Video in verkleinerter Form am unteren App-Rand an. Tippen Sie auf die Miniatur, um die Ansicht auf die Vollbildansicht zurückzustellen.

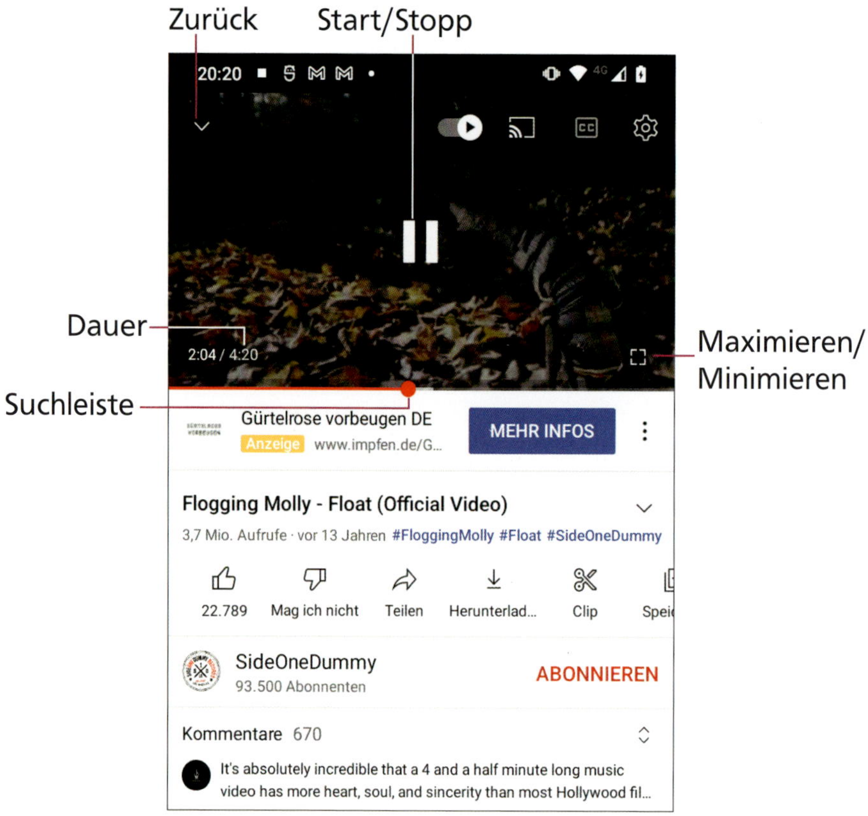

- Das Symbol *Teilen* ermöglicht es, das **Video** mit anderen Apps in sozialen Netzwerken wie Facebook oder bei Twitter oder per E-Mail zu **teilen**.
- Das Zahnradsymbol öffnet ein Menü, über dessen Befehle Sie die Wiedergabequalität anpassen, Untertitel (sofern verfügbar) ein-/ausblenden oder die Hilfe aufrufen können.

Das ist alles nicht wirklich kompliziert, Sie brauchen nur eine funktionierende Internetverbindung, um YouTube-Videos anzusehen.

ACHTUNG

Einige Musikvideos lassen sich aber nicht abspielen, da sie für Deutschland etc. gesperrt wurden. Sie erhalten dann die Anzeige, dass das Video nicht wiedergegeben werden kann. Bei manchen Videos wird zur Finanzierung ein Werbeclip als Vorspann oder eine Werbeanzeige am unteren Videorand eingeblendet. Zudem versucht Google, Nutzer durch Einblendungen zu einem kostenpflichtigen Abonnement zu bringen. Das lässt sich aber überspringen.

TIPP

Um bessere Klangqualität zu erhalten, schließen Sie einen Kopfhörer an der Audiobuchse des Geräts an. Oder Sie verwenden (Bluetooth-)Lautsprecher, um die Musik vom Android-Gerät drahtlos zu übertragen.

TIPP

Bei der YouTube-App wird die Wiedergabe unterbrochen, sobald Sie zu einer anderen App wechseln. Es ist also nicht möglich, YouTube-Musikvideos im Hintergrund zu hören und im Vordergrund zu surfen oder ein E-Book zu lesen.

Apps für ARD- und ZDF-Mediathek

ARD, ZDF und weitere TV-Sender bieten kostenlose Apps für Android im Play Store an, um sich das Programmangebot auch per Internet anzeigen zu lassen.

- Rufen Sie den App-Store auf dem Android-Gerät auf und suchen Sie nach den Sendernamen wie ARD oder ZDF. Dann werden Ihnen die Apps *ARD Mediathek*, *Das Erste* oder die *ZDF Mediathek* zum Download angeboten.

- Starten Sie eine solche App über ihr Symbol auf dem Startbildschirm, erhalten Sie Zugriff auf das Programm des betreffenden Senders. Es lassen sich dann dort Sendungen oder Zusatzinformationen abrufen.

Sie sind also nicht mehr unbedingt darauf angewiesen, eine TV-Sendung zum Ausstrahlungszeitpunkt abzurufen. Und wenn Sie sich über das TV-Programm informieren möchten, gibt es Apps, die Ihnen dieses aufs Android-Gerät bringen (einfach im App-Store nach *TV-Programm* suchen).

Chromecast, Miracast und DLNA

Falls Ihnen der Bildschirm des Android-Geräts zu klein ist oder mehrere Personen eine Sendung schauen wollen, können Sie den **Bildschirminhalt** auch **auf das TV-Gerät übertragen**. Von Google gibt es den sogenannten **Chromecast-Empfänger** und einige **SmartTV**-Geräte unterstützen den **DLNA**-Übertragungsstandard. Weiterhin lassen sich Geräte mit einem sogenannten **Miracast-Empfänger** in Form eines sogenannten HDMI-Sticks nachrüsten. Schließen Sie diese Empfänger am HDMI-Eingang des TV-Geräts an, um die Inhalte vom Android-Gerät drahtlos zu empfangen und am Bildschirm wiederzugeben. Die Behandlung dieser Funktionen sprengt aber den Ansatz dieses Buches. Interessierte Leser möchte ich auf meinen Blog-Beitrag *www.borncity.com/blog/?p=144134* verweisen, in dem ich entsprechende Lösungen beschreibe.

Musik/Videos auf Ihr Android-Gerät kopieren

Es besteht die Möglichkeit, eigene Musik von einem Computer auf das Android-Gerät zu kopieren und z. B. mit dem auf den vorherigen Seiten erwähnten VLC-Player abzuspielen.

1 Verbinden Sie das Android-Gerät per USB-Kabel mit einem Windows-Rechner.

Warten Sie, bis die Palette angezeigt wird (siehe auch Kapitel 4 im Abschnitt »Fotos/Dateien mit dem PC austauschen«).

2 Wählen Sie den Befehl *Gerät zum Anzeigen der Dateien öffnen*.

3 Kopieren Sie anschließend im Ordnerfenster die gewünschten Musik- oder Videodateien vom Rechner in den entsprechenden Ordner des Android-Geräts.

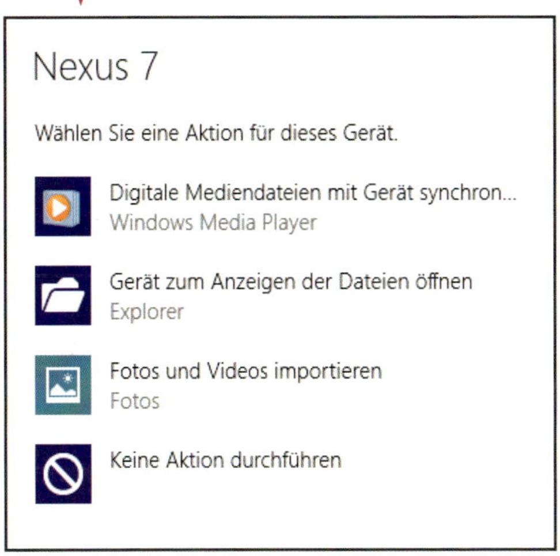

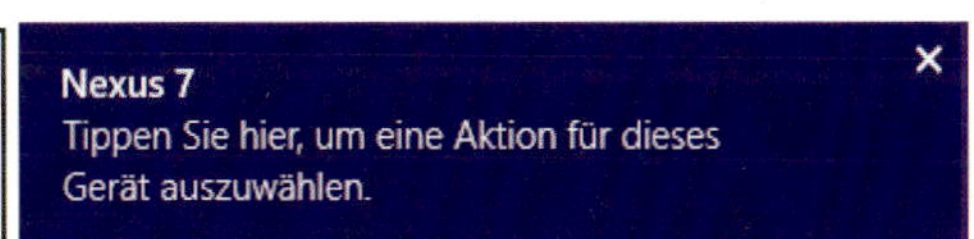

Musikdateien werden unter Android in den Ordner *Music* kopiert. Videos legen Sie im Ordner *Movies* ab. Die Audiodateien sollten dabei im MP3-Format und Videos im MP4-Format vorliegen, um problemlos abgespielt zu werden.

Bei unbekannten Audioformaten erscheint unter Android gegebenenfalls eine Warnung, dass die Videos oder Musikstücke nicht wiedergegeben werden können. Musikstücke im MP3-Format erhalten Sie unter anderem beim Kauf im Internet oder beim Kopieren von Audio-CDs im Windows Media Player.

Musik/Videos vom Android-Gerät löschen

Möchten Sie gespeicherte **Musikstücke** oder Videodateien wieder **vom Android-Gerät entfernen**? Gehen Sie wie beim Hinzufügen von Musikstücken vor und wählen Sie im Ordnerfenster unter Windows einfach die gewünschten Dateien im Ordner *Music* oder *Movies* des Android-Geräts an. Dann können Sie die Audiodateien auf den Rechner zurückverschieben oder löschen. Alternativ können Sie unter Android einen Dateimanager als App verwenden. Navigieren Sie zum Ordner *Music* bzw. *Movies* und löschen Sie dann die gewünschten Musikstücke.

E-Books lesen

Mit einer entsprechenden App lassen sich auf dem Tablet (und gegebenenfalls auch auf einem Smartphone mit größerem Display) E-Books lesen. Ich selbst habe die App *Onleihe* der örtlichen Bücherei installiert, um elektronische Bücher auszuleihen und zu lesen. Android hat zudem die App *Google Play Bücher* an Bord.

Einführung in die Play-Bücher-App

Starten Sie die App *Play Bücher* über dieses Symbol auf der Seite *Alle Apps*, um Bücher aus Googles Play Store herunterzuladen und anschließend zu lesen.

- Am unteren Rand der App finden Sie die Kategorien *Startseite*, *Mediathek* und *Kaufen*, über die Sie auf die betreffenden Angebote zugreifen. Zudem lässt sich zwischen *E-Books* und *Hörbücher* unterscheiden. Blättern Sie durch Wischen nach oben/unten oder rechts/links im Angebot.

- Wurden bereits Bücher unter dem betreffenden Android-Konto auf dem Gerät erworben, werden diese in der App angezeigt. Notfalls tippen Sie in der Fußzeile der App auf *Mediathek*, um zur gleichnamigen Seite zu gelangen. Dann werden anschließend die Cover der gekauften Bücher angezeigt. Über verschiedene Kategorien lässt sich die Darstellung umschalten.
- Durch Wischen blättern Sie zwischen den Buchcovern. Tippen Sie auf die drei Pünktchen in der rechten oberen Ecke eines Buchcovers, öffnet sich ein Menü mit Befehlen, um ein Buch herunterzuladen oder den Titel aus der Mediathek zu entfernen.

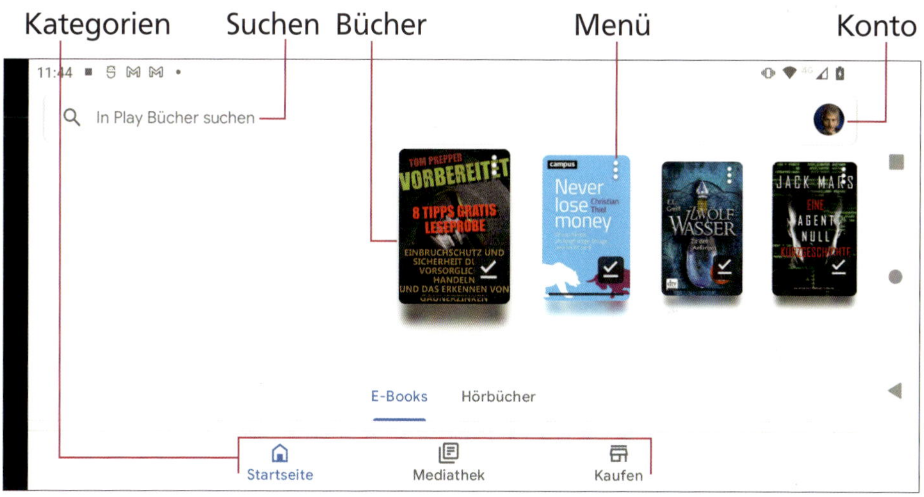

Im Kopfbereich der App finden Sie zudem ein Lupensymbol, um nach heruntergeladenen Büchern zu suchen.

Ein E-Book in Play Bücher lesen

Tippen Sie auf ein Buchcover, um das E-Book zum Lesen zu öffnen. Hier noch einige Bedienhinweise:

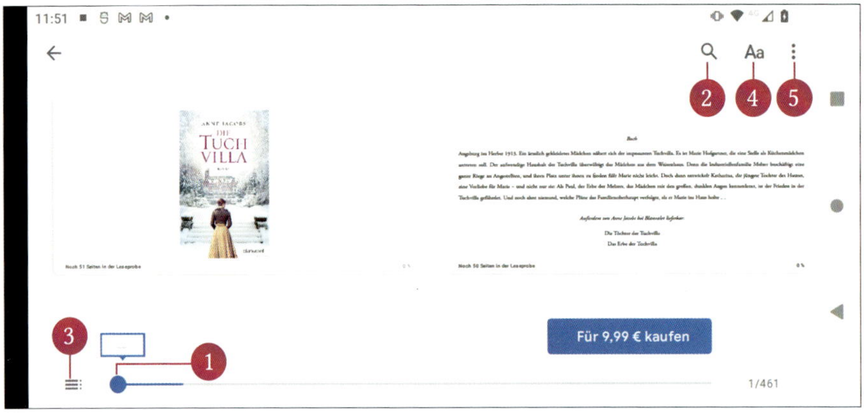

- Tippen Sie auf das Display, um die hier sichtbare Seitenübersicht des E-Books abzurufen. Erneutes Antippen des Displays holt die vorherige Leseansicht zurück.
- Durch Wischen mit den Fingern nach links oder rechts blättern Sie im Lesemodus zwischen den Buchseiten. Alternativ verwenden Sie die Leiste am unteren Rand (1), um zwischen den Seiten zu navigieren.
- Das Lupensymbol (2) im Kopfbereich ermöglicht das Suchen nach Textstellen im Buch. Über weitere Symbole können Sie das Inhaltsverzeichnis (3) sowie die Optionen für den Lesemodus (4) abrufen.
- Die drei Pünktchen (5) oben rechts in der App öffnen ein Menü zum Zugriff auf die Einstellungen, zum Teilen, zum Hinzufügen von Lesezeichen und zum Aufrufen der Hilfe.

Über die *Zurück*-Schaltfläche in der linken oberen Ecke gelangen Sie ebenfalls zur Leseansicht zurück.

TIPP

In der mir vorliegenden Fassung der App sind die Android-Navigationsschaltflächen im Lesemodus einer Buchseite nicht mehr sichtbar. Tippen Sie dann auf das Display, um die Seitenübersicht einzublenden. Dort sind auch die Schaltflächen wieder sichtbar.

E-Books kaufen

Play Bücher ermöglicht über *Kaufen* nur Käufe von E-Books (gratis oder kostenpflichtig) im Google Play Store.

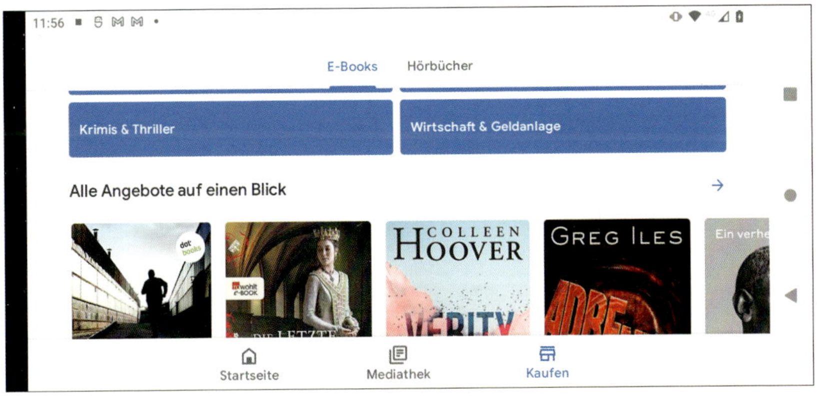

Dort finden Sie eine Suchfunktion sowie verschiedene Kategorien, um zwischen Bestsellern, Angeboten, E-Books und Hörbüchern etc. zu wechseln. Tippen Sie auf ein Buch, gelangen Sie zur Einkaufsseite. Gratis-E-Books lassen sich direkt zur Bibliothek hinzufügen (beim ersten Mal wird aber eine Zahlungsinformation benötigt). Bei kostenpflichtigen Büchern werden Sie durch den Google-Play-Store-Zahlungsvorgang geführt. Das funktioniert wie der App-Kauf. Noch ein Tipp: Um mit Buchkäufen risikolos zu experimentieren, können Sie bei vielen E-Books zuerst eine Leseprobe gratis anfordern.

Weiterhin können Sie PDF-Dateien in Apps in *Play Bücher* hochladen und dann ansehen.

TIPP

Smartphones und Tablet-PCs haben ein helles weiß-blaues Licht, das zu Einschlafstörungen führen kann, wenn man im Bett länger mit den Geräten liest. Suchen Sie im Google Play Store nach dem Begriff *Nachtmodus*. Dann werden Apps wie *Blaulichtfilter* etc. angeboten, die den Blauton des Displays in Richtung wärmeres Rot umstellen.

Amazons Kindle-App als E-Book-Reader

Der Onlinehändler Amazon bietet die kostenlose Amazon-Kindle-App im Google Play Store an. Dort lassen sich bei Amazon gekaufte E-Books herunterladen und lesen. Dazu ist eine einmalige Anmeldung an Ihrem Amazon-Kundenkonto erforderlich. Beim Schreiben dieses Buches war aber der Kauf von E-Books per Google Play Store aus der Kindle-App gesperrt. Daher wird die App hier nicht besprochen.

In diesem Kapitel haben Sie die Möglichkeiten zur Wiedergabe von Musik und Videos mittels entsprechender Android-Apps kennengelernt. Weiterhin habe ich Ihnen kurz Apps zum Zugriff auf YouTube, Webradio oder die Mediatheken verschiedener TV-Sender vorgestellt. Zudem kennen Sie die Möglichkeiten, um E-Books mit dem Android-Gerät zu lesen. Im nächsten Kapitel geht es um weitere Funktionen wie Kontakte und Termine verwalten, Telefonieren mit Skype und mehr.

Kommunikation, Kontakte und Kalender

Irgendwie ist es klar, dass man mit dem Android-Smartphone telefoniert. Aber es geht noch viel mehr: So kann man beispielsweise SMS oder Nachrichten versenden sowie kostenfrei über das Internet mittels Skype telefonieren oder Nachrichten per Messenger austauschen. Dieses Kapitel zeigt die Verwendung dieser Kommunikations-Apps und beschreibt auch, wie Sie Kontakte sowie Termine per Kalender-App auf dem Android-Gerät verwalten.

Das lernen Sie in diesem Kapitel — **6**

- Telefonieren mit Android
- Telefonieren mit Skype
- Kontakte verwalten
- Textnachrichten (SMS, Messenger)
- Terminverwaltung per Kalender-App

Telefonieren mit Android

In diesem Abschnitt werden kurz die Funktionen zum Telefonieren erläutert.

Einfach telefonieren

Android-Smartphones haben eine Telefonie-App an Bord, sodass nur noch eine passende SIM-Karte eines Mobilfunkanbieters für Telefonate benötigt wird.

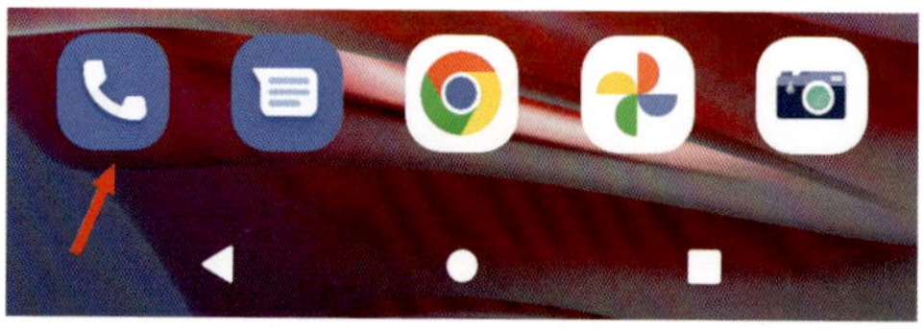

1 Tippen Sie in der Favoritenleiste des Startbildschirms auf das App-Symbol mit dem Telefonhörer.

2 Anschließend rufen Sie die gespeicherte Telefonnummer ab oder tippen eine Nummer ein (siehe folgende Hinweise).

3 Danach reicht es, auf das Telefonsymbol (8) zu tippen, um den Anruf zu tätigen.

Die Bedienung der Telefon-App (hier wird die App aus Android 12 verwendet) ist sehr einfach.

- Wählen Sie in der Fußzeile einen der Einträge *Favoriten*, *Anrufliste* oder *Kontakte* (1), um die Anzeige zwischen verschiedenen Kategorien umzuschalten.
- Verwenden Sie das Suchfeld (2), um den Teilnehmer in den gespeicherten Kontakten und Anrufen zu suchen.
- Über das Mikrofonsymbol (3) lässt sich die Spracheingabe zur Suche aktivieren.

- Tippen Sie auf den angezeigten Kontakt (4), um die zugehörige Telefonnummer anzurufen.

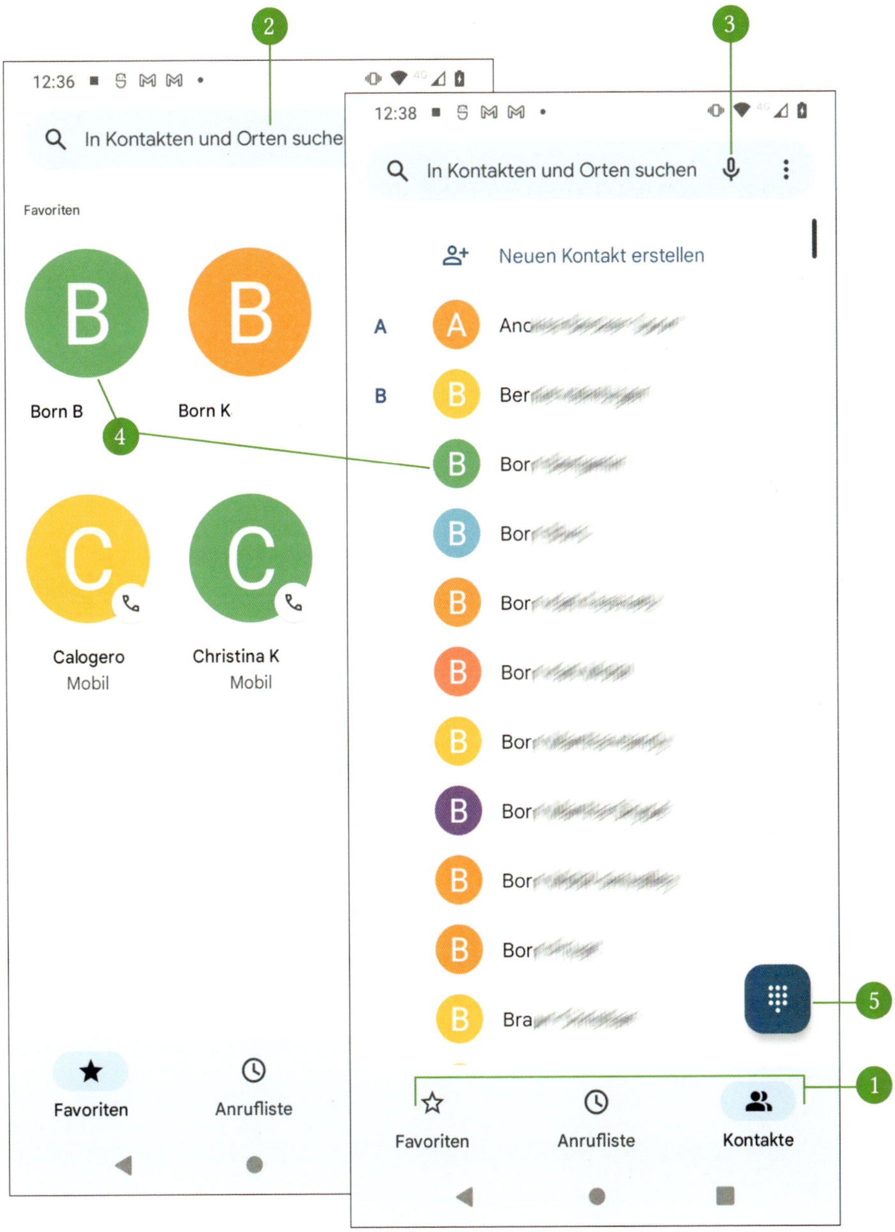

- Alternativ blenden Sie über das Tastensymbol 5 das Ziffernfeld 6 ein und tippen dann die Telefonnummer des Teilnehmers ein.
- Ist die Ziffernwahl sichtbar, tippen Sie die gewünschte Telefonnummer über die Tasten 6 ein. Die [⇦]-Taste 7 löscht die zuletzt eingegebene Ziffer.
- Das Symbol 8 mit dem grünen Oval und dem Telefonhörer wählt die eingetippte Nummer.

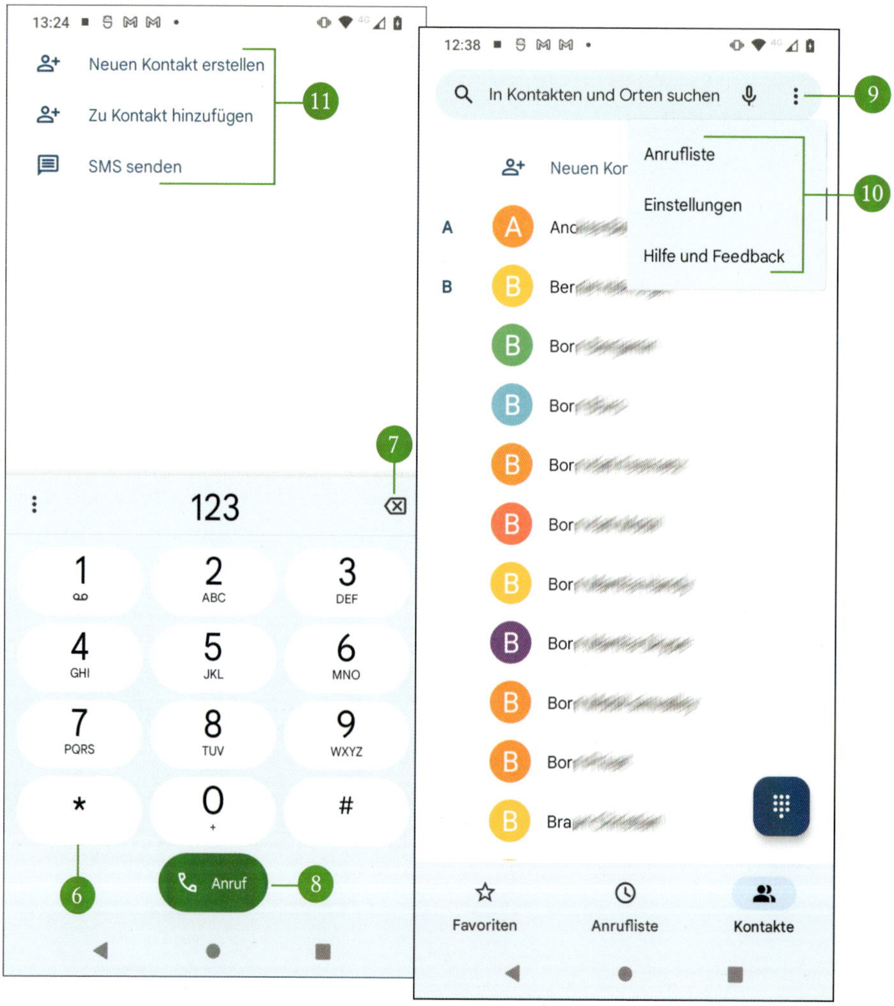

- Über die drei Pünktchen 9 in der rechten oberen Ecke der App blenden Sie ein Menü 10 ein. Dessen Befehle ermöglichen den Zugriff auf die Einstellungen, die Anrufliste oder die Funktion zum Importieren/Exportieren.
- Zudem lassen sich über die Tastenansicht 11 neue Kontakte anlegen, Anrufer zur Kontaktliste hinzufügen oder SMS senden.

TIPP

Bei Android-Smartphones rufen Sie spezielle Funktionen über besondere Tastencodes ab. Mit der Tastenkombination *100# (bei O2 ist es *101#) fragen Sie beispielsweise das Guthaben eines Prepaid-Kontos ab.

Verwenden Sie eine Suchmaschine und geben Sie Begriffe wie *USSD-Codes, Handy-Codes, Handy Tastencodes* ein, um Seiten, auf denen diese Codes aufgeführt sind, zu finden.

Beim angerufenen Teilnehmer erscheint eine Benachrichtigung über den eingehenden Anruf auf dem Smartphone.

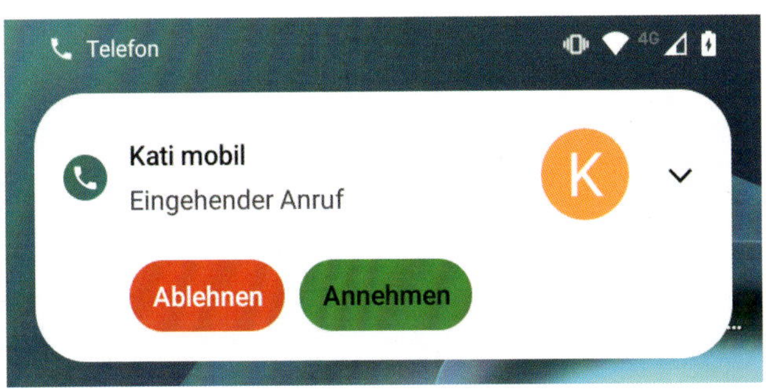

Nimmt der angerufene Teilnehmer ab, führen Sie das Telefonat. Ein Gespräch beenden Sie, indem Sie in der App auf das Symbol mit dem nun roten Kreis und dem Telefonhörer tippen.

Telefonieren mit Skype

Statt per Mobilfunkverbindung zu telefonieren, können Sie Telefonate per Smartphone oder Android-Tablet auch mit Skype über das Internet führen.

Skype, was muss ich wissen?

Bei Skype handelt es sich um einen sogenannten Internetdienst der Firma Microsoft, der eine Möglichkeit zum Telefonieren per Internet bietet.

- Unter Android benötigen Sie die kostenlose Skype-App für Android aus dem Google Play Store, ein kostenloses Skype-Benutzerkonto sowie eine Internetverbindung (z. B. per WLAN). Mikrofon und Kamera sind bei Android-Geräten in der Regel vorhanden. Dadurch sind auch Videotelefonate möglich.
- Telefonate zu anderen Skype-Teilnehmern sind (abgesehen von den eventuell für die Internetverbindung anfallenden Gebühren) kostenfrei, Anrufe ins Festnetz oder an Mobilfunknummern kosten Gebühren, sind aber bei internationalen Gesprächen sehr günstig.

Das klappt nicht nur mit Android-Geräten, sondern auch von einem Windows-PC oder von einem iPhone, iPad oder Mac aus, denn Skype-Apps sind für Android, iOS, Windows und andere Betriebssysteme verfügbar.

HINWEIS

Informationen zu Skype gibt es auf der Internetseite *www.skype.com/de/*. Die Skype-App für Android gibt es gratis im Google Play Store, wenn Sie nach *Skype* suchen. Neben Skype gibt es noch andere Videokommunikationsdienste wie FaceTime (funktioniert nur mit Apple-Geräten) oder Google Duo (funktioniert nur mit Android), die hier aber nicht besprochen werden.

Skype einrichten

Ist die Skype-App unter Android installiert, lässt sie sich über das hier gezeigte Symbol aufrufen. Beim ersten Aufruf führt die App Sie durch die Schritte zum Einrichten. Besteht bereits ein Konto, fordert die Skype-App Sie zur Eingabe der Anmeldedaten (Benutzername und Kennwort) auf.

- Melden Sie sich im angezeigten Formular mit Ihrem Skype-Namen, einer Skype-Rufnummer oder dem Microsoft-Konto an.

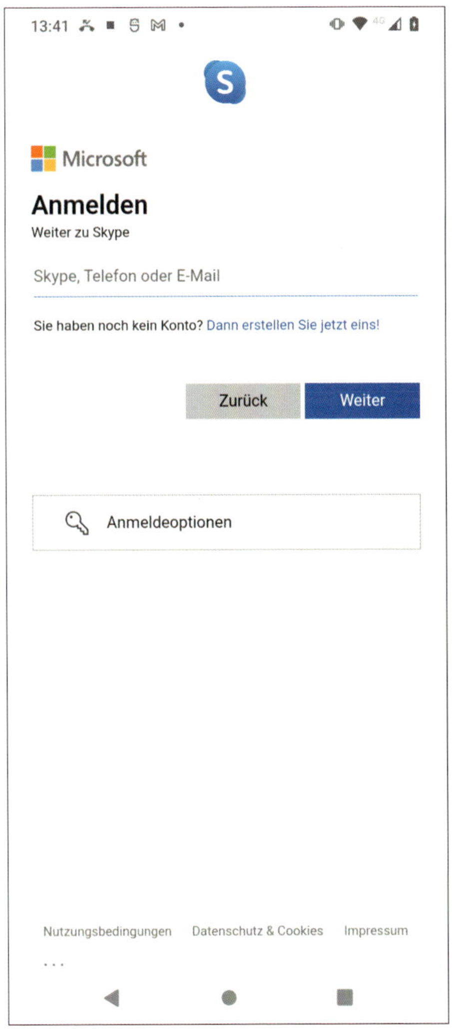

- Besitzen Sie kein Skype- oder Microsoft-Konto, tippen Sie auf den Hyperlink, um ein Konto zu erstellen. Sie werden durch die Registrierung beim Dienst Skype geführt und bekommen das Konto kostenlos zugeteilt.

Ist eine Internetverbindung vorhanden und sind Sie bei Skype angemeldet, erhalten Sie Zugriff auf die Skype-Funktionen.

Die Skype-App im Überblick

Nach einer erfolgreichen Anmeldung am Skype-Konto sollte die App die nachfolgend gezeigte Darstellung besitzen. Sie können dann auf die Skype-Funktionen zugreifen und Anrufe tätigen bzw. annehmen.

Hier eine kurze Erläuterung der wichtigsten Bedienelemente der App.

- Am unteren Rand der App finden Sie Symbole 1, über die Sie verschiedene Darstellungen wie *Chats*, *Anrufe*, *Kontakte* und *Benachrichtigungen* abrufen können.

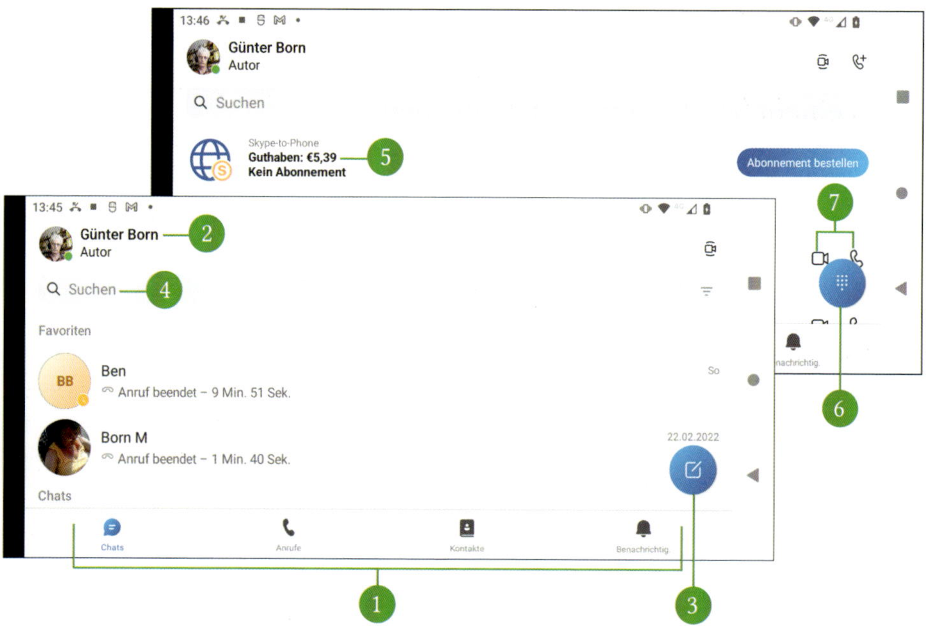

- Bei Anwahl des Symbols *Chat* am unteren App-Rand wird das Skype-Konto (2) eingeblendet. Tippen Sie das Symbol an, um sich gegebenenfalls abzumelden, die Skype-Einstellungen anzupassen etc.
- Über das Symbol (3) starten Sie eine Chat-Einladung oder -Nachricht. Die Teilnehmer lassen sich in der dann gezeigten Seite auswählen.
- Über das Suchfeld (4) suchen Sie nach Kontakten in der Anruferliste.
- Über das Symbol *Anrufe* wird die Seite (5) mit dem Skype-Guthaben sowie den Namen anzurufender Skype-Kontakte eingeblendet.
- Das Symbol (6) blendet eine Wähltastatur zur Anwahl einer beliebigen Telefonnummer (Festnetz oder Mobilfunk) ein. Solche Anrufe sind dann aber nicht mehr kostenlos, sondern werden über Ihr Skype-Guthaben abgerechnet.
- Die Symbole (7) ermöglichen es Ihnen, Telefon- oder Videoanrufe zu einem Skype-Kontakt aufzubauen.
- Über die Kategorie *Kontakte* am unteren App-Rand öffnen Sie die Seite mit den von Ihnen festgelegten Skype-Kontakten.

HINWEIS

Beachten Sie, dass sich die Bedienung der Skype-App von Zeit zu Zeit durch Updates ändern kann. Die prinzipielle Vorgehensweise dürfte aber ähnlich bleiben. Zudem sperrt Microsoft zwischenzeitlich Skype-Guthaben nach 180 Tagen der Inaktivität. Dann erhält der Benutzer eine E-Mail-Benachrichtigung. Das Guthaben lässt sich in diesem Fall nach einer Anmeldung am Skype-Konto mittels eines Browsers erneut aktivieren.

In den Symbolen der Skype-Kontakte signalisiert ein grüner Punkt, dass dieser Kontakt gerade online und verfügbar ist, ein gelber Punkt bedeutet, dass der Kontakt auf Skype gerade nicht erreichbar ist. Wie Sie Anrufe per Skype tätigen oder annehmen, wird im nächsten Abschnitt erklärt.

Telefonate mit Skype führen/annehmen

Um einen Teilnehmer über Skype direkt (und gratis) anzurufen, muss dieser als Kontakt im Skype-Konto bekannt sein. Zudem ist es erforderlich, dass der Skype-Teilnehmer ebenfalls online ist (ein grüner Punkt beim Namen zeigt dies an). Bei Anrufen einer Festnetz- oder Mobilfunknummer ist dies natürlich nicht erforderlich.

- Zum Anrufen reicht es, den Kontakt in der Skype-Kontaktliste oder in der Liste der Anrufe in der App anzuwählen.
- Es erscheint die Skype-Seite (1) des Kontakts mit der Liste stattgefundener sowie verpasster Anrufe.
- Über diese beiden Symbole leiten Sie dann Video- (2) oder Sprachanrufe (3) ein.

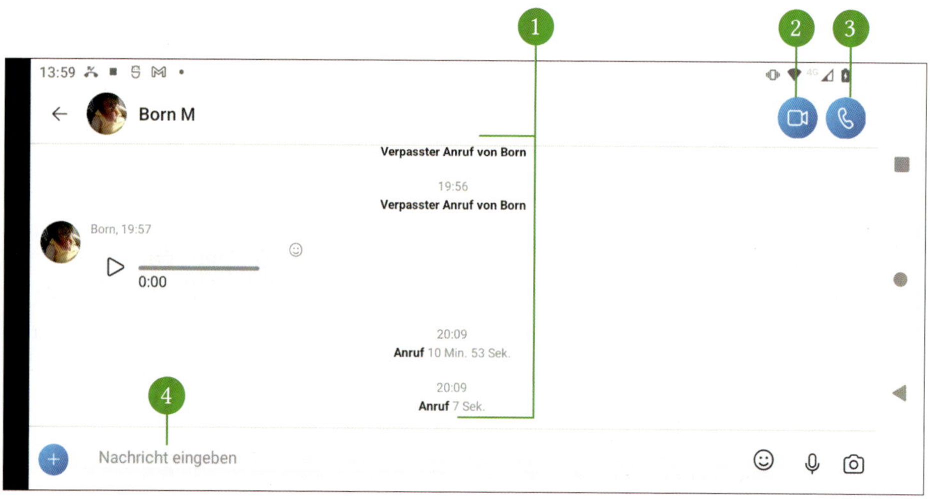

- Tippen Sie das Feld *Nachricht eingeben* (4) in der Fußzeile an, können Sie einen Text eintippen und über ein Symbol am rechten Rand des Felds als Chat-Nachricht an den Kontakt übermitteln.

Mit dem Symbol *Zurück* in der linken oberen Ecke des App-Fensters geht es zur vorherigen Seite der Skype-App zurück. Haben Sie das Symbol für einen Sprach- oder Videoanruf gewählt, versucht Skype, eine Verbindung mit dem Kontakt aufzunehmen. Hat dieser die Skype-App nicht geöffnet, wird er über eine Statuseinblendung auf dem

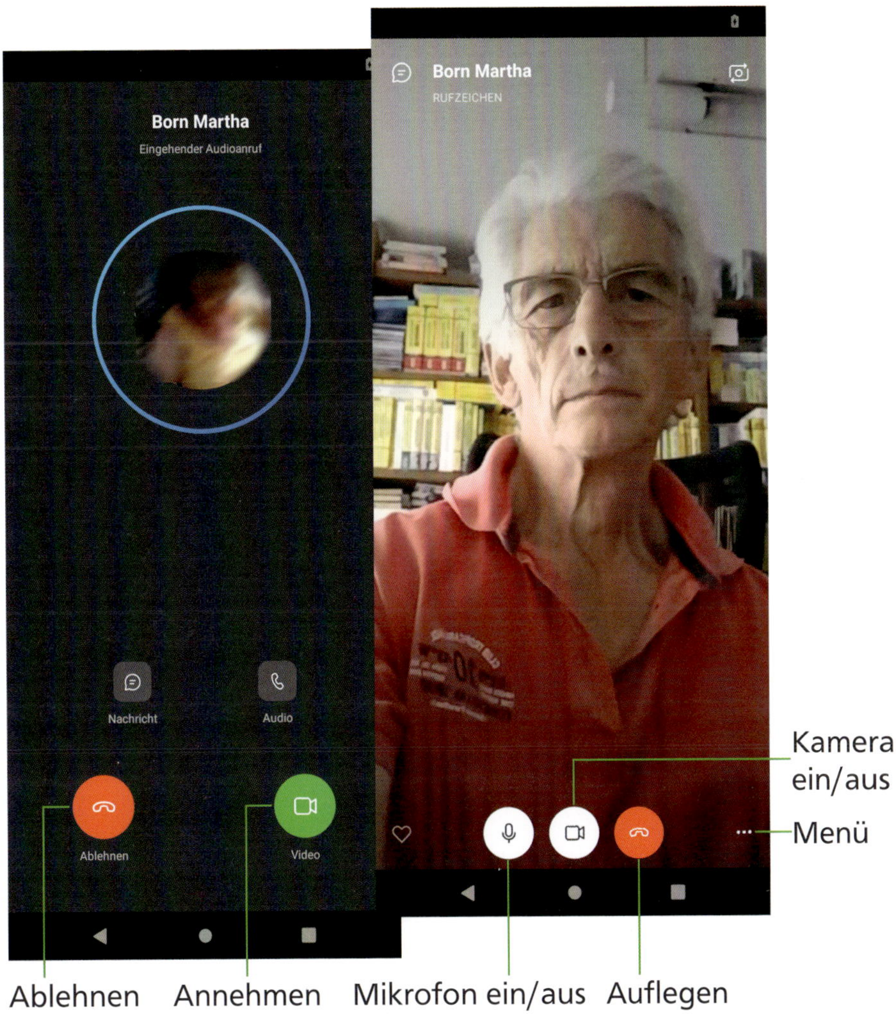

Sperrbildschirm oder der Startseite bzw. der Statusleiste über den Anruf informiert.

Der angerufene Teilnehmer kann über die Symbole in der Fußzeile (linker Teil des Bildes) den **Anruf ablehnen** (rote Telefontaste) oder annehmen (grüne Telefontaste). Reagiert der Angerufene nicht innerhalb einer gewissen Zeit, beendet Skype die Verbindung automatisch.

Wird ein Gespräch angenommen, kann das Skype-Telefonat wie bei einem normalen Telefongespräch geführt werden. Bei Videotelefonaten wird das Bild der Kamera mit übertragen (rechter Teil des Bildes).

Über die runden Symbole in der Fußzeile der App lassen sich Kamera, Mikrofon und gegebenenfalls Lautsprecher ein-/ausschalten. Um das **Gespräch** zu **beenden**, tippen Sie auf das rote Symbol mit dem Telefonhörer. Über weitere Symbole lassen sich Nachrichten austauschen oder Befehle über das Drei-Pünktchen-Menü abrufen.

Kontakte verwalten

In Android gibt es eine Kontakte-App, um Telefonnummern, E-Mail-Adressen etc. zu speichern. Die Kontakte-App lässt sich über ein eigenes Symbol in der App-Seite aufrufen. Da die Kontakte auch in anderen Apps (z. B. Telefon-App) benutzt werden, lassen sich Kontakte auch dort anlegen. Nachfolgend einige Hinweise zur Verwaltung der Kontakte.

Telefonnummer als Kontakt speichern

Haben Sie gerade jemanden per Telefon-App angerufen, lässt sich diese Telefonnummer als Kontakt speichern. Alternativ können Sie auch einfach einen neuen Kontakt anlegen.

1 Wählen Sie in der App die Anrufliste (1) und tippen Sie dann etwas länger auf den Telefoneintrag (2).

2 Wählen Sie im eingeblendeten Menü den Befehl *Vor Anruf Nummer bearbeiten* (3), um zur Kontaktseite der App zu wechseln, und entscheiden Sie sich auf der eingeblendeten Seite für einen der angezeigten Befehle (4).

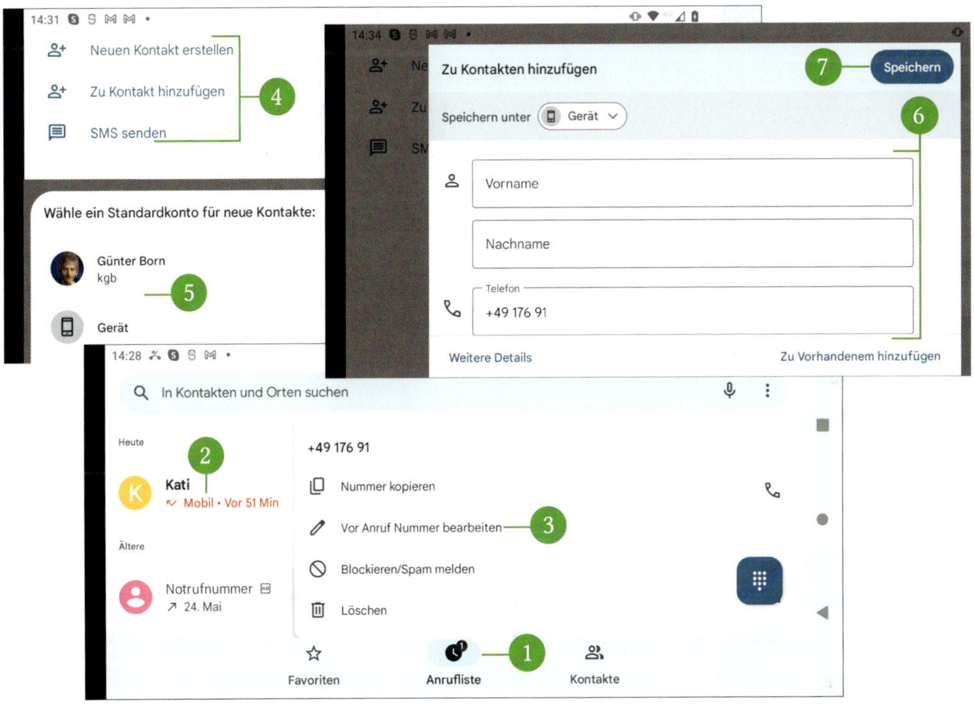

Über *Zu Kontakt hinzufügen* gelangen Sie zur Kategorie mit den Kontakten, in der Sie einen Befehl zum Anlegen des neuen Kontaktes finden.

3 Mit *Neuen Kontakt erstellen* lässt sich in einem Pop-up-Fenster (5) wählen, wo dieser neue Eintrag abgelegt werden soll (Gerät, Google-Konto).

4 Tragen Sie auf der Kontaktseite (6) der App die gewünschten Daten (Name etc.) in die Felder mit den Kontaktdetails ein. Wurde die Seite über die Telefon-App aufgerufen, ist die betreffende Telefonnummer bereits eingetragen. Wischen Sie mit dem Finger nach oben oder unten, um durch die Liste der verfügbaren Eingabefelder zu blättern.

Ist ein Eintrag am rechten Rand mit einem Dreieck versehen, tippen Sie auf dieses Feld. Dann erscheint ein Auswahlmenü mit den verfügbaren Optionen. Bei einer Telefonnummer lässt sich z. B. zwischen *Mobil*, *Geschäftlich* oder *Privat* wählen.

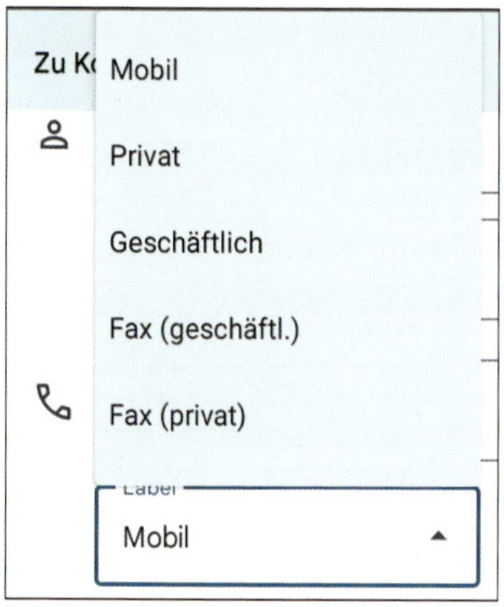

5 Sind alle Daten eingetragen, tippen Sie in der rechten oberen Ecke auf *Speichern* (7). Die Daten werden dann als Kontakt abgelegt.

HINWEIS

Tippen Sie außerhalb des Pop-up-Fensters, um eine Eingabe ohne Speichern abzubrechen.

Kontakte einsehen, ändern und löschen

Zum Abrufen der Daten eines Kontaktes, zum Löschen oder Ändern gibt es folgende Möglichkeiten:

- Wählen Sie in der Fußleiste der Telefon-App eine Kategorie 1 und tippen Sie auf den jeweiligen Kontakt 2. Sie gelangen dann zur Detailseite des Kontaktes, in der Sie Anrufe tätigen, den Kontakt löschen oder dessen Daten anpassen können.
- In der Detailseite mit den Daten des Kontaktes tippen Sie auf die drei senkrechten Pünktchen 3. Anschließend können Sie im eingeblendeten Menü 4 den Befehl zum *Löschen* oder *Teilen* des Kontaktes wählen.
- Tippen Sie auf den Stift 5, um die Daten zu bearbeiten. Es erscheint eine Seite, in der alle Kontaktdaten aufgelistet sind. Sie können die Einträge antippen, dann ändern und über die *Speichern*-Schaltfläche sichern oder über die in der linken oberen Ecke eingeblendete *x*-Schaltfläche verwerfen.
- Tippen Sie auf das Sternchen 6, wird der Kontakt in die Favoritenliste aufgenommen. Erneutes Antippen hebt die Markierung als Favoriten auf.

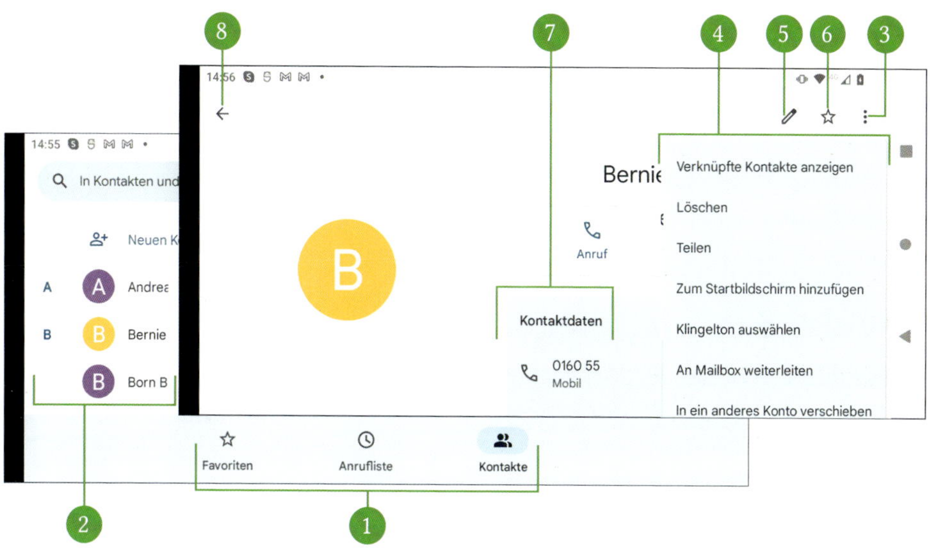

- In der Seite mit dem Kontakt ⑦ werden Ihnen verschiedene Optionen angezeigt. Ist Skype installiert und eingerichtet, können Sie durch Antippen des Symbols in der Seite des Kontaktes auch ein Skype-Telefonat durchführen. Wurde eine E-Mail-Adresse festgelegt, lässt sich diese anwählen, um eine Nachricht per Mail-App zu verfassen.

Über das Symbol *Zurück* ⑧ in der linken oberen Ecke der App verlassen Sie die Detaildarstellung des Kontaktes und gelangen zur vorherigen Seite zurück.

Anmerkungen zur Kontakte-App

In Android steht eine eigene App *Kontakte* über ein entsprechendes Symbol der App-Seite zur Verfügung. Rufen Sie die betreffende App über das Symbol auf, erscheint die nachfolgende App-Darstellung (die bereits auf den vorherigen Seiten gezeigt wurde). Die Kontakte-App von Android wird auch in der Telefon-App zur Verwaltung der Kontakte verwendet.

- Über das Burger-Menü ① der Kopfzeile greifen Sie auf die Einstellungen zu. Weiterhin können Sie in der Kopfzeile ② *In Kontakten suchen*. Die drei Pünktchen ③ öffnen das Menü mit Befehlen zum Verwalten der Kontakte.
- Die App zeigt die Kontakte ④ als Liste an. Tippen Sie auf einen Kontakt, werden dessen Details angezeigt. Über das auf den vorhergehenden Seiten beschriebene Stiftsymbol lassen sich die Kontaktdaten bearbeiten.
- Das Symbol in der rechten unteren Ecke ⑤ öffnet die App-Seite, um einen neuen Kontakt einzutragen.
- In der Fußzeile finden Sie in neueren Versionen der App (unter Android 12) noch zwei Symbole, um zwischen den Kontakten und

der Seite mit den Funktionen zum Bereinigen doppelter Kontakte umzuschalten. Diese Option fehlt in älteren Android-Versionen.

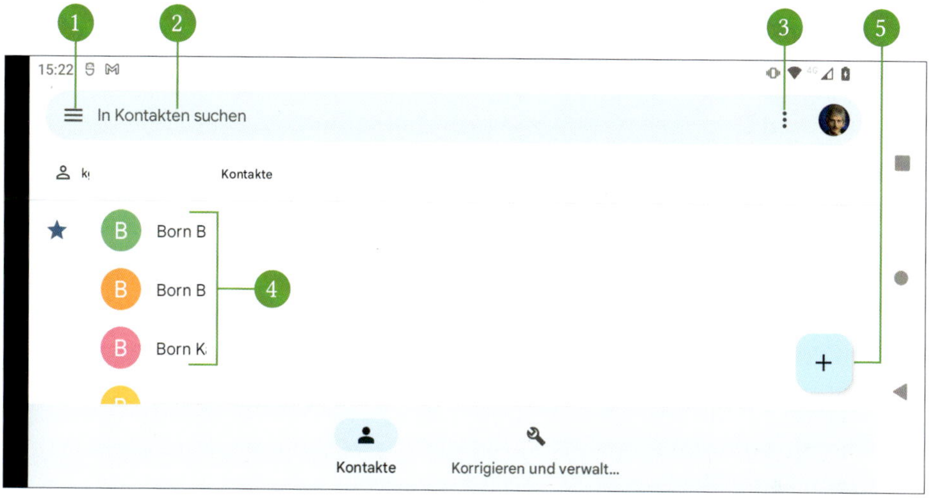

Gegenüber der Beschreibung der Kontaktverwaltung über die Telefon-App ändert sich praktisch nichts. Damit kennen Sie auch die wichtigsten Funktionen der Kontakte-App. Beachten Sie aber, dass sich die Bedienung in Abhängigkeit von der vorhandenen Android-Version ändern kann.

Kontakte synchronisieren

Sobald Sie ein Konto (Google, Skype, Exchange) in der App hinzufügen, werden die Kontakte übernommen und mit dem Konto synchronisiert.

Textnachrichten (SMS, Messenger)

Mit einem Android-Smartphone lässt sich auch über SMS oder Messenger wie Signal (oder WhatsApp) per Textnachrichten kommunizieren. In diesem Abschnitt lernen Sie diese Funktionen kennen.

SMS-Nachrichten senden/empfangen

Mit einem Smartphone lassen sich SMS-Nachrichten verschicken und empfangen. Die Abrechnung der Kosten für die SMS-Nachrichten erfolgt dann über den Mobilfunkanbieter.

HINWEIS

Ältere Android-Versionen besitzen eine separate SMS-App, auf neueren Geräten fehlt diese App aber. Ich verwende die im nachfolgenden Abschnitt beschriebene App *Signal* auch zum Versenden von Kurznachrichten – wenn der Empfänger kein Signal hat. Die App zeigt mir auch eingehende SMS an.

Da SMS-Nachrichten kostenpflichtig sind, werden sie durch die Messenger-Apps wie *Signal*, die einen kostenlosen Austausch von Textnachrichten ermöglichen, verdrängt.

Ist eine App zum Senden bzw. Empfangen von SMS installiert, sehen Sie bei deren Start die Liste der bereits an die Mobilfunknummer gegangenen SMS-Nachrichten (1).

Auf Geräten mit Android 12 wird standardmäßig die App *Google Messages* für SMS verwendet, die Sie auch hier in den Bildern sehen.

1 Zum Beantworten einer eingetroffenen SMS tippen Sie diese auf der Seite an (1).

2 Um eine neue SMS zu verfassen, tippen Sie auf der Seite auf das Symbol *Chat starten* (2).

3 Tippen Sie bei einer neuen SMS auf das Feld *An* (3) und geben Sie über die Bildschirmtastatur die Empfänger-Telefonnummer ein.

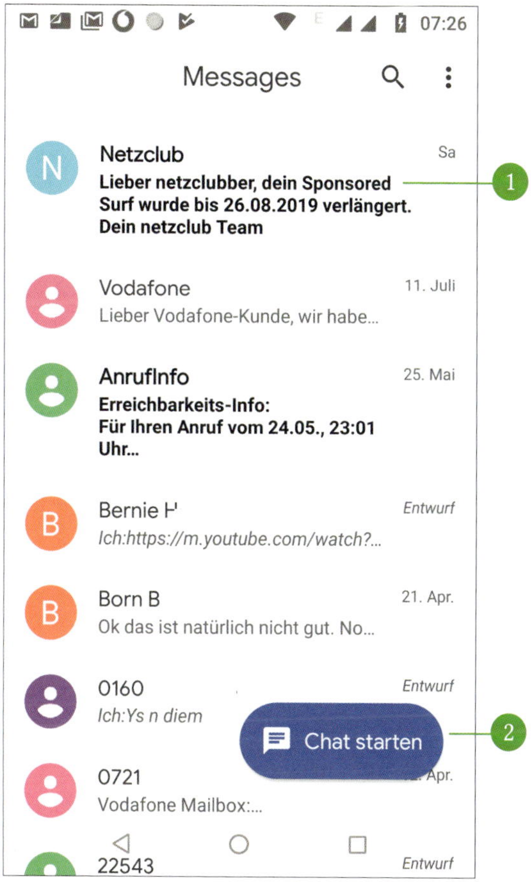

4 Alternativ können Sie in der sichtbaren Kontaktliste **4** blättern und einen der Kontakteinträge antippen, um dessen Telefonnummer zu verwenden.

5 Bestätigen Sie die eingetragene Empfänger-Telefonnummer über die Eingabe-Taste **5** der Tastatur.

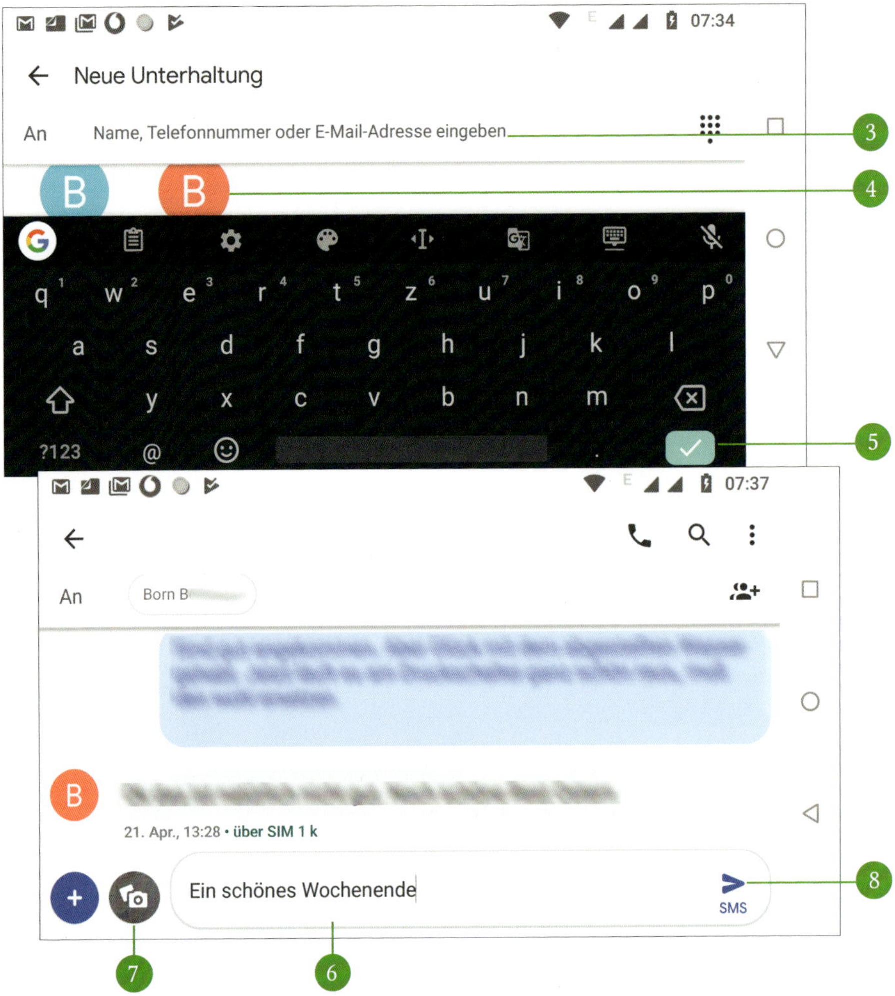

Gegebenenfalls müssen Sie bei einem Dual-SIM-Smartphone noch die SIM-Nummer zum Versenden der SMS aus einer angebotenen Liste auswählen.

6 Tippen Sie auf das Nachrichtenfeld und geben Sie den gewünschten Text (maximal 160 Zeichen) der SMS ein (6).

Bei Bedarf tippen Sie auf das Symbol (7), um auf der Folgeseite ein Foto oder ein Video anzufertigen und der als MMS verschickten

Nachricht anzufügen. Beachten Sie aber, dass MMS-Nachrichten teurer sind und aktuell oft gar nicht mehr angeboten werden.

7 Tippen Sie auf das *Senden*-Symbol (8), um die Nachricht zu verschicken.

Mehr braucht man zum Versenden einer SMS eigentlich nicht zu wissen.

Nachrichten verwalten

Empfängt ein Android-Gerät eine Nachricht, wird dies akustisch und/oder durch Vibrieren signalisiert. Auf dem Sperrbildschirm wird oft der Text der SMS angezeigt.

Bei entsperrtem Gerät signalisiert ein Symbol im Statusbereich die eingegangene Nachricht. Wischen Sie im Statusbereich von oben nach unten, wird der Bereich erweitert und Sie sehen den Text der SMS-Nachricht.

Messenger: Telegram, Signal, WhatsApp

Statt kostenpflichtige SMS-Nachrichten zu verschicken, nutzen die meisten Menschen sogenannte Messenger wie WhatsApp, Telegram oder Signal. Darüber lassen sich (Text-)Nachrichten kostenlos per Internet mit anderen Kontakten austauschen.

Einige dieser Messenger ermöglichen auch Videotelefonie oder Videonachrichten.

- **Telegram** ist ein Dienst, mit dem sich Nachrichten mit Kontakten austauschen lassen. Gebraucht wird die kostenlose Telegram-App aus dem Google Play Store. Dann kann man sich mit dem Kontakt, der auch die Telegram-App benötigt, über dessen Mobilfunknummer verbinden und Nachrichten, Bilder oder Videos austauschen. Man kann Kontakte über deren Telefonnummer (per SMS und z. B. über die Signal-App) zum Telegram-Dienst einladen.

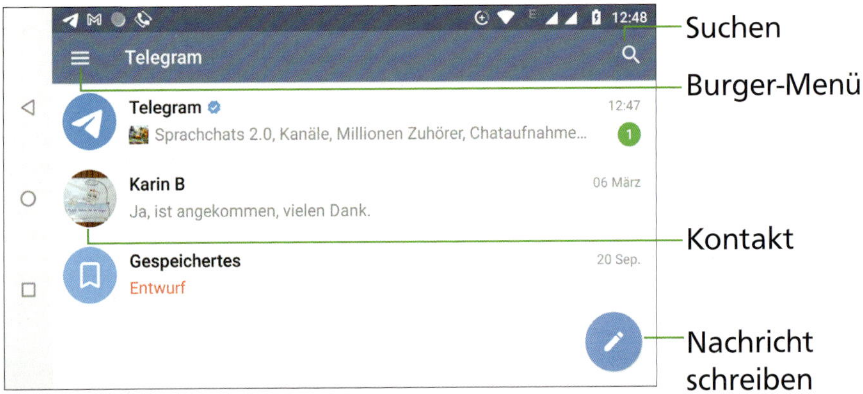

- **Signal** ist ebenfalls ein Dienst und eine App, mit der sich Nachrichten (Text, Bilder) an Kontakte versenden lassen. Auch hier wird die App aus dem Google Play Store sowie die Telefonnummer des Kontaktes benötigt. Dann erfolgt der Nachrichtenaustausch mit dem Signal-Kontakt wie bei einer SMS.

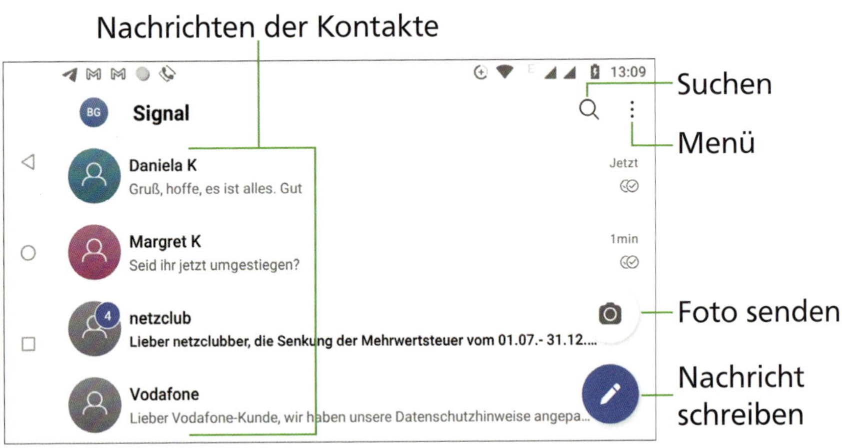

- **WhatsApp** ist ein Dienst der US-Firma Facebook, mit dem sich Textnachrichten und mehr kostenlos per Internet verschicken lassen.

Zum Arbeiten mit einem der hier genannten Messenger werden ein Smartphone und die kostenlose App, die man aus dem Google Play

Store auf dem Android-Gerät installieren kann, sowie eine Internetverbindung benötigt.

Die Bedienung ist einfach: Es reicht, einen Kontakt in der App anzuwählen und dann die Textnachricht im Eingabefeld (wie bei einer SMS) einzutippen und abzusenden. Kommt eine Nachricht, tippt man den Kontakt an und bekommt die Konversation angezeigt.

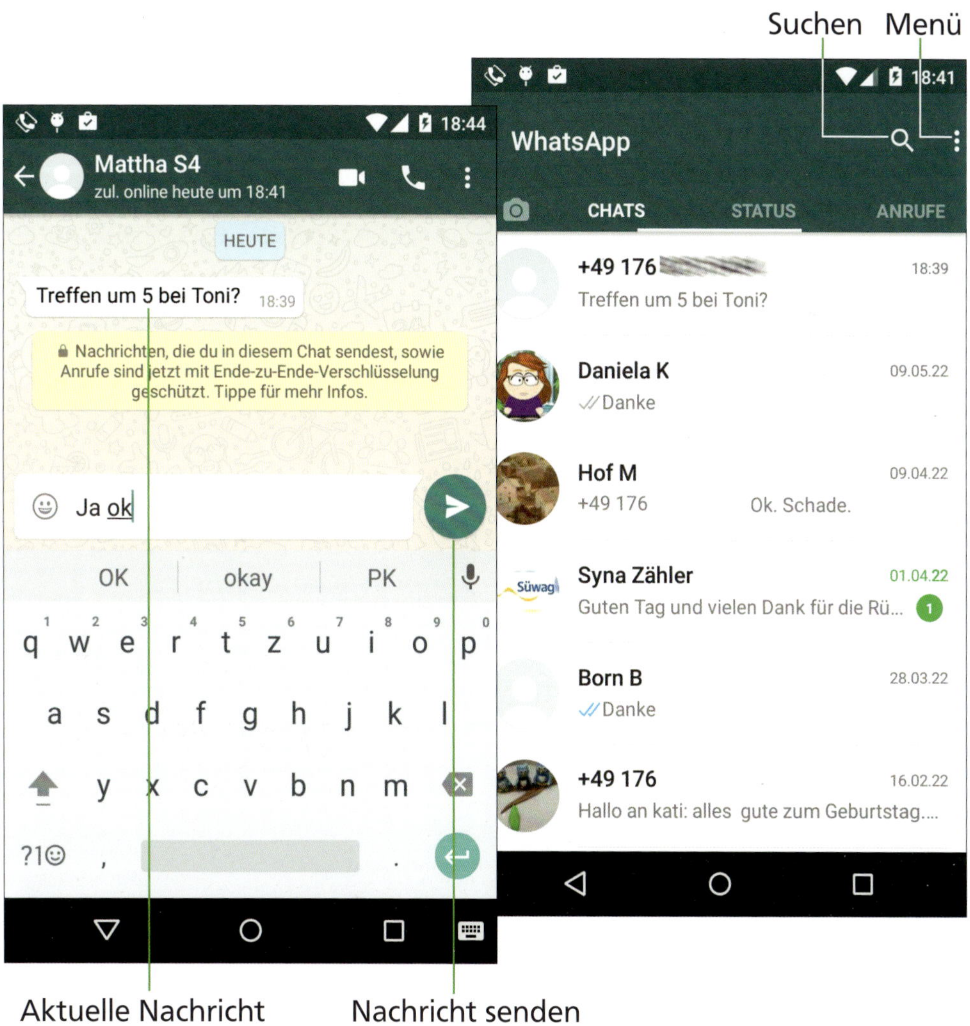

Wichtig zu wissen

Der Anbieter WhatsApp wurde von Facebook gekauft, der Dienst sowie die App sind gratis. Die App erfordert aber sehr weitgehende Benutzerrechte samt Zugriff auf die Kontakte etc.

Datenschützer kritisieren WhatsApp wegen der Datenschutzeinstellungen und der Datenweitergabe. Wegen der rechtlichen Problematik bei beruflichem Einsatz verwende ich WhatsApp als Dienst seit Jahren nicht mehr, sondern nutze Signal auf meinem Smartphone.

Terminverwaltung per Kalender-App

Google liefert in Android die Kalender-App mit, über die Sie einen Terminkalender führen können. In diesem Abschnitt stelle ich Ihnen die betreffenden Funktionen vor.

Einstieg in die Kalender-App

Die Kalender-App wird über dieses Symbol, das auf dem Startbildschirm angeordnet werden kann oder unter *Alle Apps* zu finden ist, aufgerufen.

Dann erscheint die Kalender-App mit der Terminübersicht. Wie das genau ausschaut, hängt von der Android-Version und vom Gerät ab.

HINWEIS

Nachfolgend wird die Darstellung unter Android 12 auf einem Smartphone beschrieben, wenn die App im Hochformat angezeigt wird. Im Querformat wechselt die Darstellung und zeigt die Wochenübersicht der Termine an.

Bei einem Tablet werden bei gewählter Terminübersicht ein Kalenderblatt für den Monat in der linken Hälfte der App-Anzeige sowie rechts eine Terminspalte mit den Terminen gezeigt.

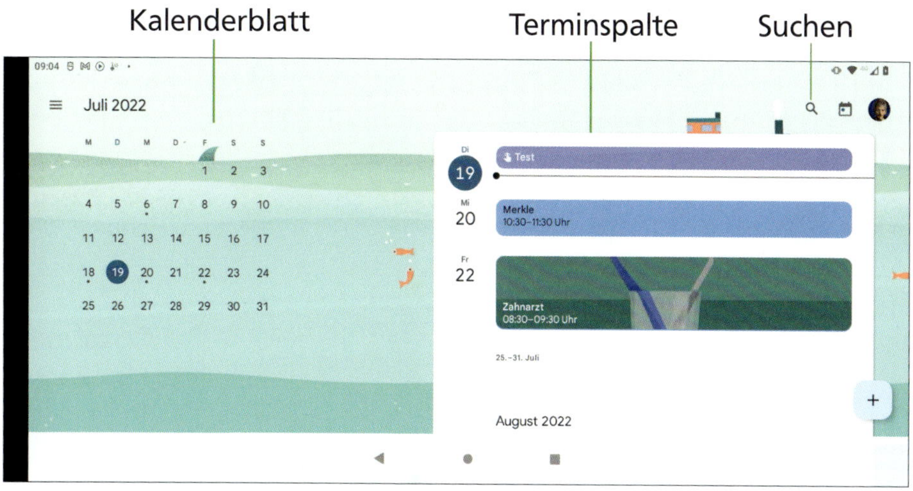

Ich habe nachfolgend zwei Kalenderdarstellungen auf einem Smartphone im Hochformat gegenübergestellt. Links sehen Sie die Anzeige, die standardmäßig beim Aufruf der Kalender-App erscheint.

- Links oben wird der Monat (1) angezeigt. Darunter finden sich die laufenden Termine (2).
- Tippt man auf den Monat (1), wird ein Kalenderblatt mit der Monatsansicht (3) oberhalb der eingetragenen Termine eingeblendet.
- Tage mit Terminen sind im Kalenderblatt durch einen Punkt unter dem Datum markiert (4), ein heller Kreis (5) markiert das angewählte Datum. Das aktuelle Datum wird farblich hervorgehoben (6).
- Wischen Sie die Terminübersicht (2) mit dem Finger nach oben oder unten, um in der Terminspalte zu blättern. Bei angezeigtem Kalenderblatt (3) wischen Sie mit dem Finger nach links oder

rechts, um im Kalender zwischen den Monaten vor- oder zurückzublättern.

- Das Plus-Symbol in der rechten unteren Ecke (7) ermöglicht es Ihnen, neue Termine, eine Erinnerung oder ein Ziel anzulegen.
- In der Kopfzeile finden Sie ein Lupensymbol (8), um nach Terminen zu suchen. Tippen Sie auf das Symbol (9), wird zum aktuellen Tagesdatum gesprungen.

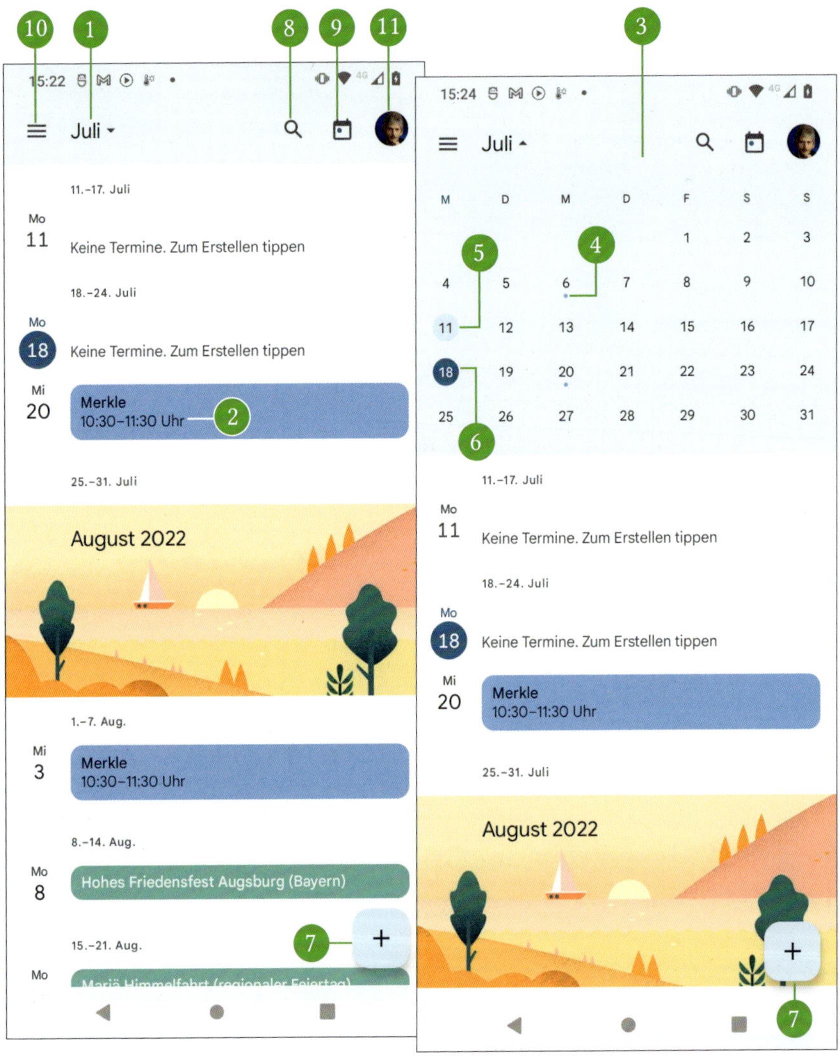

Über das Burger-Menü (10) in der linken oberen Ecke haben Sie Zugriff auf die Einstellungen, das Umschalten der Ansicht zwischen *Terminübersicht, Tag, 3 Tage, Woche, Monat* und die Optionen, um Geburtstage, Feiertage oder die zulässigen Einträge (Termine, Aufgaben (Tasks) und Erinnerungen) festzulegen.

HINWEIS

Die Google-Kalender-App bezieht sich auf das Google-Konto (11), das für Android eingerichtet wurde. Zudem können Termine aus Gmail-Nachrichten optional übernommen werden. Beachten Sie auch, dass Google die Apps immer mal wieder aktualisiert, sodass die Bedienung zukünftig in Details von den nachfolgenden Beschreibungen abweichen kann. Es gibt für Android weitere Kalender-Apps, die ich aber aus Platzgründen hier nicht behandeln kann.

Kalenderdarstellung umschalten

Die Kalender-App ermöglicht eine variable Darstellung des Kalenderblatts. Wenn Sie in der linken oberen Ecke auf das Burger-Menü tippen, lassen sich Befehle zum Anpassen der Anzeige (Terminübersicht, Tages-, Wochen- oder Monatsansicht) wählen.

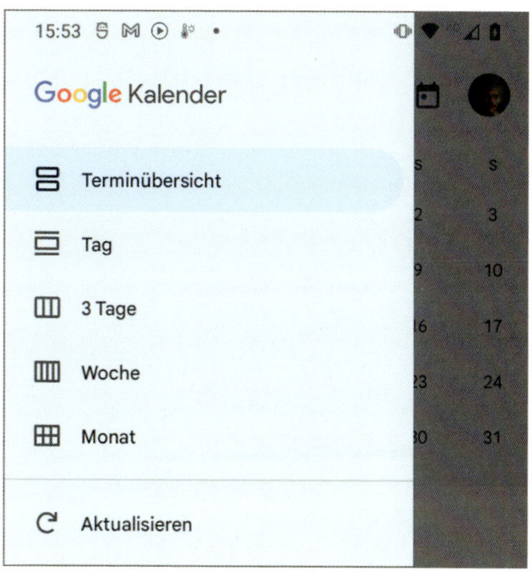

HINWEIS

Bei einem **Smartphone** werden gegebenenfalls einige Anzeigeoptionen geändert, sodass auch eine Drei-Tage-Ansicht wählbar ist.

Bei einer Tages- oder Wochendarstellung des Terminkalenders werden die Termine (hier blau gekennzeichnet) für jeden Tag direkt im Kalenderblatt angezeigt.

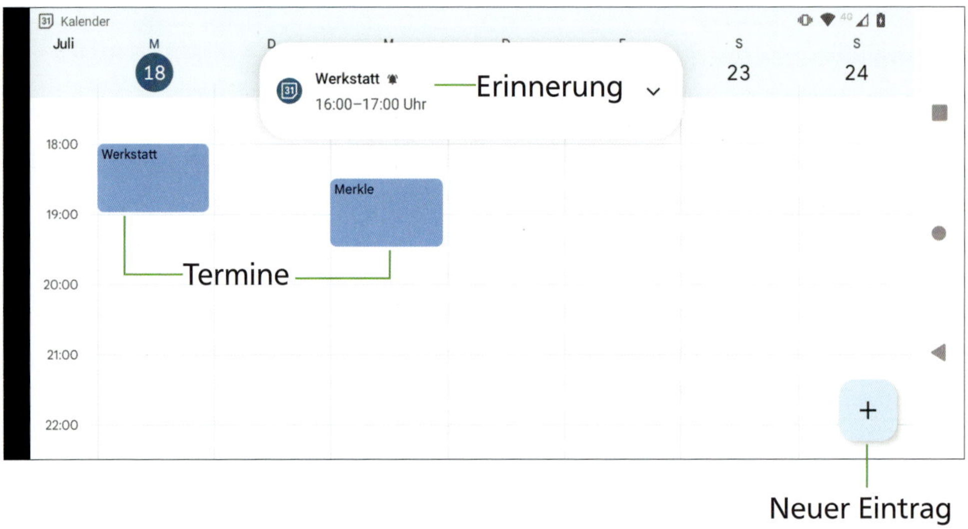

Hinzukommen Einträge für Feiertage und Geburtstage (gegebenenfalls grün etc. eingefärbt). Steht ein Termin an, blendet die App auf Wunsch eine **Erinnerung** in der Anzeige (und auf dem Sperrbildschirm) ein.

HINWEIS

Ob Feiertage oder Geburtstage im Kalenderblatt angezeigt werden, lässt sich über Befehle im Burger-Menü festlegen (siehe vorherigen Abschnitt).

Suchen im Kalender

Zum **Suchen im Kalender** bringen Sie das Smartphone in das Hochformat und tippen auf das Lupensymbol (siehe vorhergehende Seiten). Bei einem Tablet öffnen Sie das Burger-Menü und wählen den Befehl *Suche* an. Dann tippen Sie auf das eingeblendete Suchfeld und geben den Suchbegriff für den Termin über die Bildschirmtastatur ein. Anschließend tippen Sie auf die *Suchen*-Taste (mit dem Lupensymbol).

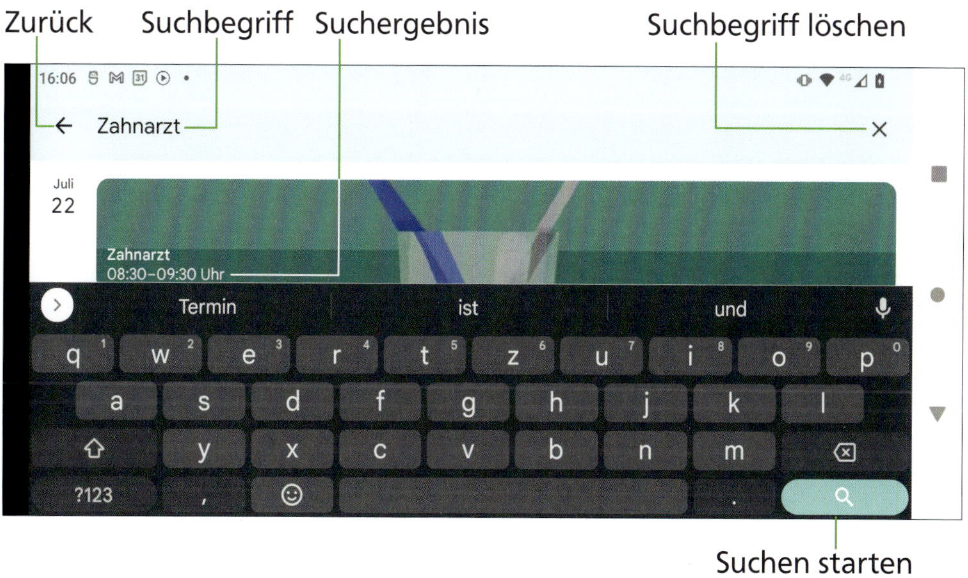

Am rechten Rand des Suchfelds finden Sie ein Symbol zum Löschen der gesamten Eingabe. Führen Sie die Suche aus, werden Treffer unterhalb der Suchleiste angezeigt. Dann genügt Antippen, um die Termindetails einzusehen. Die *Zurück*-Schaltfläche, links neben dem Suchfeld, beendet die Suche und blendet die Suchleiste aus.

Termine, Erinnerungen, Ziele eintragen

In der Kalender-App lassen sich Termine, Erinnerungen (z. B. Arzttermin vereinbaren) oder Ziele (z. B. mehr Sport treiben) eintragen. Die Pflege bestehender Termine oder das Hinzufügen neuer Termine, Erinnerungen und Ziele ist mit wenigen Handgriffen in der Kalender-App erledigt:

1 Um einen **neuen Termin** (oder eine Erinnerung oder ein Ziel) einzutragen, tippen Sie auf ein Datumsfeld (1) des Kalenderblatts.

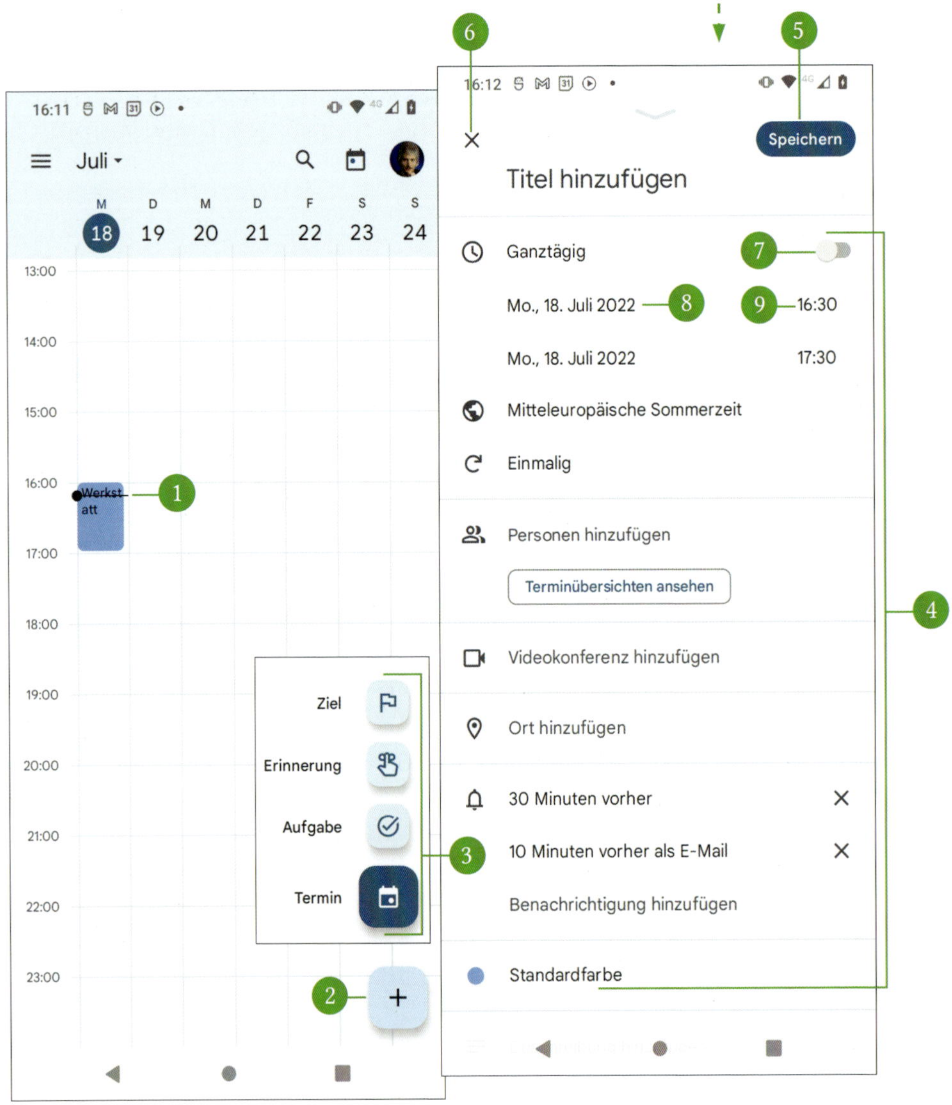

Dieser Schritt ist optional und legt bereits das Datum für den neuen Eintrag fest.

2 Tippen Sie in der unteren rechten Ecke der App auf das Symbol *Neuer Termin* (2) und wählen Sie anschließend eine der angebotenen Kategorien (3).

3 Tragen Sie im eingeblendeten Fenster die gewünschten Details (4) für den neuen Termin ein und bestätigen Sie dies über *Speichern* (5).

4 Mit dem *Abbrechen*-Symbol (6) des Fensters lässt sich die Eingabe eines neuen Eintrags verwerfen.

Hier noch einige Hinweise zu den im Pop-up-Fenster angezeigten Einstellungen.

- *Titel hinzufügen:* Tippen Sie auf das Textfeld und geben Sie den Text für den (Termin-)Eintrag ein. Das gegebenenfalls am unteren Rand angezeigte Pop-up-Fenster wird dann in die App-Anzeige hineingeschoben.
- *Ganztägig:* Tippen Sie auf den Schiebeschalter (7), um einen Termin für den gesamten Tag einzutragen. Dann sind keine Festlegungen für Start und Ende des Termins möglich.

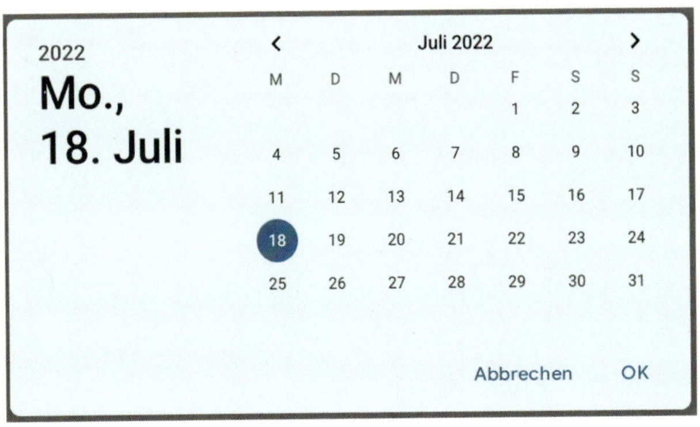

- *Start- und Enddatum:* Tippen Sie gegebenenfalls auf das obere Datumsfeld (8), um das Startdatum anzupassen. Über das untere Datumsfeld wird das Enddatum des Termins geändert. Zum Setzen eines Datumswertes tippen Sie im eingeblendeten Kalender-Pop-up-Fenster auf das gewünschte Datum und dann auf *OK*. Durch Wischen oder über die in der Kopfzeile der Monatsanzeige eingeblendeten Schaltflächen lässt sich zum vorherigen/nächsten Monat wechseln.

- *Start- und Endzeit:* Zum Anpassen der Zeiten für den Termin tippen Sie auf eines der Zeitfelder (9). Sobald das Pop-up-Fenster mit der Uhrzeit erscheint, tippen Sie in der linken Spalte auf die digitale Stunden- oder Minutenanzeige. Anschließend ziehen Sie den Marker per Finger auf dem Ziffernblatt zur gewünschten Zeit und bestätigen dies über *OK*.

- Weiterhin können Sie auf *Einmalig* tippen, um einen **Termin** über ein Pop-up-Fenster **wiederkehrend** (täglich, wöchentlich etc.) zu vereinbaren.

- *Ort hinzufügen:* Über das Feld lässt sich eine Adresse angeben. Findet die App diese Adresse über Google, wird ein Kartenausschnitt in der Terminansicht angezeigt.

- *Benachrichtigung:* Tippen Sie auf *Benachrichtigung hinzufügen*, um im eingeblendeten Pop-up-Fenster die Benachrichtigung des Termins abzuschalten oder die Benachrichtigung in wählbaren Zeitabständen vor oder zum Termin anzeigen zu lassen.
- *Personen hinzufügen:* In diesem Feld können Sie die Namen von Personen eintippen, die Sie zu einem Termin hinzubitten möchten. So kann gegebenenfalls eine Teilnehmerplanung für ein Treffen oder eine Feier verwaltet werden.

Über die *Standardfarbe* legen Sie fest, mit welcher Farbe Sie Termineinträge im Kalenderblatt einfärben können. Und über das unterste Feld *Beschreibung hinzufügen* können Sie über die Bildschirmtastatur einen kurzen Erinnerungstext zum Termin verfassen. Zudem lässt sich ein Anhang zum Termin hinzufügen.

HINWEIS

Auf die gleiche Weise lassen sich Erinnerungen oder Ziele eintragen. Eine **Erinnerung** ermöglicht es Ihnen, sich an etwas (jemandem zum Geburtstag gratulieren, Arzttermin vereinbaren, Telefonat führen etc.) erinnern zu lassen. Es wird nur ein Erinnerungstext und gegebenenfalls eine Zusatzinfo wie der anzurufende Kontakt im Pop-up-Fenster festgelegt. Sie können auch eine **Aufgabe** (z. B. Post bearbeiten) einplanen. Bei der Option **Ziel** kann die Kalender-App aus Ihren Gewohnheiten lernen. So kann man z. B. vorgeben, dass der Kalender einen erinnert, zweimal in der Woche vormittags Sport zu treiben.

Termine ändern und löschen

Das Ändern bestehender Termine ist in der Kalender-App ebenfalls mit wenig Aufwand möglich.

- Tippen Sie in der Wochen- oder Monatsübersicht kurz auf einen Tag mit einem eingetragenen **Termin**. Dann zeigt die Kalender-App die Details von Terminen, Erinnerungen und Zielen.
- In der Seite mit den Termindetails tippen Sie auf *Bearbeiten* (1), um Änderungen an den Termindetails im Fenster vorzunehmen.

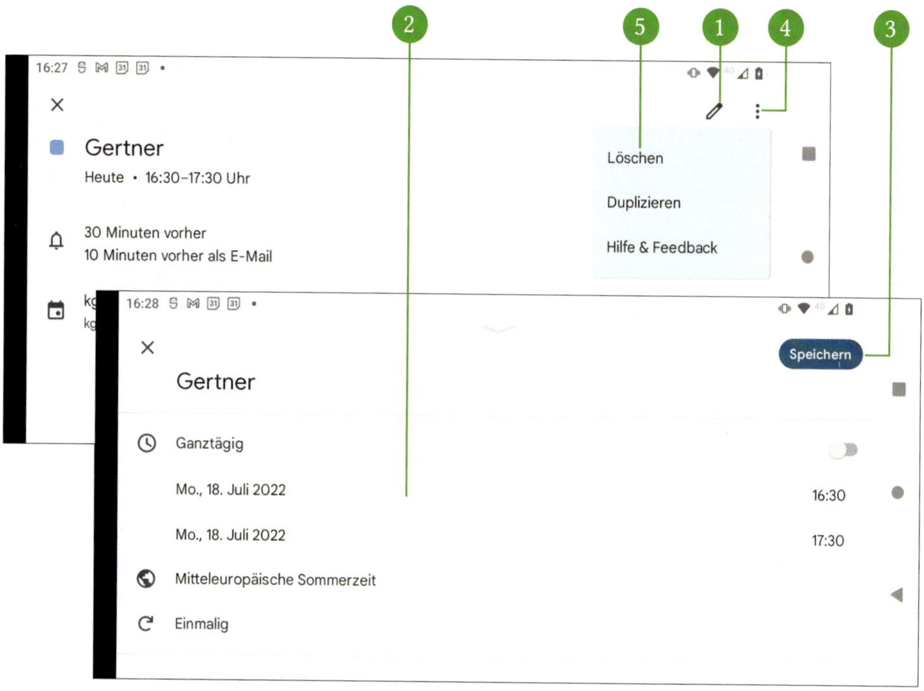

Im Fenster *Bearbeiten* (2) werden die Termindetails angezeigt. Dort lassen sich die Felder antippen und dann die Werte korrigieren.

- Um beispielsweise einen **Termin** zu **verschieben**, tippen Sie einfach auf die Datums- oder Zeitfelder und passen die Werte für den Start und das Ende des Termins in den angezeigten Pop-up-Fenstern an.
- Tippen Sie abschließend auf *Speichern* (3), um die Änderungen zu sichern und das Pop-up-Fenster mit den Termindetails zu schließen.

Das funktioniert alles, wie im vorherigen Abschnitt zum Eintragen eines Termins beschrieben.

- Um den **Termin**, eine Erinnerung oder ein Ziel zu **löschen**, tippen Sie am rechten oberen Rand des Fensters auf die drei Pünktchen (4).
- Dann wählen Sie im eingeblendeten Menü den Befehl *Löschen* (5). Dieser Vorgang ist in einem zweiten Pop-up-Fenster über *OK* zu bestätigen.

Erinnerungen werden am oberen Rand der Tagesspalte eingeblendet. Tippen Sie auf eine Erinnerung, zeigt das Fenster beim Aufruf den Befehl *Erledigt* in der rechten unteren Ecke.

Ist die Aufgabe erledigt, bestätigen Sie einfach den Befehl und die Erinnerung wird ausgeblendet.

Zugriff auf die Kalender-Einstellungen

Die Kalender-App ermöglicht es Ihnen, verschiedene Eingaben anzupassen. Hierzu tippen Sie in der linken oberen Ecke der Kalender-App auf das Burger-Menü.

- Drehen Sie das Smartphone gegebenenfalls ins Hochformat, öffnen Sie das Burger-Menü und wählen Sie einen der Einträge (1), um die Anzeige der betreffenden Kategorie im Kalenderblatt ein- oder auszublenden.
- Wählen Sie den Eintrag *Einstellungen* (2), um die zugehörige Seite *Einstellungen* anzuzeigen. Tippen Sie in dieser Seite auf die Einträge der linken Spalte, um die zugehörige Detailseite einzusehen.
- Tippen Sie in der Seite auf den Befehl *Allgemein*, um die Seite (3) mit allgemeinen Einstellungen einzusehen. Auf der Detailseite ändern Sie dann bei Bedarf die Einstellungsoptionen über verschiedene Bedienelemente durch Antippen. Die jeweiligen Optionen sind selbsterklärend.

Wischen Sie mit dem Finger nach oben oder unten durch die Einstellungsseite, um alle Einstellungen anzusehen. Über *Zurück* (4) kehren Sie zur vorherigen Seite zurück.

Die drei Pünktchen in der rechten oberen Ecke (5) öffnen ein Menü mit einem Befehl zum Zugriff auf die Hilfeseiten mit der Funktionsbeschreibung der App.

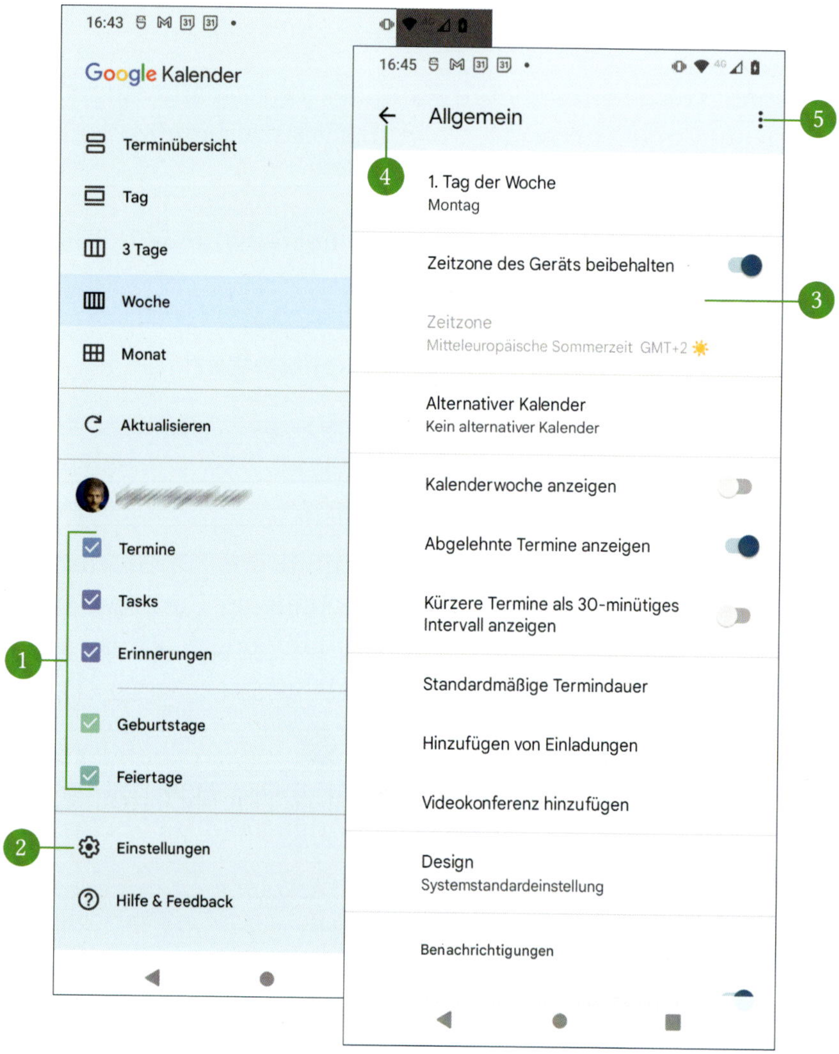

Synchronisation mit anderen Geräten

Möchten Sie die Termine des Kalenders auf weiteren Android-Geräten oder auf einem Windows-System führen?

Da der Kalender dem Google-Konto von Android zugeordnet ist, werden die Termine auf allen anderen Android-Geräten, die über das gleiche Google-Konto verfügen, automatisch synchronisiert.

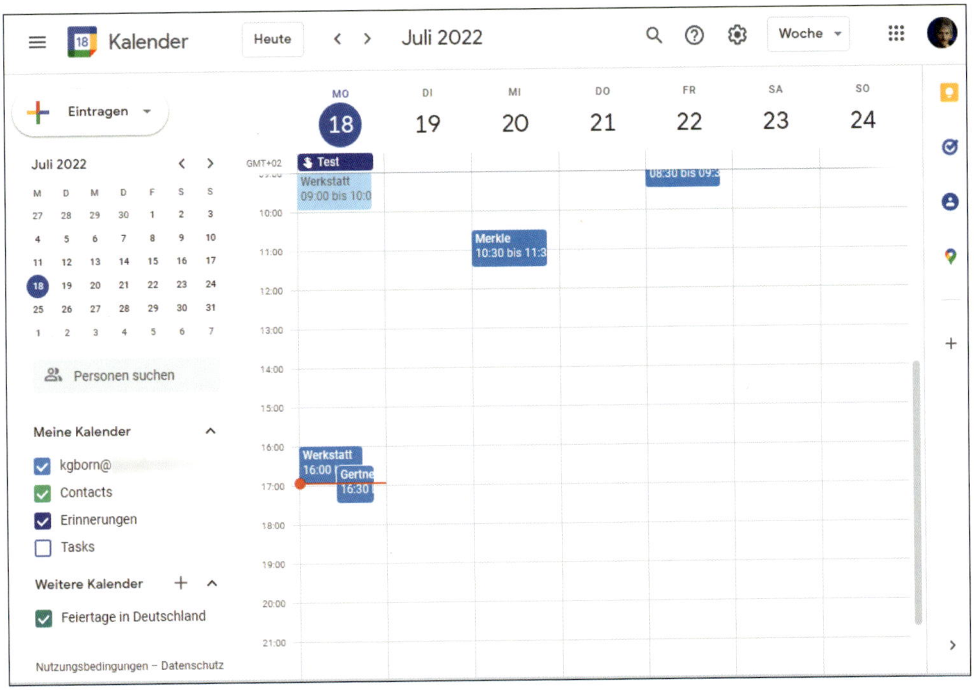

Um unter Windows, dem iPad etc. mal schnell auf Termine zuzugreifen, starten Sie einen Browser (Edge, Firefox, Google Chrome, Safari).

Rufen Sie die Webseite *https://calendar.google.com/calendar/* auf oder suchen Sie in Google nach *Google Kalender*. Nach der Anmeldung am Google-Konto sehen Sie die Termine im Kalender.

In diesem Kapitel haben Sie die Funktionen zum Telefonieren unter Android sowie den Umgang mit Skype kennengelernt. Sie wissen, was Messenger sind, und können Kontakte und Termine verwalten.

Im nächsten Kapitel stelle ich Ihnen ausgesuchte Funktionen wie einen Kartendienst und mehr vor, die sich über Android-Apps nutzen lassen.

Interessante und nützliche Apps

Das Geniale an Android ist der Umstand, dass sich die Funktionen über Apps erweitern lassen. Navigieren mit der Karten-App Google Maps ist kein Problem. Fitness-Apps ermöglichen es, die täglichen Bewegungen aufzuzeichnen. Und mit Spiele-Apps lässt sich schon mal Langeweile vertreiben. In diesem Kapitel stelle ich Ihnen einige nette oder nützliche Apps vor.

7

Das lernen Sie in diesem Kapitel

- Notizen verwalten
- Textbearbeitung und Office
- Google Maps (Karten)
- Apps rund um die Reise
- Gesundheit und Fitness
- Spiele, Einkaufen und mehr

Notizen verwalten

Gelegentlich ist es hilfreich, das Smartphone oder Tablet zur Erfassung und Speicherung kurzer Notizen zu verwenden. Android bietet hierzu eine **Notizen-App** an.

Notizen-App im Überblick

Um eine kurze Textnotiz zu erfassen, können Sie die Google-App *Notizen* verwenden, die auf den meisten Android-Geräten vorinstalliert ist.

Notizen

Sollte das bei Ihrem Gerät nicht der Fall sein, können Sie die App kostenlos aus dem Google Play Store beziehen. Sie können die App *Notizen* über *Alle Apps* und das Symbol der Notizen-App aufrufen.

Die Notizen-App startet mit der nachfolgenden Anzeige. An dieser Stelle noch einige Hinweise zum Umgang mit der Notizen-App:

- Die App zeigt die bereits **erstellten Notizen** (1) an. Ich habe hier einige Notizen, teilweise bewusst mit Schreibfehlern, angelegt. Die Farbe der Notizen ist einstellbar. Zum Öffnen einer Notiz reicht es, auf die betreffende Anzeige zu tippen. Notizen können Fotos, Sprachaufzeichnungen und Text sowie Listen beinhalten.
- In der linken oberen Ecke findet sich das Burger-Menü (2), über dessen Befehle Sie auf Notizen, Erinnerungen, das Archiv, Labels und den Papierkorb zugreifen können.
- Tippen Sie auf das Symbol mit dem bunten Pluszeichen (3), um eine neue Notiz zu erstellen (siehe folgende Seiten).
- Bei sehr vielen **Notizen** tippen Sie auf das *Suchen*-Feld (4) und geben einen **Suchbegriff** über die Bildschirmtastatur ein. Daraufhin filtert die App alle Notizen, in denen der Suchbegriff vorkommt, und zeigt die Treffer an.

- Das Symbol in der rechten oberen Ecke (5) schaltet die Anzeige der Notizen zwischen einer Spalte untereinander oder (wie hier gezeigt) über mehrere Spalten um.

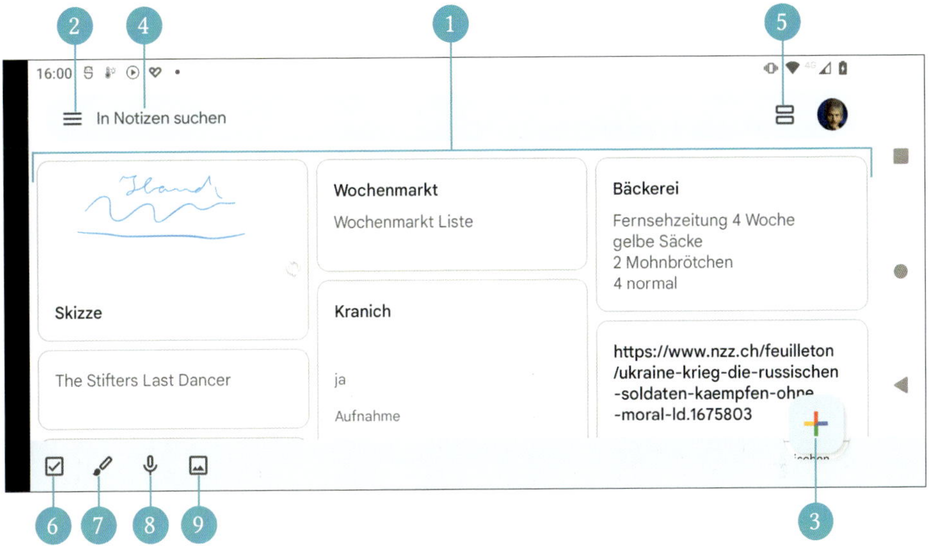

Die App enthält zudem Symbole, um eine Notiz mit einer Liste (6), Zeichnung (7), Sprachaufzeichnung (8) oder einem Foto (9) zu versehen.

Eine Textnotiz einfügen und bearbeiten

Um eine neue **Notiz** zu **beginnen**, tippen Sie auf das Symbol mit dem bunten Pluszeichen. Dann geben Sie die Notiz per Tastatur ein und legen sie an. Bezüglich der Bedienung ergeben sich immer mal wieder kleine Abweichungen, je nach Versionsnummer der App. Hier eine Übersicht der Elemente der App, wie sie sich beim Schreiben des Buches auf einem Tablet-PC ergeben haben.

- Tippen Sie auf das Titelfeld (1) und geben Sie einen Text ein. Dieser wird im Kopf der Notiz angezeigt.
- Tippen Sie auf das hier durch die Tastatur verdeckte Textfeld (2) und geben Sie den Text per Bildschirmtastatur ein.

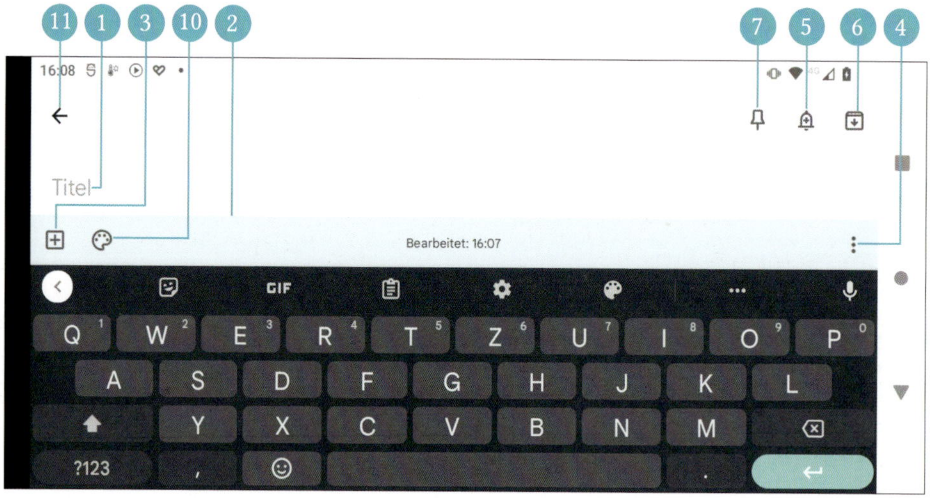

- Tippen Sie auf das Plus-Symbol 3, öffnet sich ein Menü 8 mit den Befehlen *Foto aufnehmen*, *Bild hinzufügen*, *Zeichnung*, *Aufnahme läuft* und *Kästchen*, über die Sie Multimediainhalte oder eine Liste zur Notiz hinzufügen.

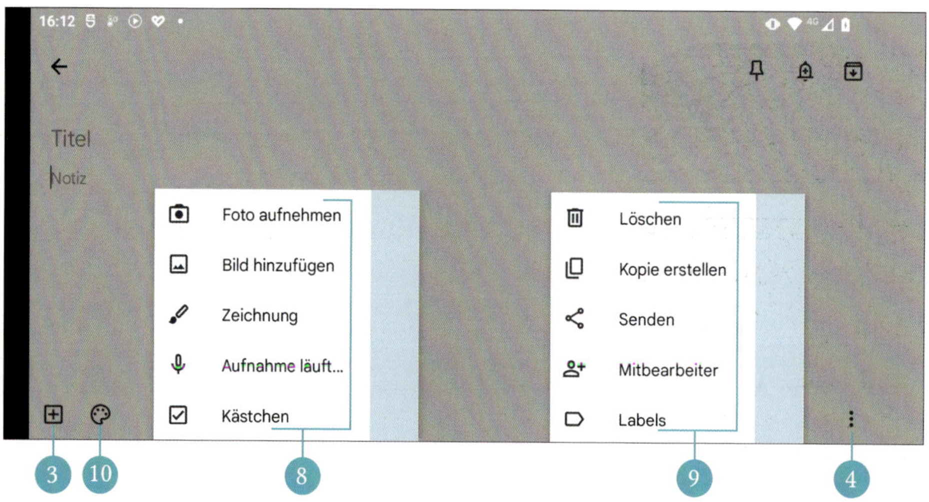

- Das Symbol mit den drei Pünktchen 4 öffnet ein Menü 9 mit den Befehlen *Löschen*, *Kopie erstellen*, *Senden*, *Mitbearbeiter* und *Labels.* Wählen Sie einen der Befehle, um die Notiz zu entfernen, als Kopie anzulegen, an eine andere App zu senden, in Google-Dokumente zu kopieren oder mit einer anderen Person zu teilen.

- Tippen Sie auf das Symbol der Farbpalette (10), lässt sich durch Antippen eines Palettenfeldes der Notizenhintergrund in der entsprechenden Farbe oder mit dem gewählten Hintergrundmuster versehen.

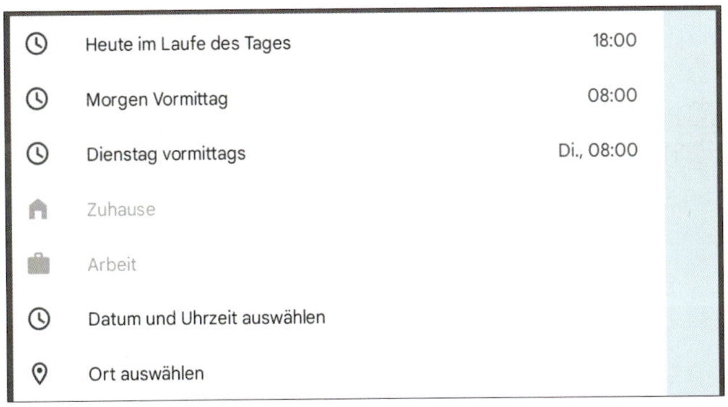

- Das Symbol (5) öffnet ein Pop-up-Fenster mit Befehlen, über die Sie eine Erinnerung mit Uhrzeit oder Ort (Befehl *Datum und Uhrzeit auswählen*) festlegen und über *Speichern* aktivieren können.
- Das Symbol (6) schließt das Fenster zur Eingabe der Notiz und entfernt sie gleichzeitig.
- Das Pinnnadel-Symbol (7) ermöglicht es, eine Notiz im Bereich *Angeheftet* der Notizen-App anzupinnen.
- Über das Symbol (11) verlassen Sie die Seite zur Eingabe einer Notiz und speichern deren Inhalt.

Nachfolgend finden Sie noch einige Hinweise, was es bei der Erfassung von Notizen zu beachten gibt.

Eine Textnotiz eintragen

Um eine Notiz regulär mit Titel anzulegen, tippen Sie in der Symbolleiste auf das Symbol *Neue Notiz* und geben die Notiz ein.

- Tippen Sie auf die Platzhalter *Titel* (1) sowie *Notiz* (2) und tragen Sie den Notizentext über die eingeblendete Bildschirmtastatur ein.

In Kapitel 2 ist im Abschnitt »Eingaben per Bildschirmtastatur« auf Seite 43 erklärt, was es zur Texteingabe zu wissen gibt.

- Am Beginn eines Satzes oder nach einem Punkt fügt die Bildschirmtastatur automatisch Großbuchstaben im Text ein. Mit der ⇧-Taste 3 erzwingen Sie Großbuchstaben (oder gehen auf Kleinbuchstaben zurück).

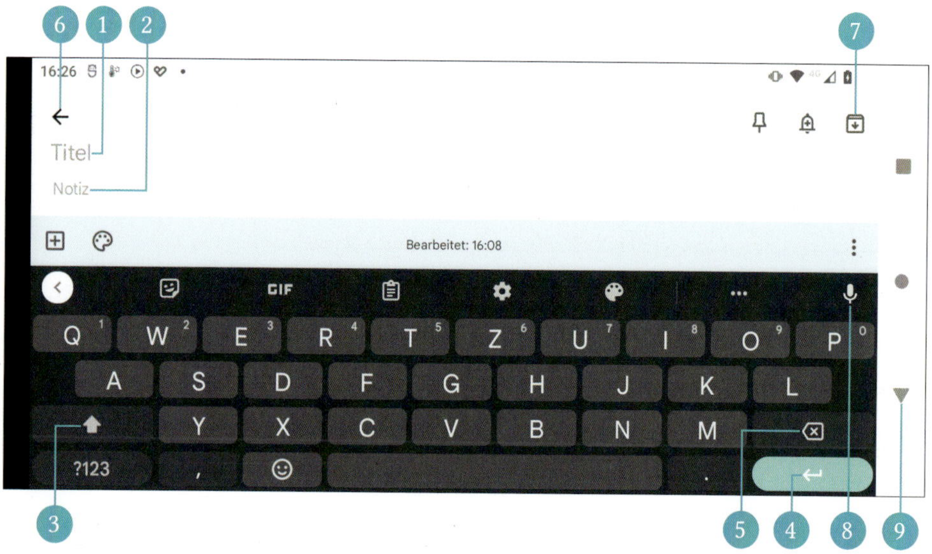

- Mit einem Doppeltippen auf die ⇧-Taste wird der **Feststelltasten-Modus** ein-/ausgeschaltet. Bei eingeschaltetem Feststelltasten-Modus lassen sich nur noch Großbuchstaben eingeben. Der Modus ist an einem kleinen Strich auf der ⇧-Taste zu erkennen.
- Die Taste 4 leitet in diesem Notizen-Eingabemodus neue Zeilen ein. Die ⇐-Taste 5 löscht das Zeichen links von der Eingabemarke.
- Über die Schaltfläche *Zurück* 6 verlassen Sie das Fenster. Die Notiz wird automatisch gespeichert. Das Symbol 7 verwirft die Notiz.

Weitere Hinweise zum Umgang mit der Bildschirmtastatur finden Sie in Kapitel 2 auf Seite 43 im Abschnitt »Eingaben per Bildschirmtastatur«.

TIPP

Ist Ihnen das Eintippen des Textes (z. B. am Handy) zu mühsam, tippen Sie auf das Mikrofon (8) und sprechen den Text per **Spracheingabe** ein. Android wandelt die gesprochenen Wörter in Text um und fügt diesen in die Notiz ein.

Tippen Sie mit dem Finger auf den Notizbereich, um die **Spracheingabe** zu **beenden** und die **Bildschirmtastatur erneut anzuzeigen**. Die **Bildschirmtastatur** lässt sich übrigens jederzeit über die *Zurück*-Taste (9) des Navigationsbereichs **ausblenden**.

Um eine **Notiz** zu **bearbeiten**, tippen Sie sie einfach in der App an und passen den Text im angezeigten Pop-up-Fenster an.

HINWEIS

Um eine Notiz mit Farbe, Listen, Fotos oder Sprachaufzeichnungen zu versehen, tippen Sie auf die betreffenden Symbole (siehe vorhergehende Seiten) und wählen die entsprechenden Funktionen. Über Stiftwerkzeuge lassen sich Farben und Stiftdicken wählen, um anschließend mit der Fingerkuppe zu zeichnen.

Weiterhin können Sie wahlweise Fotos über einen Befehl mit der Smartphone-Kamera aufnehmen. Ich verwende aber eher die Kamera, um mal schnell ein Foto aufzunehmen (z. B. Straßenschild, wenn ich mein Auto in einer unbekannten Stadt parke), statt das Bild umständlich in die Notizen-App einzufügen.

Experimentieren Sie bei Bedarf mit der App, um die intuitiv abrufbaren Funktionen kennenzulernen. In den Menüs gibt es z. B. auch eine Funktion, um eine Notiz mit anderen Apps, etwa der Mail-App, zu teilen.

Textbearbeitung und Office

In diesem Abschnitt geht es um das Bearbeiten von Texten. Ich stelle Ihnen noch einige Funktionen und Techniken zur Korrektur von Texten sowie Office-Apps zur Textbearbeitung vor.

Texteingaben: Rechtschreibkorrektur

Android verfügt über eine integrierte Rechtschreibprüfung, die Sie z. B. bei der Texteingabe in der Notizen-App unterstützt.

1 Tippen Sie einen Begriff mit einem Schreibfehler (1) ein, erscheint ein Vorschlag für die korrekte Schreibweise (2) am oberen Rand der Bildschirmtastatur.

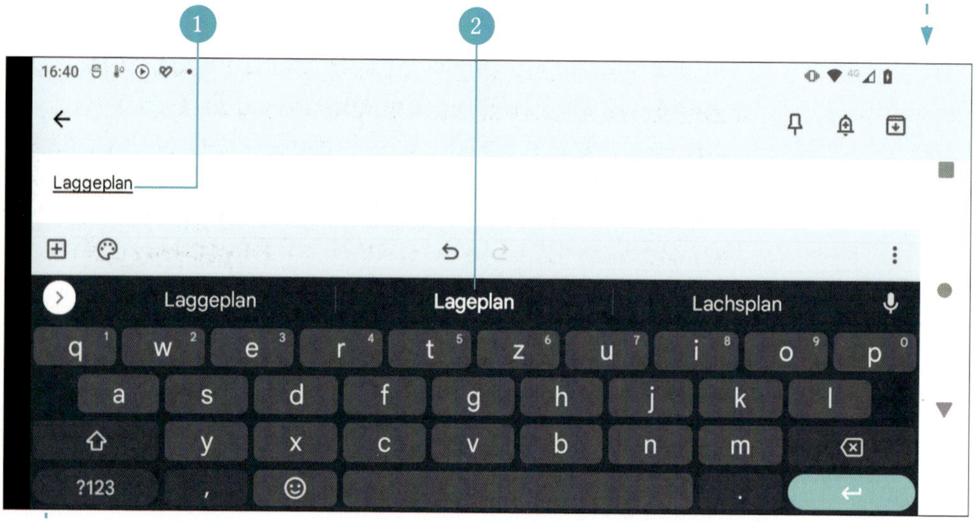

2 Tippen Sie den Vorschlag an, um die korrekte Schreibweise zu übernehmen.

Bereits eingegebene Texte lassen sich ebenfalls korrigieren, indem Sie folgende Techniken verwenden:

- Tippen Sie mit dem Finger auf eine Textstelle, wird dort die Schreib- oder **Einfügemarke** (3) (der blinkende senkrechte

Strich) positioniert. Texteingaben erfolgen links von der Einfügemarke.

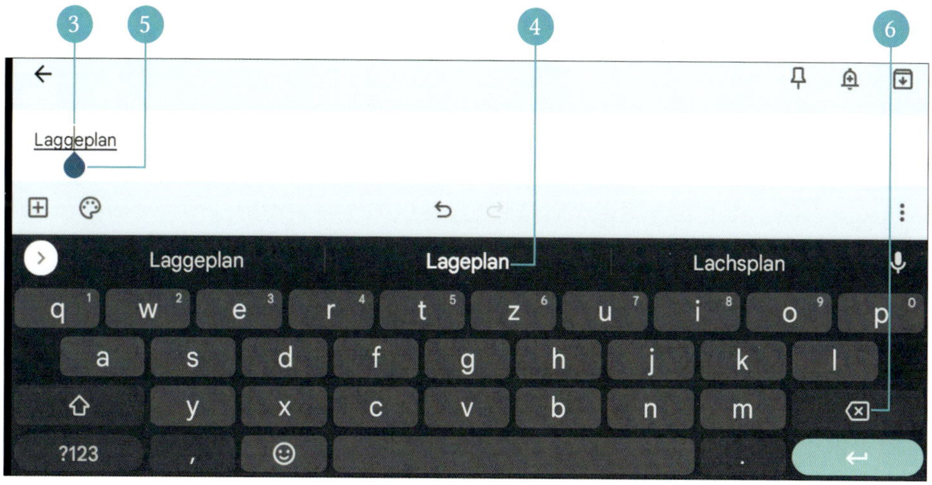

- Tippen Sie auf den am oberen Rand der Bildschirmtastatur 4 eingeblendeten Korrekturvorschlag, um den Schreibfehler zu beseitigen.
- Die Schreibmarke (senkrecht blinkender Strich) verschieben Sie bei Bedarf über den kurzzeitig eingeblendeten Marker 5 per Finger im Text.
- Dann lassen sich Zeichen links von der Schreibmarke über die ⌫-Taste 6 löschen.

Mit diesen Techniken korrigieren und ergänzen Sie bereits eingegebene Texte.

Optionen der Rechtschreibprüfung anpassen

Um die Optionen der Rechtschreibkorrektur einzusehen bzw. anzupassen, starten Sie die App *Einstellungen*. Wählen Sie die Kategorie *Sprache & Eingabe* (in Android 12 unter *System, Sprachen & Eingabe*). Dann können Sie über die Unterkategorien *Rechtschreibprüfung* und *Mein Wörterbuch* die Optionen der Rechtschreibprüfung und das zur Prüfung verwendete Benutzerwörterbuch einsehen.

Weitere Techniken zur Textbearbeitung

Unter Android gibt es weitere Techniken, um Texte zu markieren, auszuschneiden, zu kopieren und komfortabel zu bearbeiten. Da diese Techniken allgemein in allen Apps anwendbar sind, möchte ich am Beispiel einer Notiz in der Notizen-App kurz darauf eingehen:

- Tippen Sie mit dem Finger auf eine Textstelle, positioniert dies die Schreib- oder **Einfügemarke** (1) an dieser Stelle. Über den temporär eingeblendeten Marker (2) verschieben Sie die Einfügemarke mit dem Finger.
- Drücken Sie den Finger ein paar Sekunden auf eine Textstelle, wird diese markiert. Oder wählen Sie das zu korrigierende Wort durch Doppeltippen an.
- Dann wird der Text farbig ausgezeichnet (3), und am Anfang sowie am Ende der Markierung werden Marker (4) angezeigt. Verschieben Sie die Anfangs- oder Endmarke, um den Markierungsbereich anzupassen.

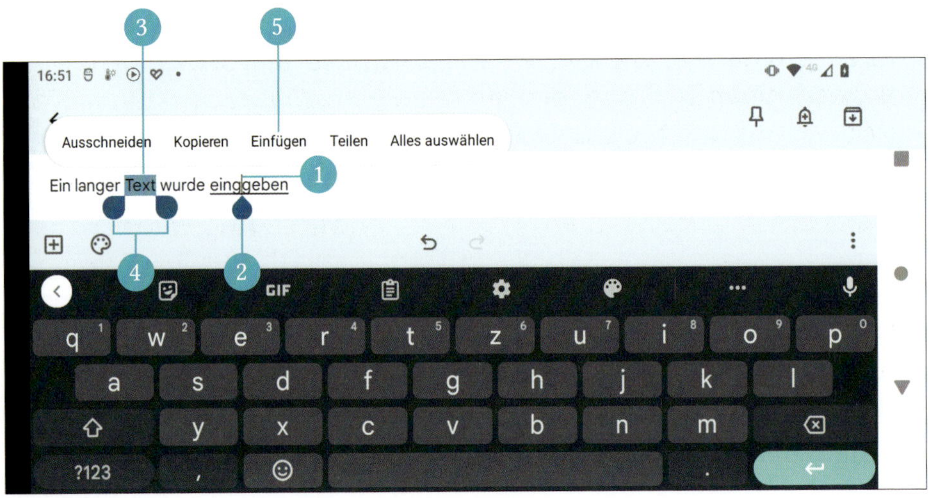

Sobald Sie Texte markieren, erscheint die im Bild sichtbare Leiste (5) mit verschiedenen Befehlen. Über die drei Pünktchen öffnen Sie ein Menü mit weiteren Befehlen.

- Wählen Sie *Ausschneiden*, um den markierten Inhalt aus der Notiz zu entfernen und in die sogenannte **Zwischenablage** einzufügen.
- Mit *Kopieren* wird der markierte Inhalt als Kopie in die Zwischenablage übertragen.
- Über *Teilen* können Sie eine App auswählen, an die der markierte Inhalt übertragen wird.
- Der Befehl *Assistent* im aufklappbaren Menü öffnet eine Seite, über die Sie Hilfe anfordern können.
- Drücken Sie den Finger auf eine andere Stelle im Textbereich, erscheint der Menübefehl *Einfügen* in der Leiste. Wählen Sie den Befehl, wird der vorher ausgeschnittene oder kopierte Inhalt der Zwischenablage an der Einfügemarke in die Notiz eingefügt.

HINWEIS

Die **Zwischenablage** ist ein interner Speicherbereich, in den Apps Daten einstellen und aus dem sie sie wieder abrufen können. Das funktioniert nicht nur innerhalb einer App, sondern auch über mehrere Apps hinweg. Sie können beispielsweise im Google-Chrome-Browser einen Text oder ein Bild markieren, *Kopieren* wählen, zur Notizen-App wechseln und dort das Bild oder den Text über *Einfügen* aus der Zwischenablage übernehmen.

Die in diesem Abschnitt am Beispiel der Notizen-App vorgestellten Techniken lassen sich bei anderen Apps ebenfalls zur Textkorrektur verwenden. Die Techniken zum Arbeiten mit der Zwischenablage klappen nicht nur bei Text, sondern es können auch Fotos zwischen Apps oder Notizen übertragen werden.

Office-Apps zur Textverarbeitung

Zur Bearbeitung umfangreicher Texte lassen sich Office-Lösungen aus dem Google Play Store einsetzen. Koppelt man noch eine Bluetooth-Maus und -Tastatur an das Tablet, kann man die Texte komfortabel bearbeiten. Allerdings sind die Office-Apps inzwischen weitgehend kostenpflichtig.

Die deutsche Firma SoftMaker stellt ein komplettes Office-Paket für Android bereit. Wer im Google Play Store nach *SoftMaker Office Android* sucht, bekommt die App für sein Android-Gerät angeboten.

Die App ist kostenlos erhältlich, stellt dann aber nur Basisfunktionen zur Anzeige von Word-Dokumenten zur Verfügung. Über diverse Schaltflächen am oberen App-Rand greifen Sie auf die Funktionen zum Laden oder Speichern sowie zur Formatierung des Dokuments zu.

Google Docs

Sucht man im Google Play Store für Android nach *Google Docs*, wird die App zur kostenlosen Installation angeboten. Auf den meisten aktuellen Android-Smartphones ist die App allerdings bereits vorinstalliert. Mit *Google Docs* lassen sich Dokumente erstellen, ändern und dann auf den Onlinespeicher Google Drive hochladen. Um mal schnell einen Text oder ein PDF-Dokument zu lesen, ist die App ganz brauchbar. Für mehr setze ich die App aber nicht ein, da die Handhabung von Office-Dokumenten (Tabellen, Texte, Zeichnungen) etwas schwierig bzw. umständlich ist.

Google Maps (Karten)

Android-Smartphones (oder Tablet-PCs mit GPS-Empfänger) lassen sich mit dem Kartendienst Google Maps und der gleichnamigen App auch als Navi verwenden.

Google Maps kurz vorgestellt

Die App *Google Maps* ist unter Android automatisch installiert. Die App können Sie über das hier gezeigte Symbol der Seite *Alle Apps* aufrufen.

HINWEIS

Google Maps fragt beim ersten Start gegebenenfalls nach, ob der Zugriff auf den Standort zugelassen wird. Zudem sind die Nutzungsbedingungen in einem Formular zu akzeptieren. *Google Maps* braucht zur GPS-Navigation ein Android-Gerät mit Mobilfunkunterstützung. Auf einem Tablet ohne GPS funktioniert aber zumindest die Kartenfunktion und Routenplanung.

Die App zeigt nach dem Aufruf eine Karte, die Sie durch Spreizen oder Kneifen mit zwei Fingern in der Größe anpassen und mit dem Finger verschieben können.

- Das Zeichen (1) in der Karte zeigt den per GPS (oder Mobilfunkverbindung) ermittelten aktuellen Standort an.
- Tippen Sie auf das Symbol (2), bestimmt Google Maps den aktuellen Standort und vergrößert die Kartendarstellung.
- Tippen Sie auf das Symbol (3), erscheint die App-Seite zur Routenplanung.
- Im Suchfeld (4) lässt sich ein Ort per Bildschirmtastatur eintippen (oder über das Mikrofonsymbol einsprechen). Dann wird über die *Suchen*-Funktion der Ort gesucht und in der Karte angezeigt.

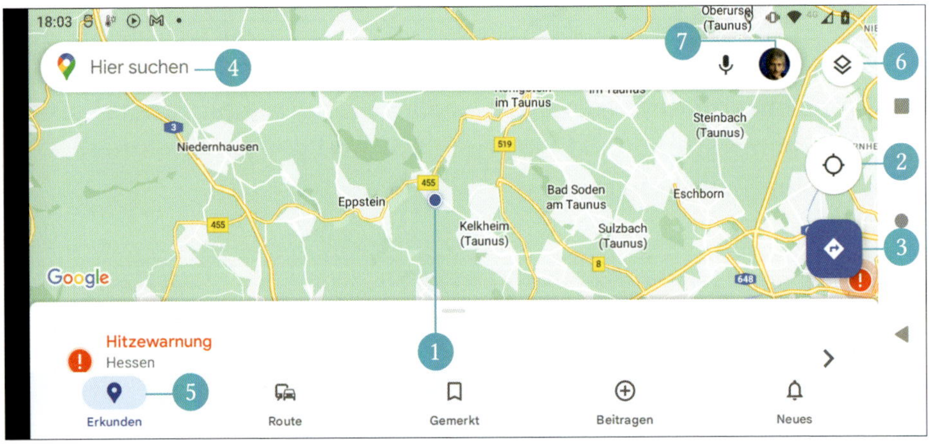

Über die Symbole am unteren App-Rand ⑤ greifen Sie auf diverse Funktionen (*Erkunden*, *Gemerkt*, *Beitragen* etc.) zu. Mit dem Symbol ⑥ blenden Sie eine Palette mit Optionen zum Abrufen von Kartendetails wie Satellitendarstellung, Infos zur Verkehrslage, öffentliche Verkehrsmittel etc. ein.

HINWEIS

Der GPS-Empfänger empfängt bei den meisten Android-Geräten das GPS-SAT-Signal nur im Freien. Navigation in Gebäuden ist meist nicht möglich. Mit dem Symbol ⑦ blenden Sie ein Menü ein, um auf die *Einstellungen* zuzugreifen. Laden Sie über den Menüpunkt *Offlinekarten* Kartenausschnitte herunter. Dies spart Datenübertragungsvolumen, wenn Sie mobil in diesem Abschnitt unterwegs sind.

Routenplanung mit Google Maps

Tippen Sie im App-Fenster auf das Symbol zur Routenplanung, erscheint das Eingabeformular für den Start- und Zielpunkt sowie für Routenoptionen.

- Tragen Sie per Bildschirmtastatur den Start- und Zielort ① in die Felder ein, wird die Route geplant. Der Startpunkt kann der aktuelle, per GPS ermittelte Standort sein.

- Optional können Sie die Fortbewegungsart 2 festlegen. Über die drei Pünktchen 3 öffnen Sie ein Menü, über dessen Befehle Sie weitere Optionen (etwa Routenoptionen) abrufen.

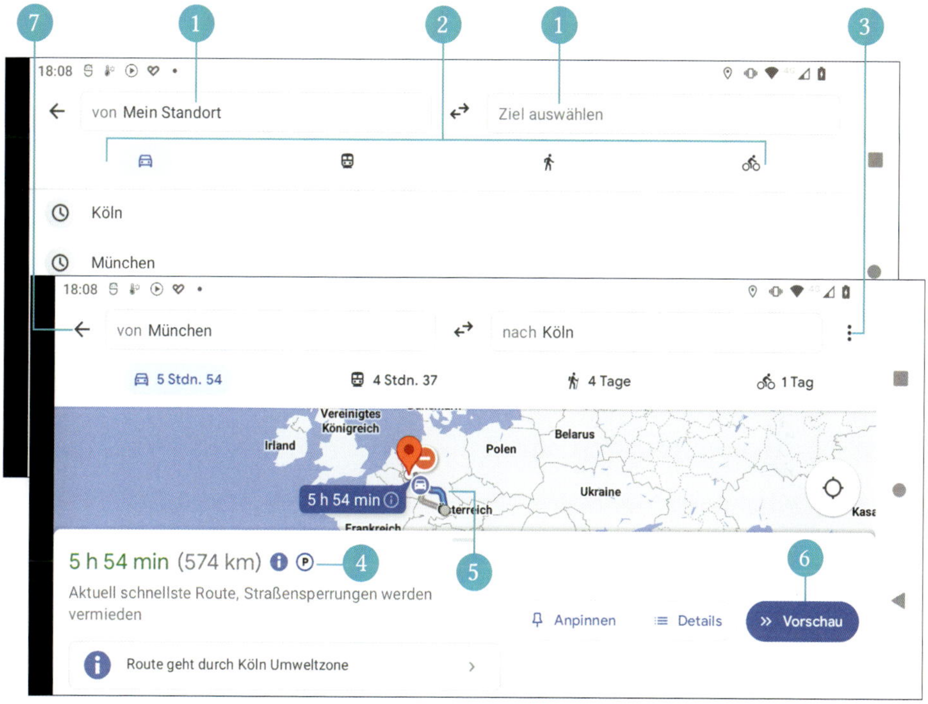

- Die Routenvorschläge 4 werden sofort in der App eingeblendet. Für jeden Routenvorschlag werden Entfernung und Reisezeit angegeben. Gleichzeitig zeichnet Maps bereits die Route in der Karte ein 5.

- Über die *Zurück*-Schaltfläche 7 gelangen Sie zur Kartendarstellung zurück.

Tippen Sie auf die Schaltfläche *Vorschau* 6, starten Sie die Routenvorschau mit der Wegbeschreibung. Dann erscheint eine Straßenführung als Karte mit Fahrthinweisen sowie Audioanweisungen zum Fahren oder Gehen. Bei Bedarf können Sie den Karten- und Navi-Ausschnitt mit dem Finger zoomen oder verschieben.

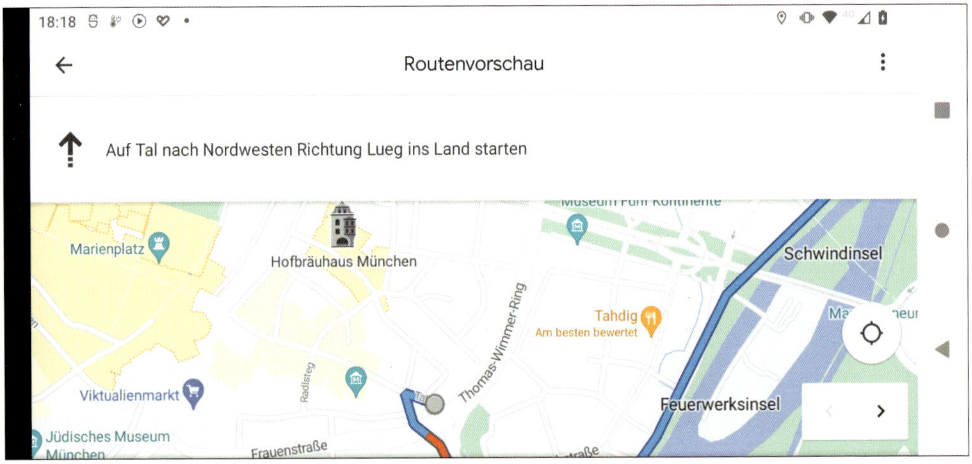

HINWEIS

Die Darstellung der App hängt allerdings etwas vom verwendeten Gerät ab.

Apps rund um die Reise

Neben dem Kartendienst Google Maps können Sie weitere Apps, z. B. Städtekarten oder von öffentlichen Verkehrsunternehmen zur Abfrage von Fahrplänen oder den *DB Navigator* für Zugverbindungen und mehr, einsetzen. Die Apps gibt es meist kostenlos im Google Play Store.

Kostenfalle: Datentransfer im Ausland

Achten Sie im Ausland darauf, dass die in diesem Kapitel vorgestellten Apps (*Google Maps*, Reise-Apps) einen Datentransfer verursachen, der zu hohen Gebühren führen kann. Bei *Google Maps* lassen sich vor der Reise ins Ausland Offline-Karten für die Navigation herunterladen, sodass kein Datentransfer für die Karten anfällt. Bei den anderen Apps würde ich auf die Verwendung im Ausland verzichten oder sie nur dann aufrufen, wenn man über ein WLAN im Internet eingebucht ist.

Wie wird das Wetter?

Bei Kurzurlauben oder im Ausland ist es immer hilfreich, genauer über das Wetter des Tages oder der nächsten Tage informiert zu sein. Hier helfen Wetter-Apps, die sich auf dem Android-Gerät installieren lassen und eine Wettervorhersage für den Aufenthaltsort über mehrere Tage liefern. Suchen Sie im Google Play Store nach dem Begriff *Wetter*, wird Ihnen eine Reihe kostenloser und kostenpflichtiger Wetter-Apps angeboten.

Nachfolgend ist die App *Wetter* von RTL zu sehen. Diese fragt beim Start, ob der Standort per GPS erfasst werden darf, ermöglicht es aber auch, den gewünschten Zielort interaktiv per Bildschirmtastatur einzugeben. Anschließend wird der Ort in einer Karte angezeigt, und die App listet die stündliche Vorschau auf das Tageswetter sowie die Vorschau für mehrere Tage auf.

Durch Wischen mit dem Finger lässt sich in der Tages- und Wochenvorschau blättern. Über die Symbole am unteren App-Rand erhalten Sie Zugriff auf die Funktionen und können z. B. ein Regenradar in der Karte einblenden. Meine Erfahrungen mit solchen Wetter-Apps sind durchaus positiv, man hat auch am Urlaubsort eine ortsbezogene Wetterinformation, und das in Deutsch. Speziell bei Wanderungen und Tagesausflügen ist das ganz nützlich. Auch Apps wie *Warnwetter* des Deutschen Wetterdienstes sind hilfreich, um vor Wetterereignissen gewarnt zu werden.

Fremde Sprache? Frag den Übersetzer

Die Zeiten, in denen man mit einem Sprachwörterbuch von Pons oder Langenscheidt im Ausland unterwegs war, sind im Zeitalter der Smartphones vorbei. Statt die Begriffe der Speisekarte mühsam im Wörterbuch nachzuschlagen, fragt man einfach eine App.

Von Google ist beispielsweise die Übersetzer-App im Google Play Store kostenlos erhältlich. Man ruft den Übersetzer über das hier abgebildete Symbol in *Alle Apps* auf. Beim ersten Aufruf (oder später über das Bild des Kontos) lässt sich der Übersetzer einrichten. Dabei können auch Wörterbücher für die Offline-Übersetzung (z. B. Hauptsprache Deutsch, am häufigsten genutzt Englisch) heruntergeladen und weitere Optionen festgelegt werden.

Zum Übersetzen wählen Sie die Ausgangs- und die Zielsprache. Dann tippen Sie einfach das zu übersetzende Wort oder den Text in den Eingabebereich. Mit der eingeblendeten Schaltfläche *Los* starten Sie nach der Texteingabe die Übersetzung. Die App zeigt dann die Ergebnisse aus dem Wörterbuch an. Über die in der App neben dem Text eingeblendeten kleinen Lautsprechersymbole können Sie sich den

Begriff auch in der Ausgangs- und Zielsprache anhören. Über die am Rand angezeigten Symbole lassen sich Übersetzungsbegriffe per Kamera, Mikrofon (sprechen) oder Handschrift auswählen.

Über das *Zurück*-Symbol in der linken oberen Ecke gehen Sie zur vorherigen App-Seite zurück. Die Handhabung der Google-Übersetzer-App ist recht einfach, wenn auch die Ergebnisse nicht immer zufriedenstellen.

Fahrpläne, Stadtinfos, Hotelsuche

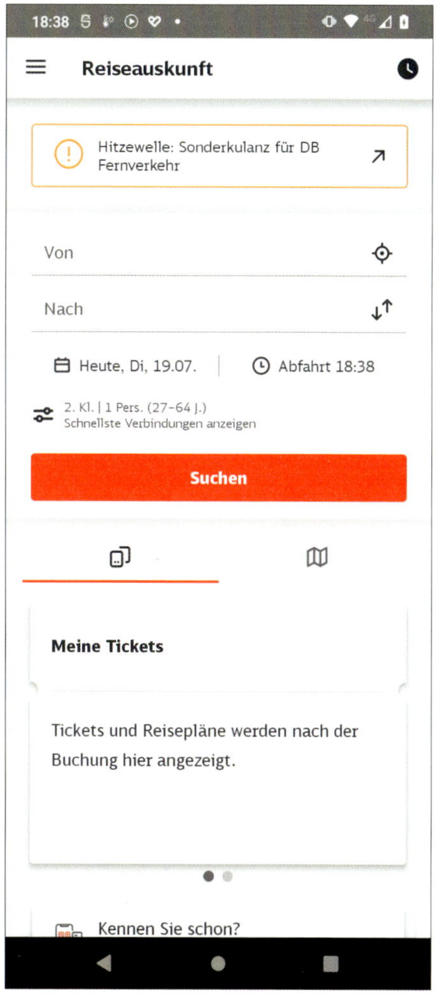

Wer spontan in den Urlaub fährt, benötigt vielleicht Stadtinfos oder möchte eine Unterkunft. Vieles lässt sich natürlich über eine Suche im Browser erledigen.

Aber es finden sich auch spezialisierte Apps, die die Suche nach Informationen erleichtern. Gibt man den Namen des Reiseziels im Google Play Store ein, werden häufig Apps angeboten, die Infos zu Städten, U-Bahn-Pläne, Stadtpläne etc. bereitstellen.

- Zur **Hotelsuche** können Sie im Browser auf einschlägigen Reiseseiten recherchieren oder aus dem Play Store die App *Hotel Suche HRS* verwenden.
- **Fahrpläne** der Deutschen Bahn oder andere Auskünfte lassen sich sehr einfach über die App *DB Navigator* abrufen.

Die Bedienung solcher Apps ist weitgehend selbsterklärend. Ob Sie zu einer App greifen oder lieber im Browser auf die Suche nach Informationen gehen, hängt von den persönlichen Vorlieben und Erfahrungen ab.

Gesundheit und Fitness

Android kann Sie mit geeigneten Apps auch bei der Gesundheits- und Fitness-Überwachung unterstützen. Nachfolgend stelle ich Ihnen einige Apps aus dem Bereich vor.

ACHTUNG

Bei Verwendung von Fitness- und Gesundheits-Apps sollten Sie aber den **Datenschutz** im Auge behalten. Apps, bei denen ich mich beim Anbieter anmelden muss, sodass meine (Gesundheits-)Daten übertragen werden, meide ich. Zudem sollte man bei jeder App die **Sinnhaftigkeit hinterfragen**. Es gibt z. B. Apps, die den Puls mittels der Handy-Kamera über einen aufgelegten Finger ermitteln. Andere versprechen sogar eine »Blutdruckmessung«. Manches halte ich für Unsinn, bei anderen Apps ist einfach die Genauigkeit der Werte nicht gegeben. Bleiben Sie also immer kritisch bezüglich der Versprechungen der Anbieter.

Uhrzeit, Timer, Stoppuhr, Wecker

Die Uhrzeit lässt sich bequem in der Statusleiste oder auf dem Sperrbildschirm des Android-Geräts ablesen. Auf Reisen bräuchte man gelegentlich einen Wecker und bei sportlichen Übungen oder beim Grillen wäre ein Timer, der z. B. eine Minute herunterzählt, ganz nett. Auch eine Stoppuhr ist mit Android möglich. Verwenden Sie die Google-Uhr, die sich über *Alle Apps* aufrufen lässt.

In der App-Anzeige lassen sich über Symbole am unteren Rand diverse Funktionen wie Weckzeiten festlegen, die Zeit anzeigen, Timer oder Stoppuhr abrufen. In der dann angezeigten App-Seite finden sich Bedienelemente, um z. B. beim Timer den Startwert der herunterzuzählenden Zeit vorzugeben oder Timer und Stoppuhr zu starten bzw. zu stoppen.

Aktivitäten mit Google Fit überwachen

Viele jüngere Menschen verwenden sogenannte Fitness-Tracker in Form von Armbändern, um ihre täglichen Bewegungen aufzuzeichnen. Ich habe einige dieser Geräte getestet, war aber mit den Funktionen nicht immer zufrieden. Die einfachere Alternative besteht darin, den Bewegungssensor eines Android-Smartphones mit einer App zum Aufzeichnen der Aktivitäten bzw. Bewegungen einzusetzen. So etwas habe ich z. B. aus Sicherheitsgründen unterwegs immer dabei.

Gebraucht wird dann noch die kostenlose App *Google Fit* aus dem Google Play Store – und fertig ist das Aufzeichnungsgerät. Sobald die App einmalig gestartet und die GPS-Positionserfassung zugelassen wurde, zeichnet sie die Schritte auf. Dies ist auch bei nachfolgenden Neustarts des Android-Geräts der Fall – man muss sich also um nichts kümmern, sofern man das Gerät bei seinen Aktivitäten dabeihat. Zur Auswertung der Daten reicht der Aufruf der Fit-App.

- Auf der App-Seite werden Ihnen die Aktivitäten angezeigt 1. Im App-Fenster sehen Sie die Dauer, erreichte Kardiopunkte, die Entfernung etc. 2.
- Tippen Sie auf eines der Symbole (z. B. die Entfernung oder die Zeitdauer), zeigt die App die Historie und Sie können sich die Aktivitäten für den Tag, die Woche oder den Monat anzeigen lassen.

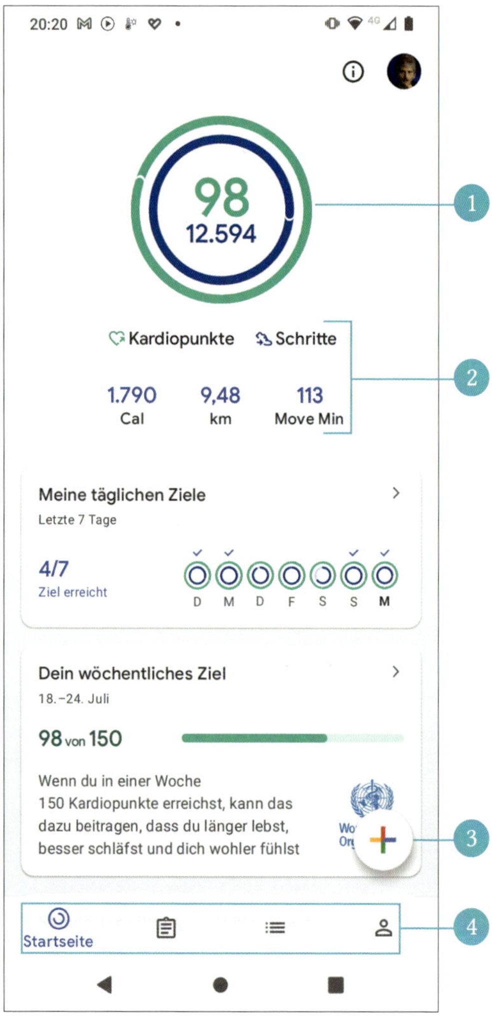

- Über das Symbol 3 können Sie neue Aktivitätskategorien oder Blutdruck, Gewicht etc. zum Erfassen hinzufügen.
- Die Symbole im Fußbereich der App 4 ermöglichen das Umschalten zwischen *Startseite*, *Trainingsübersicht* und *Profil*.
- Über das in der linken oberen Ecke der App-Seite eingeblendete *Zurück*-Symbol gelangen Sie von einer Detailseite immer wieder zur hier gezeigten Hauptseite der App zurück.

Routenaufzeichnung mit Google Maps

Zur Aufzeichnung von Laufstrecken, Wanderrouten etc. kann man den GPS-Modus in Google Maps (siehe vorhergehende Abschnitte) verwenden. Das wird hier im Buch aber nicht besprochen.

Mehr muss man über die App eigentlich nicht wissen. Beachten Sie aber, dass Google das genaue Aussehen der App und deren Bedienung durch App-Updates verändern kann.

HINWEIS

Neben *Google Fit* gibt es weitere Apps zum Erfassen der Schritte. Schauen Sie sich im Google Play Store die Apps *Accupedo* und *Schrittzähler* an. Diese Apps muss man aber aufrufen und die Datenerfassung gesondert starten (was ich gern vergesse).

Puls und Vitaldaten erfassen

Treiben Sie Sport oder sollen Sie die Pulsfrequenz überwachen? Die Aufzeichnung und Überwachung ist auch mit Apps möglich. Gehen Sie in den Google Play Store und suchen Sie nach *Pulsmessung kostenlos*. Die Apps verwenden die Kamera, um den Puls an einem Finger zu ermitteln.

ACHTUNG

Hier empfehle ich aber dringend, die Genauigkeit der per App vorgenommenen Messung mit anderen Geräten wie einem Blutdruckmessgerät zu überprüfen.

Leiden Sie unter Bluthochdruck, Diabetes oder möchten bzw. müssen Sie andere Vitalfunktionen Ihres Körpers erfassen und dokumentieren? Für Android gibt es einige Apps, die diese Aufgaben unterstützen. Die App *Mein Blutdruck* ermöglicht die Aufzeichnung der an einem Blutdruckmessgerät erfassten Werte. Diese lassen sich anschließend über die Befehle in der Kopfzeile der App als Statistik oder Grafik abrufen. So hat man eine schnelle Kontrolle über den Blutdruckverlauf.

Ähnliches gibt es für Diabetes-Patienten. Es empfiehlt sich, im Google Play Store nach den betreffenden Begriffen zu suchen.

HINWEIS

Achten Sie bei der Auswahl der Apps darauf, dass keine Registrierung mit einem Benutzerkonto erforderlich wird. Ich möchte z. B. meine Vitaldaten nicht irgendwo ins Internet hochladen. Zur manuellen Erfassung und Langzeitdokumentation der Blutdruck-, Blutzucker- oder anderer Werte können Sie auch ein Office-Tabellenkalkulationsprogramm (z. B. Microsoft Excel) als Android-App installieren.

Arzneimittel und Apotheken

Im Hinblick auf die Beschaffung notwendiger Arzneien lässt sich ebenfalls auf einige Apps im Google Play Store zurückgreifen. Geben Sie Begriffe wie *Hausapotheke*, *Medikamente* oder *Apothekennotdienst* oder *Apothekenverzeichnis* in der Suchfunktion des Play Store ein, werden Ihnen die betreffenden Apps (die meist kostenlos sind) angeboten. Manche Apps können auch die Lage der Apotheke in einer Karte samt Route anzeigen. Die Preise von Arzneimitteln lassen sich mit verschiedenen Apps wie *Arzneimittel* von ratiopharm oder *Medi-Preis* etc. ermitteln.

Spiele, Einkaufen und mehr

Mit Apps lassen sich die Funktionen eines Android-Geräts beliebig erweitern. Immer mehr Menschen erledigen beispielsweise Einkäufe im Web oder holen sich dort Informationen. Mit entsprechenden Apps lassen sich Werbung oder Angebote studieren und Bestellungen tätigen. Karten- und Strategiespiele stellen in meinen Augen eine ideale Möglichkeit zur Unterhaltung und Entspannung dar.

ACHTUNG

Bei der Auswahl und der Installation sollten Sie ein Augenmerk darauf haben, wie die Apps bewertet wurden und welche Berechtigungen gefordert werden. Eine Spiele- oder eine Taschenlampen-App, die auf meine Geräte-ID oder die Anrufe Zugriff haben will, kommt nicht auf das Gerät. Auch Apps, die allzu arg Werbung einblenden, werden entfernt. Manche Apps versuchen auch, kostenpflichtige Abos vorzuschlagen. Also achtsam bleiben, was Sie installieren!

Spiele in Android

Android enthält keine Spiele, aber Sie können kostenlose oder kostenpflichtige Apps im Google Play Store erwerben. Suchen Sie im Play Store nach dem Namen des Spiels (z. B. *Mahjong*, *Solitär* etc.) und wählen Sie dann die gewünschte App zum Installieren aus.

Im Google Play Store findet sich eine schier unendliche Menge an Spiele-Apps für Smartphone und Tablet-PC. Hier einige Anregungen:

- **Brettspiele**: Für Android gibt es eine Reihe Brettspiele, angefangen von Dame oder Schach bis hin zu Mensch ärgere Dich nicht. Mahjong ist ein altes chinesisches Brettspiel, das auch als App für Android verfügbar ist.
- **Memory, Puzzle, Kreuzworträtsel, Sudoku**: Falls Sie gern Ihr Gedächtnis trainieren, könnten Memory-Spiele, Puzzles, Kreuzworträtsel oder Sudoku das Richtige sein. Diese Spiele gibt es ebenfalls als Apps gratis im Play Store.
- **Angry Birds**: In einer Simulation werden Vögel per Katapult auf Klötzchenbauwerke mit Schweinen darin abgeschossen. Ziel ist es, das Bauwerk zum Einsturz zu bringen. Die einfachen Spiel-Level der App lassen sich kostenlos nutzen.

Sobald die App installiert ist, können Sie das jeweilige Spiel über das entsprechende Symbol in der Seite *Alle Apps* aufrufen. Hier sollten Sie einfach ein wenig ausprobieren, was Ihnen liegt.

ACHTUNG

Achten Sie bei Spielen darauf, dass Sie kein kostenpflichtiges Abonnement eingehen.

Einkaufen

Es gibt einige Apps, die sich dem Thema Einkaufen annehmen. Damit sind nicht nur Kauf-Apps gemeint, sondern auch Apps, die den Zugriff auf Preisangebote oder Prospekte ermöglichen.

- **Hotelangebote**: Die Hotelsuche und die Auswahl von Reiseanbietern hat sich längst ins Internet verlagert. Für die Buchung von Hotelzimmern stellen Anbieter wie Booking.com, Hotels.com, Hotel Suche HRS (siehe vorhergehende Seiten), Trivago etc. passende Apps bereit. Suchen Sie einfach nach *Hotel* im Play Store.

- **Reiseangebote**: Die Reiseauswahl und -buchung lässt sich über Apps (Suche nach *Reise*) erledigen. Und über das Reiseziel kann man sich ebenfalls häufig per App informieren. Reiseführer sind ebenso als App erhältlich wie Sprachführer und Wörterbücher oder Übersetzungs-Apps.
- **Einkaufshilfen**: Neben reinen Kauf-Apps gibt es auch spezialisierte Apps, die Sie beim Auffinden von Angeboten oder Preisvergleichen unterstützen. Geben Sie *Einkauf* als Suchbegriff ein, um auf Apps wie *kaufDa*, *Prospekte* etc. zuzugreifen. Auch die gängigen Discounter bieten eigene Einkaufs-Apps an.

Ob Sie solche Apps verwenden oder doch eher auf die Webseiten der Anbieter ausweichen, bleibt Ihnen überlassen. Ich verwende bevorzugt die Webseiten der Anbieter, da ich dann flexibler bin und die Apps nicht den Speicher des Geräts belegen.

ACHTUNG

Es gibt Untersuchungen, dass man in Apps oft einen höheren Preis als beim Vergleich im Web angezeigt bekommt. Von daher bin ich bei Apps zur Kaufunterstützung etwas zurückhaltend.

HINWEIS

Bevor Sie eine App aus dem Google Play Store herunterladen, sollten Sie sich die Bewertungen der App und den Entwickler anschauen. Es gab und gibt immer wieder Apps im Play Store, die zwar kostenlos sind, es aber auf die Daten der Nutzer (Kontakte, E-Mails etc.) abgesehen haben. Neben Spionagefunktionen haben manche Apps auch das Ziel, möglichst viel Werbung auf dem Smartphone einzublenden. Persönlich beschränke ich mich daher auf die mit Android mitgelieferten Apps sowie einige wenige Zusatz-Apps von Google oder seriösen Anbietern.

In diesem Kapitel haben Sie eine kurze Übersicht über Apps aus zusätzlichen Kategorien erhalten. Über den Google Play Store steht Ihnen die Welt der Apps offen. Suchen Sie Apps für die von Ihnen gewünschten Funktionen, indem Sie im Play Store den betreffenden Suchbegriff eingeben. Im nächsten Kapitel erfahren Sie, wie Sie die Android-Einstellungen anpassen.

Einrichten und Einstellungen

Bei der Erstinbetriebnahme eines Android-Geräts werden diverse Einstellungen abgefragt. Diese Einstellungen lassen sich auch nachträglich anpassen. Zudem kann es Updates für Android geben. In diesem Kapitel gehe ich auf Fragen rund um diese Themen ein.

Das lernen Sie in diesem Kapitel

- Android-Erstinbetriebnahme
- Einstellungen
- Updates und Zurücksetzen

8

Android-Erstinbetriebnahme

Wird ein Android-Gerät erstmals eingeschaltet oder wurde das Gerät auf die Werkseinstellungen zurückgesetzt, ist eine Ersteinrichtung erforderlich. Ein Assistent fragt diverse Informationen ab, registriert das Gerät bei Google und aktiviert es.

Diese Ersteinrichtung samt Aktivierung kann gegebenenfalls auch beim Kauf im Laden durch den Verkäufer erfolgen. Nachfolgend werden die Schritte zur Ersteinrichtung von Android exemplarisch vorgestellt. Beachten Sie aber, dass die genaue Abfolge oder die Details der angezeigten Seiten, abhängig vom verwendeten Gerät, abweichen können. Der nachfolgend beschriebene »rote Faden« sollte aber erkennbar sein.

Sprache nach dem Einschalten wählen

Es reicht, die Einschalttaste des Geräts für ein paar Sekunden zu drücken. Manche Geräte vibrieren beim Starten, sodass Sie spüren, wenn Sie die Einschalttaste loslassen können. Oder auf der Anzeige des Geräts lässt sich erkennen, dass Android startet (man spricht auch von »booten«). Warten Sie, bis das Gerät mit Android »hochgefahren« ist. Anschließend werden Sie durch die Schritte zur Inbetriebnahme geführt. Als Erstes ist die Sprache, in der Sie Android einrichten wollen, zu wählen.

- Wischen Sie im ersten Schritt in der angezeigten Seite mit dem Finger in der Sprachenliste nach oben oder unten über den Bildschirm, bis *Deutsch* (1) oder die für Sie passende Variante angezeigt wird.
- Dann tippen Sie auf den Eintrag für die Sprache und wählen in der dann auf Deutsch angezeigten Folgeseite *Starten* (2).

Alle weiteren Einrichtungsschritte werden Ihnen dann in deutscher (bzw. in der gewählten) Sprache angezeigt.

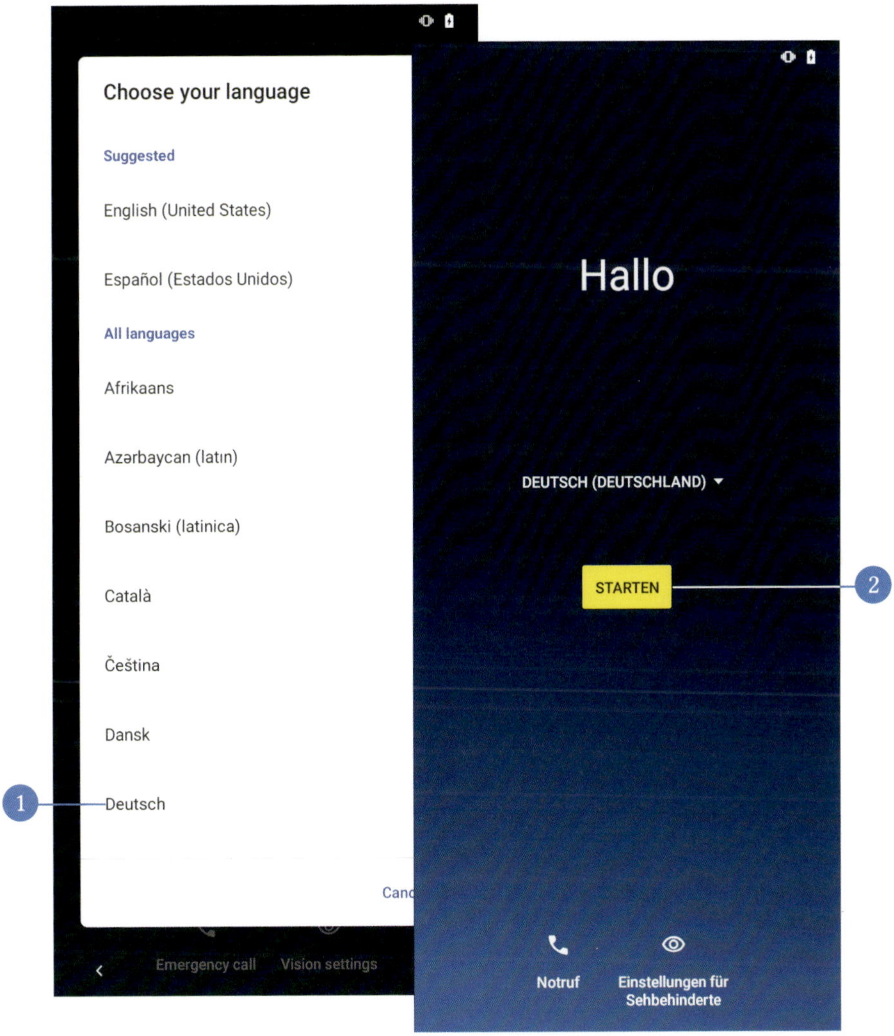

HINWEIS

Das genaue Aussehen der Einrichtungsseiten kann von Gerät zu Gerät abweichen. Sie bekommen aber Schaltflächen und Befehle angezeigt, um zwischen den Einrichtungsseiten zurückzublättern oder eine Seite mit Abfragen zu überspringen. Funktional gibt es aber kaum Abweichungen, sodass Sie mit den folgenden Ausführungen klarkommen sollten.

Mobilfunk-/WLAN-Zugang einrichten

Damit das Gerät Verbindung mit dem Internet aufnehmen kann, fragt der Assistent in einem weiteren Schritt bei Smartphones die Zugangsdaten für den Mobilfunkzugang ab. Zudem werden die Zugangsdaten für den WLAN-Zugang abgefragt.

- Befolgen Sie auf der Seite für den **Mobilfunkzugang** (1) die Anweisungen zum Einlegen der SIM-Karte(n) in das Smartphone. Dann wird der Zugang in der Regel automatisch eingerichtet.

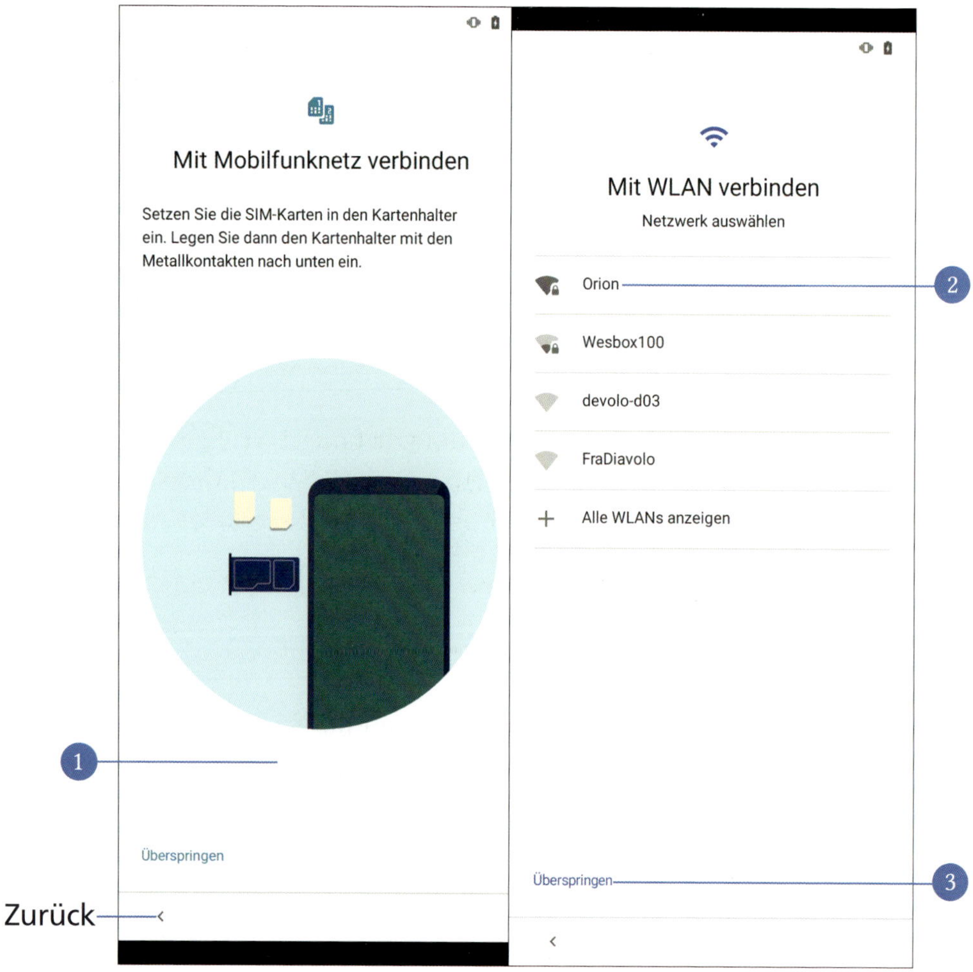

- Auf der Seite für den WLAN-Zugang werden die in der Umgebung empfangbaren Wi-Fi-Netzwerke aufgelistet. Tippen Sie auf den Eintrag des gewünschten Netzwerks (2).
- Tragen Sie danach auf der Folgeseite die gewünschten Zugangsdaten (4) wie den Netzwerkschlüssel bzw. das Kennwort für den Zugang zum eigenen WLAN-Router per Bildschirmtastatur in das betreffende Textfeld ein.

Sie können bei vielen Schritten auf den angezeigten Befehl *Überspringen* (3) tippen, falls der Zugang nicht eingerichtet werden soll.

Im letztgenannten Fall richten Sie den WLAN-Zugang zu einem späteren Zeitpunkt über die App *Einstellungen* ein (siehe folgende Abschnitte).

TIPP

Sie können übrigens bei jedem Schritt über die *Zurück*-Schaltfläche zur vorherigen Seite zurückgehen.

Spätestens beim Antippen des Textfelds wird die Bildschirmtastatur (5) eingeblendet. Über die Taste unten links (6) schalten Sie die Bildschirmtastatur zwischen Buchstaben und Ziffern um.

Haben Sie sich vertippt, lässt sich das zuletzt eingegebene Zeichen über die [⇦]-Taste (7) löschen. Tippen Sie auf das Kontrollkästchen *Passwort anzeigen* (8).

Ist das Kontrollkästchen mit einem Häkchen markiert, wird das Kennwortfeld im Klartext angezeigt. Erneutes Antippen hebt die Markierung und die Anzeige auf.

Haben Sie den korrekten Netzwerkschlüssel für Ihr WLAN eingetragen, bestätigen Sie dies durch Antippen der freigegebenen *Verbinden*-Schaltfläche (9). Oder tippen Sie auf die Taste *Fertig* (10) der Bildschirmtastatur.

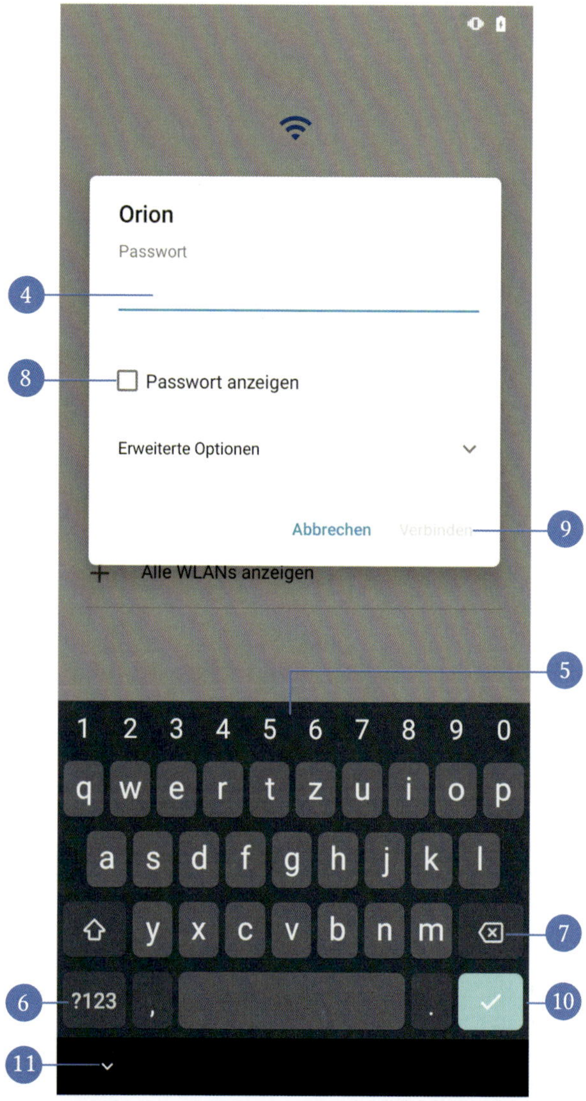

TIPP

Am unteren Rand der Bildschirmtastatur ermöglicht ein Symbol (11), die Tastatur auszublenden. Tippen Sie erneut auf ein Textfeld, wird die Bildschirmtastatur wieder angezeigt.

Die Anwahl der *Verbinden*-Schaltfläche startet das Einbuchen des Geräts in das WLAN.

HINWEIS

Der Netzwerkschlüssel für den WLAN-Zugang wird beim Einrichten des Routers festgelegt. Falls trotz korrekt eingetipptem Schlüssel keine Verbindung aufgenommen werden kann, ist erfahrungsgemäß die am WLAN-Router eingestellte sogenannte MAC-Filterung die Fehlerursache. Lassen Sie sich bei Problemen gegebenenfalls von erfahrenen Personen beim Einrichten helfen.

Scheitert die Einbuchung in das WLAN (z. B. wegen eines fehlerhaften WLAN-Schlüssels), sind die obigen Schritte zur Eingabe des Netzwerkschlüssels zu wiederholen.

Nach dem Einbuchen in das WLAN oder dem Überspringen dieses Schritts werden Sie automatisch zur nächsten Eingabeseite weitergeleitet.

Am Google-Konto anmelden

Android setzt zum App-Kauf sowie für weitere Funktionen voraus, dass Sie ein Benutzerkonto bei Google besitzen. Ein solches Konto besteht aus einer Gmail-Adresse und einem Kennwort und lässt sich gratis bei Google einrichten (siehe folgende Schritte). Über dieses Konto werden Einstellungen, App- und Medienkäufe verwaltet, und Sie können die Gmail-E-Mail-Adresse auch zum Versenden und Empfangen von E-Mails verwenden.

- Besitzer eines Google-Kontos tippen auf der Seite zur Anmeldung im betreffenden Feld die E-Mail-Adresse ein und bestätigen mit der Schaltfläche *Weiter*. Auf der Folgeseite wird das Passwort für das Google-Konto abgefragt.

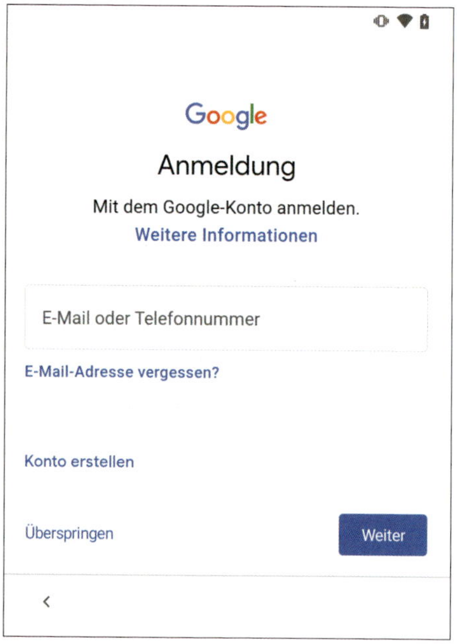

- Wer noch kein Google-Konto besitzt, kann dieses über den angezeigten Befehl *Konto erstellen* beantragen und wird durch die betreffenden Schritte geführt. Ein Google-Konto ist kostenlos und beinhaltet auch eine E-Mail-Adresse.

Durchlaufen Sie die Eingabeseiten und bestätigen Sie die Eingaben und Fragen über Schaltflächen oder Befehle. Klappt alles, werden Sie am Google-Konto angemeldet und können die nächsten Schritte durchlaufen.

HINWEIS

Welche Eingaben genau getätigt werden müssen, hängt etwas vom Gerät und der Android-Version ab. Unter anderem wird auch gefragt, ob alte Einstellungen oder Gerätesicherungen eines bestehenden Google-Kontos übernommen werden sollen. Zudem wird eine Seite eingeblendet, auf der Sie die Google-Nutzungsbedingungen anerkennen müssen.

HINWEIS

Ein bestehendes Google-Konto wird verifiziert, indem an die angegebene Mailadresse eine Bestätigung geschickt wird. Zudem wird abgefragt, welcher Suchanbieter im Chrome-Browser verwendet werden soll. Abhängig vom Hersteller werden eventuell Schritte zur Einrichtung spezieller Apps, zu den Zugriffsberechtigungen für die Kamera, die Standorterfassung, zur Displaysperre, zum Fingerabdrucksensor etc. auf dem Gerät durchlaufen. Lassen Sie sich bei Schwierigkeiten von erfahrenen Benutzern helfen. Sie können fast jeden Schritt der Einrichtung über die Schaltfläche *Überspringen* auslassen und ihn später über die *Einstellungen*-Seite vornehmen.

Einstellungen

Gelegentlich sind die Einstellungen für Android anzupassen (z. B. Kopplung eines Mobilfunkgeräts, Einrichten eines WLAN-Zugangs, Anpassen der Bildschirmanzeige etc.). Nachfolgend erfahren Sie, wie das gehandhabt wird.

Die Android-Einstellungen öffnen

Der Zugriff auf die Android-Einstellungen erfolgt über die App *Einstellungen*. Deren App-Symbol finden Sie meist in der App-Seite *Alle Apps*. Nach Anwahl des Symbols *Einstellungen* zeigt die App die Darstellung mit den Einstellungskategorien.

HINWEIS

Die genaue Darstellung hängt vom Hersteller des Android-Geräts und der Android-Version ab. Die hier sichtbare Darstellung zeigt die Anzeige der App *Einstellungen* auf einem Motorola-G30-Smartphone mit Android 12. Viele Hersteller von Android-Geräten nehmen aber Anpassungen an Android und der *Einstellungen*-App vor. Schauen Sie bei Abweichungen in Ihrem Gerät nach, wo sich die betreffenden Optionen in der *Einstellungen*-App finden.

Tippen Sie auf eine Kategorie (z. B. *Netzwerk & Internet*), um die zugehörigen Details einzusehen. Über die *Zurück*-Schaltfläche im Android-Navigationsbereich oder im Kopfbereich einer Unterkategorie navigieren Sie eine Ebene zurück.

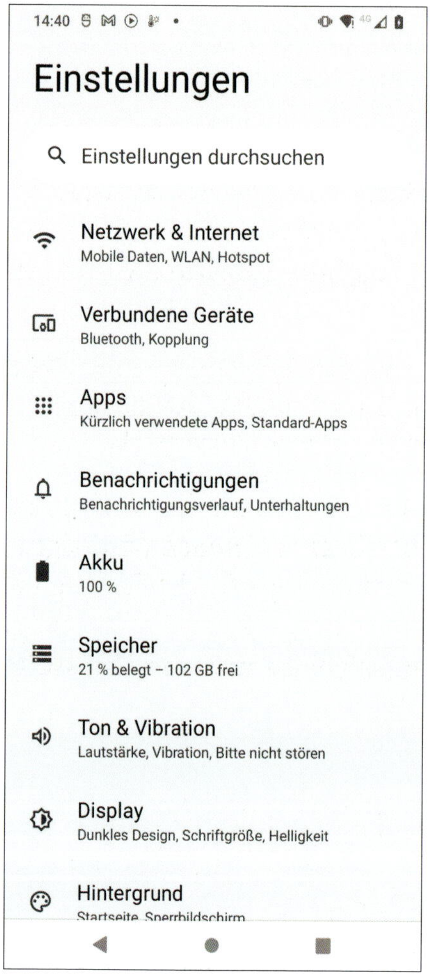

TIPP

Inzwischen finde ich die Android-Einstellungen-Seite sehr unübersichtlich und kann oft die gewünschte Option bei einer Navigation über die Kategorien nicht finden. Daher tippe ich auf das Feld *Einstellungen durchsuchen* und gebe einen Suchbegriff wie *WLAN* (für WLAN-Einstellungen), *USB* (für die Kopplung mit dem PC), *Bildschirm* (für Anpassungen der Helligkeit) etc. ein. Dann zeigt Android direkt passende Einstellungskategorien als Befehle an und listet auch den Weg dahin über die Kategorien (z. B. *Netzwerk & Internet/Internet*) auf.

Einen WLAN-Zugang einrichten

Erst nach der Einrichtung können Sie per Android-Gerät über einen WLAN-Router auf das Internet zugreifen. Zum Einrichten eines WLAN-Zugangs sind folgende Schritte erforderlich:

1 Rufen Sie die App *Einstellungen* auf und navigieren Sie zu den WLAN-Einstellungen (*Netzwerk & Internet/Internet*).

Die App zeigt Ihnen die gegebenenfalls gefundenen WLAN-Verbindungen (1) an. Mit *Mit Gerät verbunden* wird signalisiert, dass das Android-Gerät am betreffenden WLAN-Zugang eingebucht ist. Ein stilisiertes Schloss neben dem WLAN-Symbol zeigt eine gegen Mithören durch Dritte abgesicherte und verschlüsselte WLAN-Verbindung an.

2 Stellen Sie sicher, dass der WLAN-Schalter (2) auf *An* steht. Nur dann ist der WLAN-Empfang eingeschaltet. Die Umschaltung erfolgt gegebenenfalls durch Antippen des Schaltersymbols.

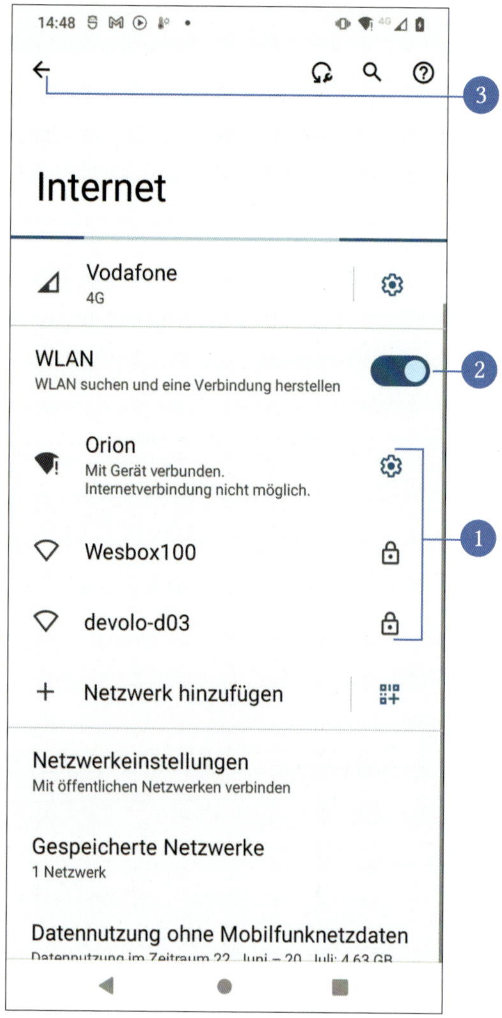

3 Tippen Sie auf den Eintrag der bestehenden Internetverbindung, um die Details der WLAN-Verbindung einzusehen. In der Detailseite findet sich auch ein Befehl zum Entfernen eines WLAN-Eintrags.

Über den Pfeil (3) können Sie jederzeit zur vorherigen Einstellungskategorie zurückgehen.

HINWEIS

In der Kategorie *Netzwerk & Internet* der *Einstellungen* gibt es einen Schalter *Flugmodus*. Dieser ermöglicht es Ihnen, alle Funkverbindungen (WLAN, Mobilfunk) des Geräts abzuschalten (siehe auch folgende Seiten). Dies ist beispielsweise im Flugzeug gefordert, wenn das Gerät zwar betrieben wird, aber sichergestellt sein muss, dass WLAN und Mobilfunk abgeschaltet sind. Den Flugmodus oder den WLAN-Empfang können Sie auch direkt über Symbole des Statusbereichs ein-/ausschalten (siehe Kapitel 2, Abschnitt »Schnelleinstellungen verwenden«).

Haben Sie eine WLAN-Verbindung angetippt, werden die Netzwerkdetails angezeigt und lassen sich ändern. Der genaue Aufbau der Seite hängt von der Android-Version ab (hier ist die Fassung aus Android 12 zu sehen).

4 Tippen Sie in der eingeblendeten Seite auf das Stiftsymbol (4), um Anpassungen vorzunehmen.

5 Geben Sie im eingeblendeten Pop-up-Fenster den Netzwerkzugangsschlüssel im Feld *Passwort* ein (5) und bestätigen Sie dies über *Speichern* (6) (oder *Verbinden*).

Das Passwort wird durch den WLAN-Router festgelegt. Über das Kontrollkästchen *Passwort anzeigen* (7) (gegebenenfalls nur im Hochformat sichtbar) blenden Sie das Kennwort während der Eingabe im Klartext ein (andernfalls werden statt der eingegebenen Zeichen zum Schutz gegen Ausspähen Punkte angezeigt). Die Verschlüsselungsmethode kann Android automatisch ermitteln und einstellen. Die Option *Erweiterte Optionen* (8) ermöglicht es Ihnen, durch Antippen optionale Einstellungen vorzugeben – was aber in der Regel nicht erforderlich ist.

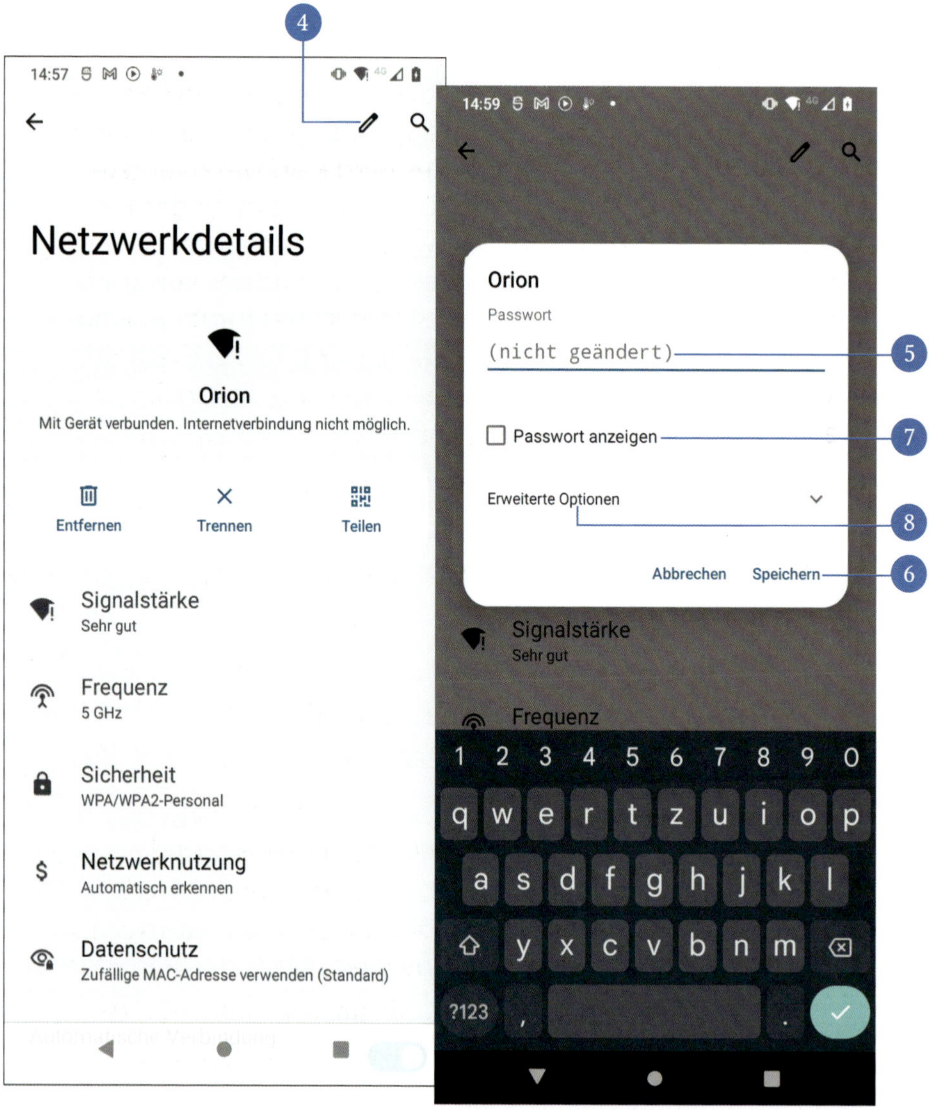

Ist das korrekte Kennwort eingetragen, verbindet sich das Android-Gerät mit dem WLAN-Zugang und merkt sich auch das Kennwort. Kommt das Android-Gerät zukünftig in die Nähe des WLANs, bucht es sich automatisch ein.

ACHTUNG

Bei öffentlichen Funknetzwerken (Hotspots) in Hotels, Bahnhöfen, Flughäfen ist meist keine abgesicherte WLAN-Verbindung vorhanden. Dann fehlt das stilisierte Schloss, es wird kein Netzwerkzugangsschlüssel abgefragt. Oft gibt es eine Zugangsseite des Hotspot-Betreibers, die sich beim Aufruf einer Webseite öffnet. Dann ist ein Zugangscode einzugeben, bevor Sie ins Internet kommen. Den Zugangscode erhalten Sie vom Hotspot-Betreiber (z. B. Hotelpersonal) oder per SMS auf Ihr Handy. Bei nicht abgesicherten Verbindungen können Dritte Ihre Daten einsehen. Rufen Sie vertrauliche Informationen im Internet nur dann ab, wenn diese durch eine *https://*-Verbindung verschlüsselt sind (z. B. im Browser im Adressfeld zu erkennen). In den *Einstellungen* findet sich bei Android 12 unter *Internet* auch der Punkt *Netzwerkeinstellungen/Mit öffentlichen Netzwerken verbinden*, über den Sie verschiedene Optionen festlegen können.

Mobilfunkverbindung einrichten

Smartphones oder mit einer Mobilfunkunterstützung ausgestattete Tablet-PCs können unterwegs mobil ins Internet gehen und auch GPS-Signale empfangen. Separat einrichten muss man eigentlich nichts – es reicht, eine Nano-, Micro- oder normale SIM-Karte (abhängig vom Gerätemodell) einzulegen. Manche aktuelle Smartphones verwenden auch eine sogenannte eSIM, für die Sie den Code zur Aktivierung vom Mobilfunkanbieter erhalten. Die benötigte SIM-Karte und das Einlegen sollten in den Geräteunterlagen beschrieben sein.

- Kontrollieren Sie gegebenenfalls über die App *Einstellungen* in der Kategorie für die Mobilfunkverbindung und die SIM-Karte, ob die Option *Daten*, *Mobilfunkdaten* oder ähnlich (1) eingeschaltet ist. Dann haben Apps (Browser, Mail etc.) eine Verbindung ins Internet.

- In der rechten oberen Ecke ❷ im Statusbereich des Displays wird eine aktive 4G-/5G-Datenverbindung angezeigt. Angaben wie E neben der Signalstärke signalisieren den Übertragungsmodus für Daten.

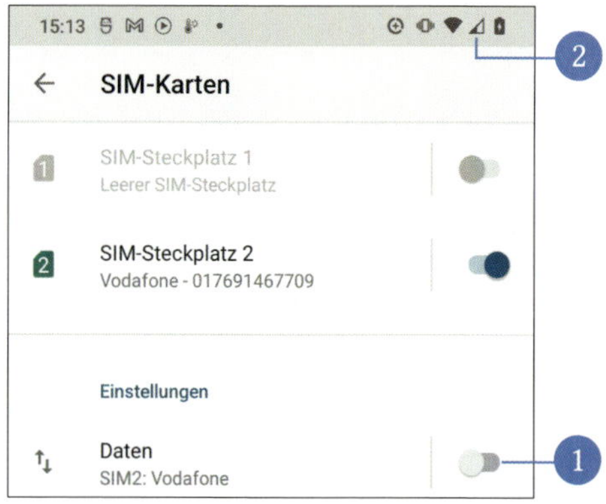

Die Verbindungsdaten des Mobilfunk-Providers werden automatisch von der SIM-Karte übernommen.

Voraussetzung ist, dass der zur SIM-Karte passende Mobilfunkvertrag einen Tarif für den Datentransfer ins Internet aufweist. Schauen Sie gegebenenfalls nach, wie hoch das Datenübertragungsvolumen angesetzt ist. Die Optionen finden Sie unter *Netzwerk & Internet/Mobilfunknetz* ❸ (meist unter *Datenlimit festlegen* ❹ oder ähnlich). Sie können sich benachrichtigen lassen, wenn dieses Transfervolumen nahezu aufgebraucht ist. Das Überschreiten des Datenübertragungsvolumens kann, je nach Mobilfunkvertrag, teuer werden. Oder die Anbieter drosseln die Übertragungsgeschwindigkeit bei Überschreiten des Übertragungsvolumens.

Wenn Sie mit dem Gerät in einem WLAN eingebucht sind, sollten Sie den Datentransfer über Mobilfunknetz am Android-Gerät deaktivieren (Option *Daten* ❶ auf *Aus* stellen).

Im Ausland oder in Grenznähe sollten Sie den Netzbetreiber manuell wählen. Zudem empfiehlt es sich, die Option *Roaming* ❺ für den Internetzugang im Ausland in den *Einstellungen* abgeschaltet zu lassen. Dies verhindert, dass Sie durch die Datenübertragung in eine Kostenfalle laufen.

- Die Option *Datensparmodus* ❻ sollte bei Mobilfunkverbindungen eingeschaltet werden, um Daten bei der Übertragung zu sparen.

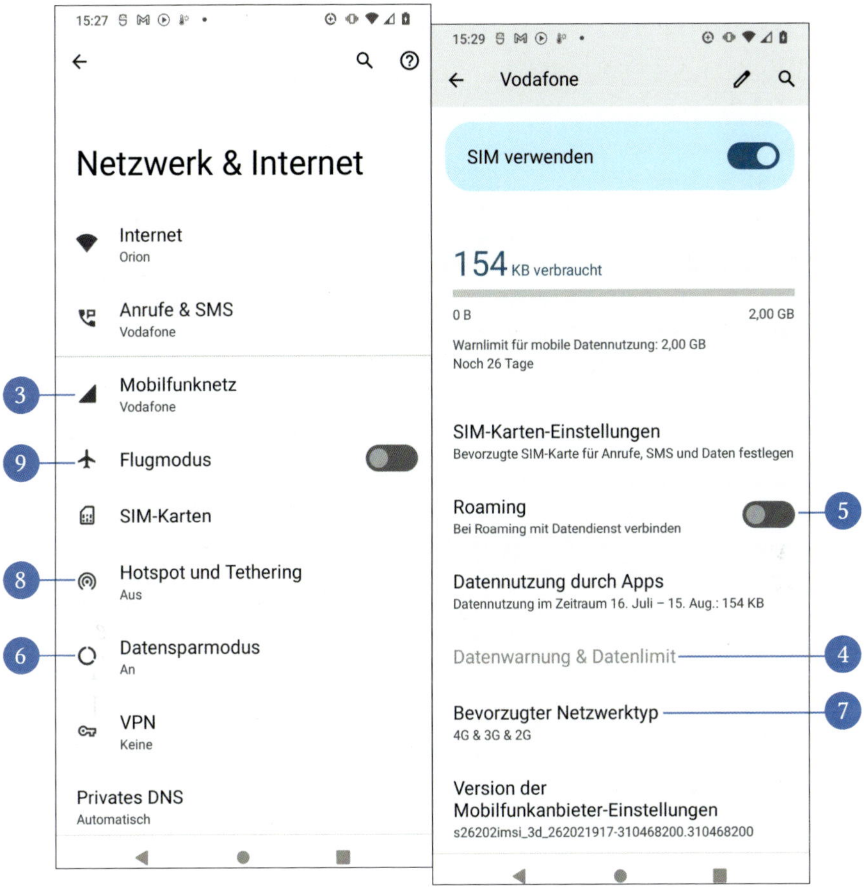

- Über die Option *Bevorzugter Netzwerktyp* 7 lässt sich vorgeben, welcher Standard (2G, 4G, 5G) bei der Datenverbindung zu verwenden ist.
- Unter *Hotspot und Tethering* 8 lässt sich das Gerät bei Bedarf so einrichten, dass es für andere Geräte einen Internetzugang per WLAN, Bluetooth oder USB-Kabel bereitstellt.
- Über die Option *Flugmodus* 9 schalten Sie die Benutzung der Mobilfunkverbindung ein oder aus.

Beachten Sie aber, dass die genauen Bedienschritte je nach Gerät und Android-Version leicht variieren können.

Wie geht eine Bluetooth-Gerätekopplung?

Die meisten Android-Geräte unterstützen die Kopplung mit Bluetooth-Geräten. Um ein solches Gerät mit dem Android-Smartphone oder -Tablet zu koppeln, führen Sie folgende Schritte aus:

1 Starten Sie die App *Einstellungen* und gehen Sie zur Kategorie *Bluetooth* (1) (ich lasse danach suchen). Dort stellen Sie sicher, dass Bluetooth (2) eingeschaltet ist.

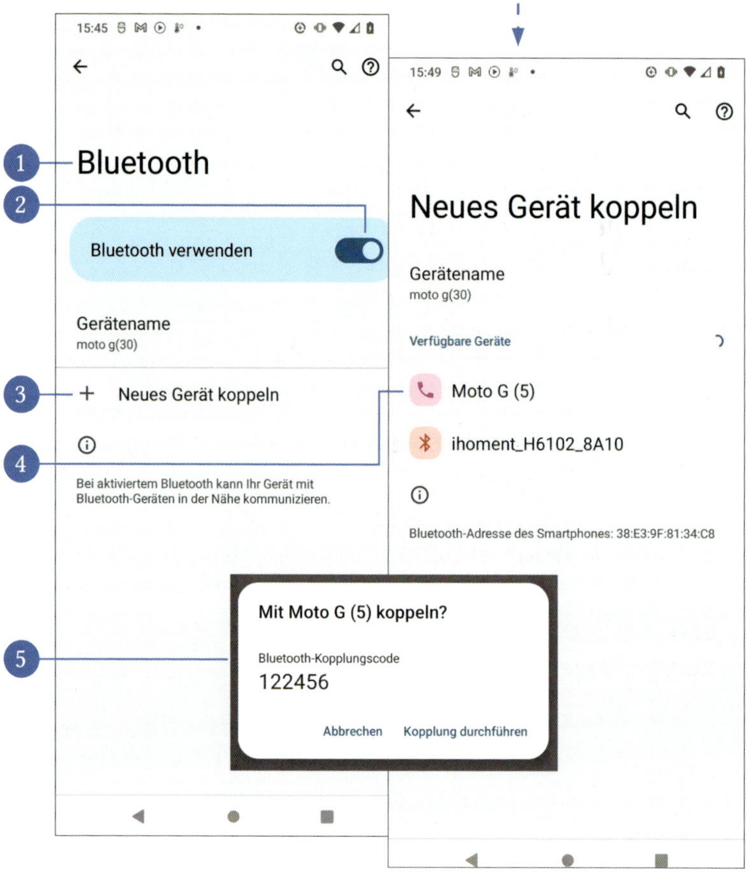

Auf der Seite werden die bereits gekoppelten bzw. bekannten Bluetooth-Geräte aufgelistet.

2 Schalten Sie das betreffende Bluetooth-Gerät ein und drücken Sie gegebenenfalls dessen Bluetooth-Koppeltaste. Oder wählen Sie die Option *Neues Gerät koppeln* in den Android-Einstellungen (3).

3 Tippen Sie in der App-Anzeige auf das auftauchende Bluetooth-Gerät in der Liste *Verfügbare Geräte* (4).

4 Befolgen Sie die auf dem Android-Gerät angezeigten Anweisungen (im Beispiel ist etwa eine Tastenkombination auf dem Bluetooth-Gerät einzutippen oder der angezeigte Kopplungscode (5) auf beiden Geräten zu bestätigen).

Klappt die Kopplung, wird das Gerät in den *Einstellungen* unter *Verbundene Geräte* aufgelistet. Zum Trennen reicht es, das Bluetooth-Gerät wieder auszuschalten.

TIPP

Um möglichst lange mit einer Akkuladung auszukommen, deaktivieren Sie (zum **Energiesparen**) alle nicht benötigten Funktionen am Android-Gerät. Sind keine Bluetooth-Geräte in Betrieb, schalten Sie auch die Bluetooth-Option in den *Einstellungen* ab. Wird kein WLAN benötigt, deaktivieren Sie diese Option in den *Einstellungen*. Ähnliches gilt für die Ortsdienste, die den GPS-Empfang beeinflussen. Auch eine heruntergeregelte Helligkeit hilft, die **Akkulaufzeit** zu **verlängern**.

Anzeigedauer und -helligkeit

Das Display des Android-Geräts schaltet sich nach kurzer Zeit ab (um Energie zu sparen). Zum Anpassen der Anzeigeeinstellungen (Textgröße, Anzeigedauer, Helligkeit) wählen Sie in der App *Einstellungen* die Kategorie *Display* und dann die gewünschte Option.

- *Helligkeitsstufe:* Der Befehl blendet einen Schieberegler ein, über den Sie das Display heller oder dunkler stellen können. Ein dunkleres Display braucht weniger Strom.

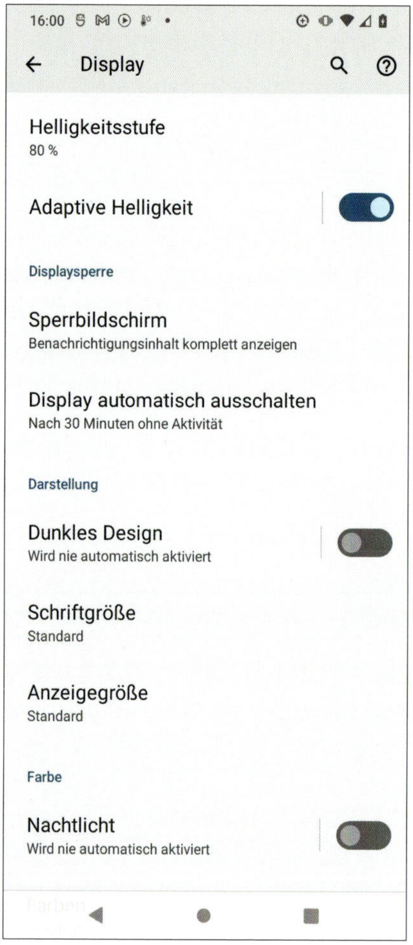

- *Adaptive Helligkeit:* Schaltet die automatische Helligkeitssteuerung, die sich der Umgebungshelligkeit anpasst, aus. Passen Sie danach die Helligkeit manuell an.
- *Display automatisch ausschalten* (oder *Ruhezustand*): Der Befehl öffnet ein Fenster, in dem Sie über Optionsfelder vorgeben, nach welcher Zeit das Display in den Ruhezustand gehen und dabei dunkel geschaltet werden soll.

Zudem lassen sich in der Einstellungen-Kategorie *Display* die Schriftgröße, die Drehsperre, der Hintergrund und weitere Einstellungen ändern.

Displaysperre und Sicherheitseinstellungen

Um die unbefugte Verwendung des Geräts durch Dritte zu verhindern, richten Sie eine Displaysperre ein.

1 Gehen Sie in der App *Einstellungen* zur Kategorie *Sicherheit* und tippen Sie auf *Displaysperre*.

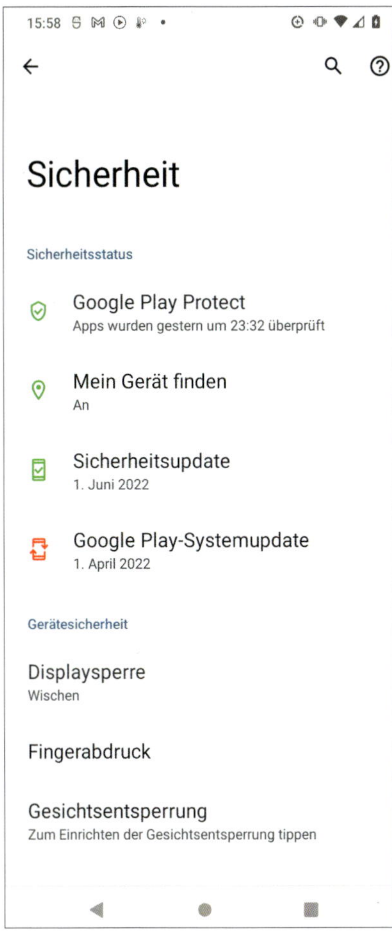

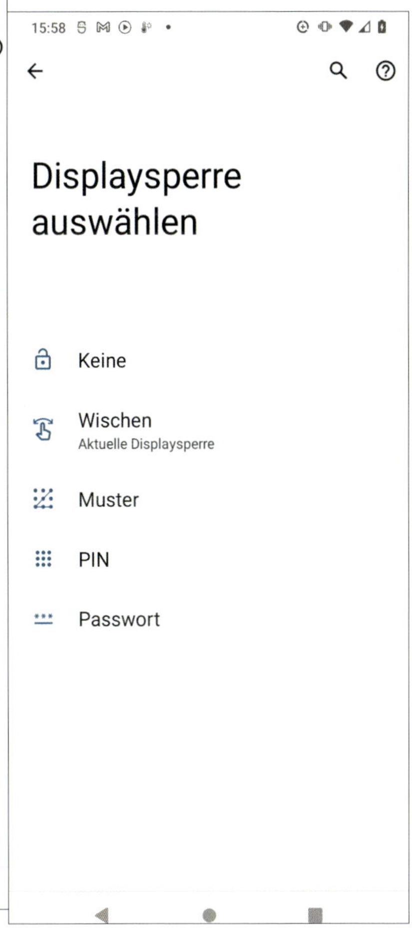

2 In der angezeigten Seite wählen Sie zwischen *Wischen*, *Muster*, *PIN* und *Passwort* für die Displaysperre.

Wischen ist der Standard. Wählen Sie beispielsweise *PIN*, legen Sie anschließend den Entsperrcode fest. Diesen Code tippen Sie später beim Entsperren des Geräts ein, um zum Startbildschirm zu gelangen. Mit *Keine* heben Sie die Displaysperre auf.

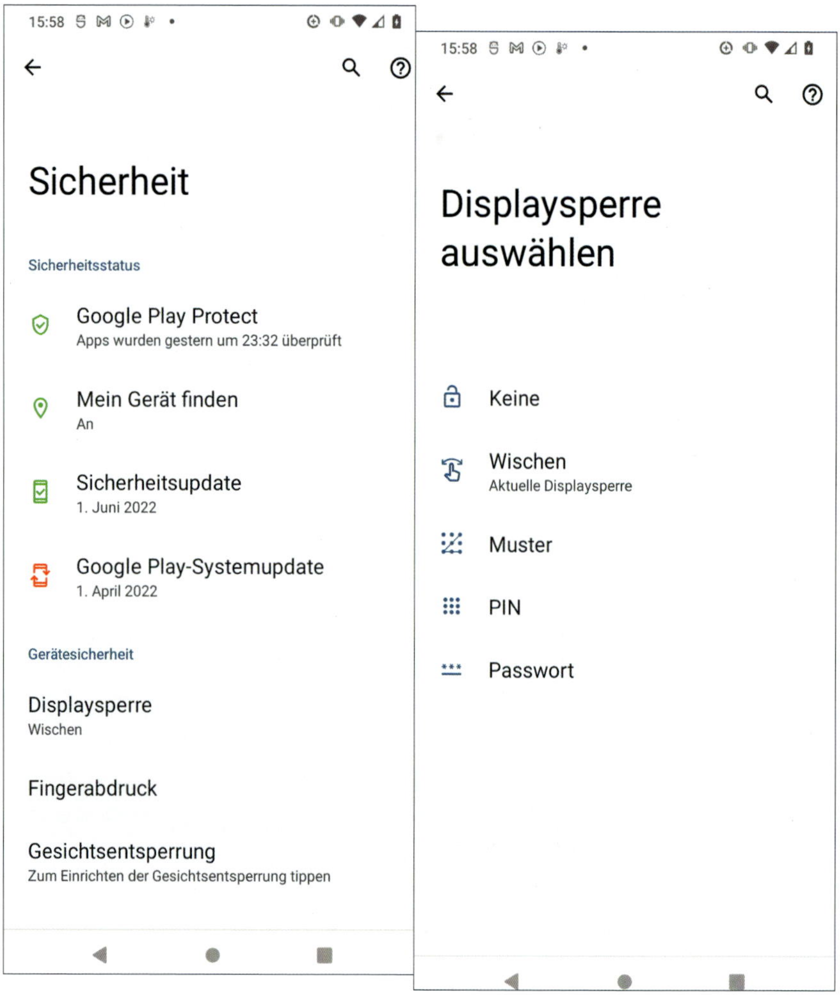

HINWEIS

In der Kategorie *Sicherheit* können Sie, je nach Gerät, auch den Fingerabdruck-Sensor oder die Gesichtserkennung zum Entsperren einrichten. Die Kategorie bietet zudem die Möglichkeit, die **Daten** des Geräts zu **verschlüsseln** (standardmäßig aktiv) oder eine **SIM-Kartensperre** einzurichten.

Gerät orten/sperren

Android bietet Funktionen, um verlegte Geräte zu orten und gestohlene Geräte aus der Ferne zu sperren.

1 Gehen Sie in den *Einstellungen* zur Kategorie *Sicherheit* und dann auf die Unterkategorie *Mein Gerät finden*.

2 Schalten Sie die Option *„Mein Gerät finden" verwenden* ein.

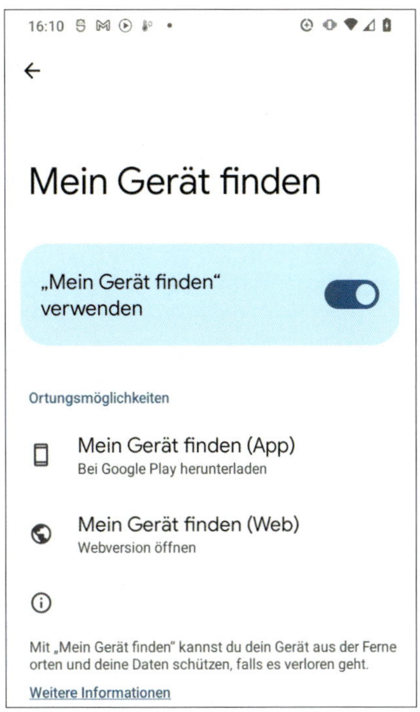

Geht das Android-Gerät verloren oder wird es gestohlen, melden Sie sich in einem Browser auf der Seite *www.google.com/android/find* mit Ihrem Google-Konto an. Dort können Sie alle Android-Geräte, bei denen der Geräte-Manager eingeschaltet ist und die mit diesem Google-Konto versehen sind, auswählen. Anschließend haben Sie die Möglichkeit, ein verlegtes Gerät fünf Minuten klingeln zu lassen.

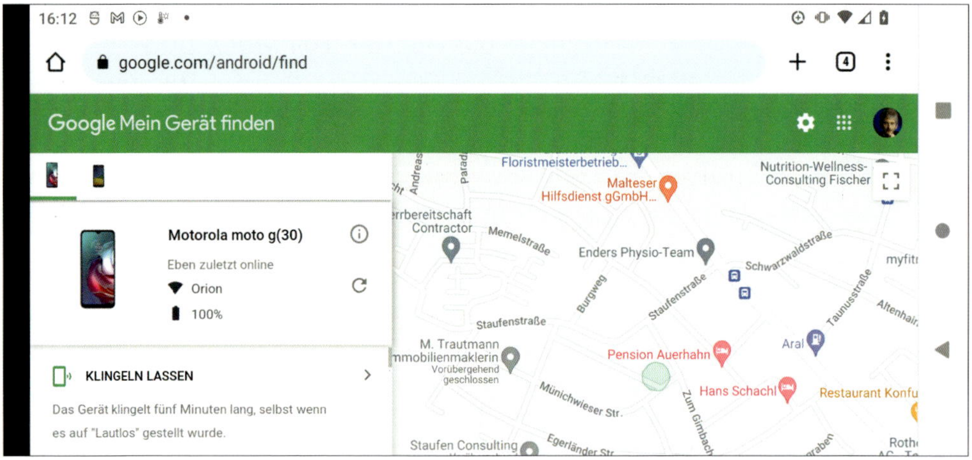

Bei einem gestohlenen Gerät lässt sich dieses sperren oder sogar löschen, sodass der Dieb nicht an die Daten herankommt. Ist die Standorterfassung per GPS eingeschaltet, lässt sich sogar der Standort des Geräts auf einer Karte verfolgen.

Um die Funktionen zu nutzen, muss das Gerät natürlich eingeschaltet sein und eine Internetverbindung aktiviert haben.

HINWEIS

Um die **GPS-Funktionen** einer App zu **verwenden**, stellen Sie in der Kategorie *Standort* den betreffenden Schalter auf *Ein*. Ich schalte die Standortübermittelung nur bei Bedarf ein, um den Akku zu schonen und um nicht über das Smartphone verfolgbar zu sein. Besitzen Sie ein weiteres Android-Gerät, können Sie auf diesem den Android-Geräte-Manager als App aus dem Google Play Store installieren. Dann sparen Sie sich den Aufruf der Webseite im Browser.

Unterstützung durch Bedienungshilfen

Bei Schwierigkeiten, die Darstellung auf dem Gerät zu lesen, können Sie sich die Bildschirminhalte vorlesen lassen oder eine verbesserte Anzeige abrufen. Android kann die Gerätehandhabung über verschiedene Bedienungshilfen erleichtern.

1 Öffnen Sie die App *Einstellungen* und wählen Sie die Kategorie *Bedienungshilfen*.

2 Anschließend passen Sie die einzelnen Einstellungen an.

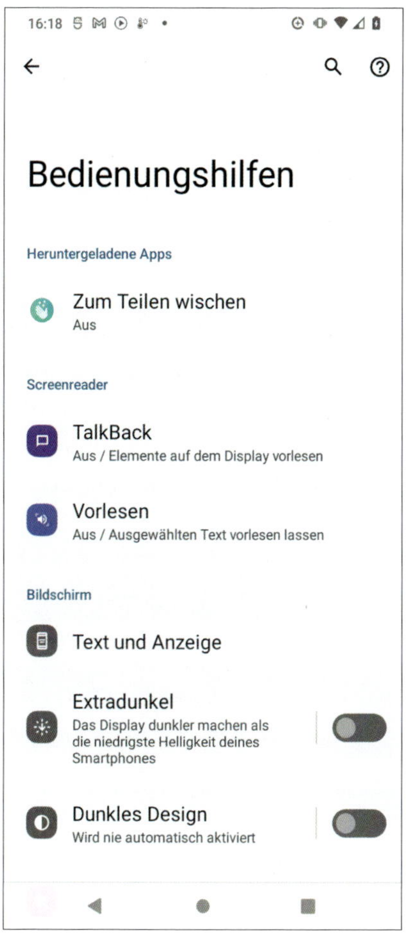

Die Option *TalkBack* ermöglicht es Ihnen, sich die Bildschirminhalte vom Screenreader vorlesen zu lassen. Weiterhin können Sie die Bedienung über Schalter zulassen, großen Text oder hohen Kontrast aktivieren sowie eine Farbumkehr einschalten.

Auch Vergrößerungsbewegungen sind einschaltbar. Eine Beschreibung der einzelnen Optionen hat Google auf der Webseite *https://support.google.com/accessibility/android/answer/6006564?hl=de* veröffentlicht.

Weitere Einstellungen

Über die App *Einstellungen* erhalten Sie Zugriff auf alle Einstellungen von Android. Hier noch einige Hinweise zu verschiedenen Einstellungen.

- **Ton & Vibration**: Dort lassen sich die Lautstärken, die Klingel- und Hinweistöne sowie Vibrationen für diverse Ereignisse (E-Mail, Nachrichten etc.) anpassen.
- **Verbundene Geräte**: Hier können Sie nicht nur eine Bluetooth-Kopplung verwalten, sondern über den Punkt *USB* legen Sie auch fest, ob ein per USB-Kabel mit einem Rechner verbundenes Android-Gerät nur aufgeladen werden oder auch Daten übertragen oder zum Tethering (Teilen der Mobilfunk-Internetverbindung) verwendet werden soll.
- **Speicher**: Zeigt die Speicherbelegung des Android-Geräts an. Sofern vorhanden, wird auch die Verwaltung der SD-Speicherkarte dort vorgenommen.
- **Akku**: Zeigt den Ladezustand des Akkus sowie Infos zum Akkuverbrauch an.
- **Apps**: Die Kategorie zeigt die installierten Apps an und ermöglicht es, vom Benutzer aus dem Google Play Store selbst installierte Apps nach Anwahl über Schaltflächen zu deinstallieren. Weiterhin

lassen sich die Zugriffsberechtigungen (auf Bilder, Kamera etc.) von Apps verwalten.

- **Benachrichtigungen**: Zeigt die Optionen und Einstellungsmöglichkeiten von Apps, Benachrichtigungen an den Benutzer zu senden (z. B. Wetteranzeige, Mails etc.).
- **Passwörter und Konten**: Verwaltet die eingerichteten Konten (Google, Office, E-Mail). Über **Google** greifen Sie auf eigene Kontoeinstellungen zu.

Über den Eintrag *Über das Telefon/Tablet* der App *Einstellungen* können Sie auf Informationen wie die Android-Version oder den Akku- und Netzwerkstatus (samt Telefonnummer bei Handys) zugreifen.

Updates und Zurücksetzen

Die meisten Android-Geräte erhalten Updates von Google oder den Herstellern. Bei Problemen oder beim Verkauf lässt sich das Android-Gerät zurücksetzen. In diesem Abschnitt erfahren Sie Wissenswertes zu diesen Themen.

Android-Updates

Updates sollen Fehler und Sicherheitslücken in Android beheben oder neue Versionen bereitstellen. Ob Updates kommen, hängt vom Gerätehersteller ab. Updates werden über das Internet auf die Geräte verteilt. Man spricht auch vom Over-The-Air-Update (OTA-Update). Manchmal erhält ein Gerät auch eine komplett neue Android-Version als Update.

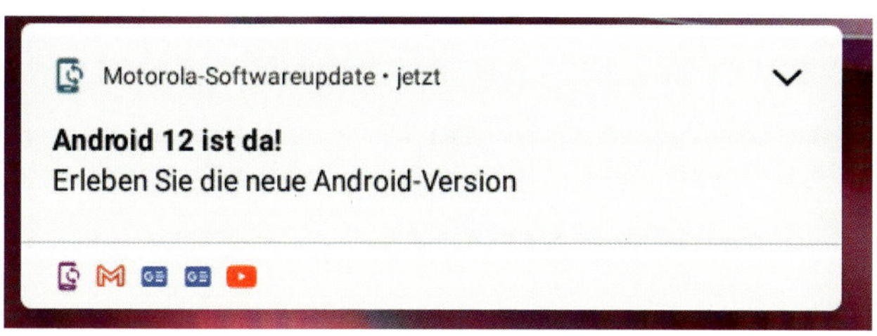

Steht ein Update an, signalisiert Android dies über eine Benachrichtigung im Statusbereich oder auf dem Sperrbildschirm. Wischen Sie vom oberen Bildschirmrand nach unten, werden gegebenenfalls Details zum Update in einem Benachrichtigungsfenster angezeigt. Es reicht dann, auf *Installieren* zu tippen und die Anweisungen zu befolgen.

HINWEIS

Tippen Sie in der *Einstellungen*-App auf die Kategorie *Über das Tablet/Telefon*. Auf der Seite werden Ihnen die Android-Version des Geräts und bei deren Anwahl auch das Datum des letzten Android-Sicherheitsupdates angezeigt. Über *Einstellungen/Systemupdates* stoßen Sie die Suche nach Updates an.

ACHTUNG

Stellen Sie sicher, dass bei einem anstehenden Update eine WLAN-Verbindung besteht. Aufgrund der Größe von Updates werden Mobilfunkverbindungen schnell das vertragliche Datenlimit überschreiten. Dann fallen möglicherweise hohe Kosten an oder die Übertragungsgeschwindigkeit wird reduziert. Weiterhin sollte der Akku des Geräts voll aufgeladen sein, um zu verhindern, dass er während der Update-Installation ausgeht und Schaden nimmt.

Das Android-Gerät zurücksetzen

Bei Problemen mit Android oder dem Gerät oder vor der Weitergabe an Dritte ist das Zurücksetzen von Android auf den Auslieferungszustand ab Werk möglich.

1 Starten Sie die App *Einstellungen* und wählen Sie die Kategorie *System* (oder bei älteren Android-Versionen *Sichern & zurücksetzen*).

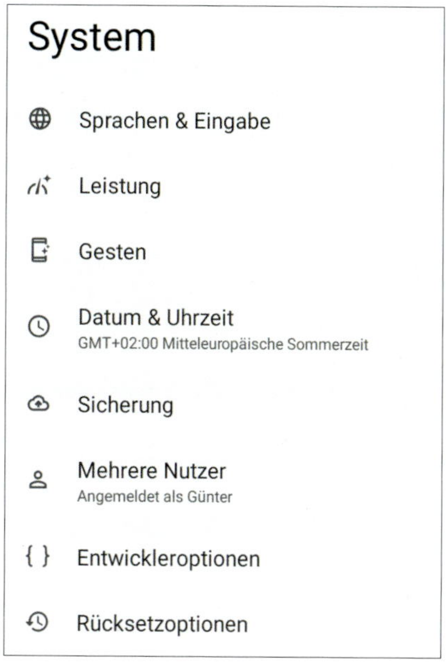

2 Tippen Sie auf die Befehle *Sicherung* oder *Rücksetzoptionen* und befolgen Sie die Anweisungen.

Mit *Sicherung* lassen sich Daten des Geräts bei Google unter Ihrem Android-Gerät in der sogenannten Cloud sichern. Die Funktion *Rücksetzoptionen* stellt Ihnen Befehle bereit, um WLAN, mobile Daten, Bluetooth oder App-Einstellungen zurückzusetzen. Zudem finden Sie den Punkt *Alle Daten löschen* (auf Werkseinstellungen zurücksetzen), bei dem alles vom Android-Gerät gelöscht wird. Dann ist es anschließend in dem Zustand, in dem es aus der Fabrik kam.

HINWEIS

Vor dem Zurücksetzen können Sie über die *Sicherung* Apps, Einstellungen und weitere Daten sichern lassen. Dann speichert Android App-Daten, WLAN-Kennwörter und andere Daten unter dem Sicherungskonto auf den Google-Servern. Bei der anschließenden Inbetriebnahme kann Android diese Daten dann automatisch von den Google-Servern herunterladen und übernehmen.

Sie haben auf den vorherigen Seiten eine Menge über Android gelernt. Wenn Sie das alles beherrschen, können Sie schon eine ganze Menge. Bleibt etwas unklar oder hat sich etwas in Android gegenüber der Beschreibung im Buch geändert, suchen Sie unter *support.google.com* nach aktualisierten Anleitungen.

Kleine Hilfen

In diesem Anhang finden Sie einige Hilfestellungen zum Beheben kleinerer Probleme mit dem Android-Gerät.

Gerät lässt sich nicht einschalten

Drücken Sie die Stand-by-Taste und nichts passiert? Prüfen Sie bitte die folgenden Punkte:

- Wurde die richtige Einschalttaste gedrückt? Mir ist es schon häufiger passiert, dass ich neben der Taste das Gehäuse oder den Lautstärkeregler gedrückt habe.
- Haben Sie die richtige Einschalttaste (Stand-by-Taste) wirklich lange genug gedrückt?
- Ist der Akku eventuell vollständig entladen?

Verbinden Sie das Android-Gerät mit dem Netzteil und lassen Sie es ein paar Stunden laden. Ich hatte auch schon Fälle, wo das Laden nicht klappte, weil das USB-Kabel defekt war oder nicht richtig passte. Hilft das nicht, lassen Sie das Gerät vom Kundendienst überprüfen.

Der Bildschirm ist zu dunkel

Ist die Bildschirmanzeige zu dunkel und nur schlecht ablesbar?

- Im Sonnenlicht reicht die Bildschirmhelligkeit oft nicht aus. Versuchen Sie, eine schattige Stelle zu finden, um das Display lesen zu können.
- Gehen Sie in die *Einstellungen*-App und dann zu *Display*. Überprüfen Sie dort die Optionen für adaptive Helligkeit (gegebenenfalls ausschalten) und die Helligkeitsstufe.

Der Bildschirm ist sofort weg

Verschwindet die Bildschirmanzeige immer sofort und Sie müssen die Stand-by-Taste drücken und den Sperrbildschirm wegwischen, um etwas zu sehen? Gehen Sie in die *Einstellungen*-App und dann auf *Display*. Überprüfen Sie dort die Optionen für den Ruhezustand und setzen Sie den Wert auf größere Zeitintervalle.

Beim Tippen/Wischen tut sich nichts

Tut sich beim Antippen oder Wischen auf dem Bildschirm des Geräts nichts oder klappt das erst beim zweiten oder dritten Mal?

- Bei sehr trockener Haut werden die Finger nicht immer erkannt. In manchen Fällen hilft es, einen Eingabestift (gibt es im Zubehörhandel) für die Bedienung zu verwenden.
- Manchmal sind auch Displayschutzfolien die Ursache für nicht gut reagierende Displays.

Es kann sein, dass das Gerät defekt ist – das kann nur der Hersteller überprüfen.

Das Gerät ist zu leise oder stumm

Ist beim Wiedergeben von Musik- oder Videodateien oder bei Anrufen nichts zu hören?

- Prüfen Sie über den Lautstärke-Wippschalter, ob die Lautstärke heruntergeregelt wurde, und erhöhen Sie diese gegebenenfalls, bis etwas zu hören ist.
- Gehen Sie in die *Einstellungen*-App und prüfen Sie unter *Ton & Vibration* (oder ähnlich) die Einstellungen für die Medien-, Wecker- und Klingeltonlautstärke.

Ich hatte auch Fälle, wo eine nicht passende Hülle die Lautsprecheröffnungen verdeckt und den Ton gedämpft hat.

Das Gerät hat sich aufgehängt

Geht das Display zwar, aber Android reagiert nicht mehr? Dann hat sich das Betriebssystem möglicherweise »aufgehängt«.

- Versuchen Sie, die Stand-by-Taste länger zu drücken, in der Hoffnung, dass das Gerät reagiert und heruntergefahren werden kann.
- Hilft das nicht, öffnen Sie (falls möglich) die Rückseitenabdeckung, entnehmen kurz den Akku und setzen diesen wieder ein.
- Ist der Akku nicht wechselbar, warten Sie, bis dieser entladen ist und sich das Gerät abschaltet. Dann laden Sie ihn wieder auf.

Nach dem Abschalten versuchen Sie einen Neustart und prüfen, ob das Problem behoben ist.

Apps blockieren das Gerät

Wurde eine App gestartet und blockiert sofort das gesamte Gerät? Manchmal hilft der sogenannte »abgesicherte Modus«.

1 Drücken Sie die Stand-by-Taste, bis die Anzeige *Ausschalten* auf dem Display angezeigt wird.

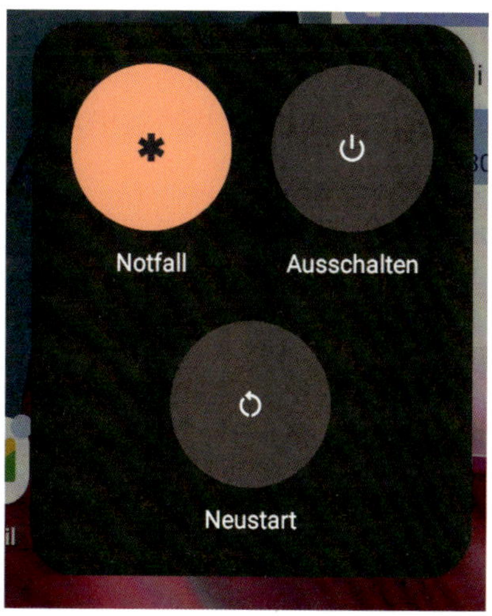

2 Drücken Sie den Finger für einige Sekunden auf die Anzeige *Ausschalten*, bis die folgende Meldung auf dem Display angezeigt wird:

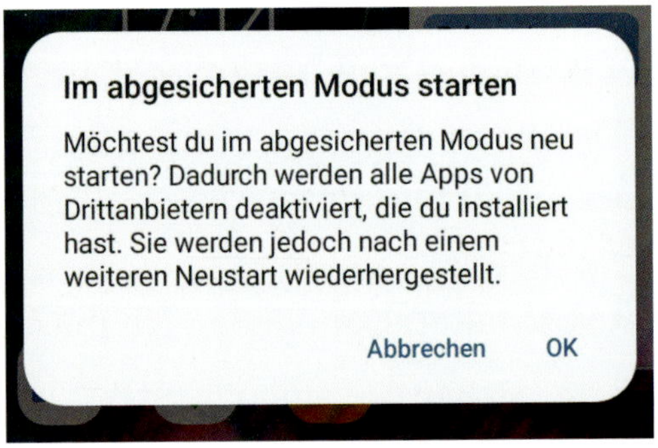

3 Tippen Sie nun auf *OK*, um im abgesicherten Modus neu zu starten.

Im abgesicherten Modus werden Apps von Drittanbietern deaktiviert. Sie haben dann die Möglichkeit, nach dem Start zur *Einstellungen*-App zu gehen und dort *Apps* aufzurufen. Dann lassen sich widerspenstige Apps deinstallieren.

Eine App fehlt

Fehlt eine installierte App auf dem Startbildschirm, obwohl diese installiert ist?

- Schauen Sie auf der Seite *Alle Apps* nach, ob das Symbol dort zu finden ist.
- Prüfen Sie in der *Einstellungen*-App, ob die App bei Anwahl des Punktes *Apps* aufgelistet wird.

Eine App wird nur hochkant angezeigt

Es kann an der App liegen; manche Apps sind nur für den sogenannten Porträtmodus entworfen und drehen sich nicht ins Querformat.

- Prüfen Sie, ob andere Apps im Hoch- und Querformat des Geräts korrekt dargestellt werden.
- Prüfen Sie, ob die Drehsperre über den Seitenschalter des Geräts oder in der *Einstellungen*-App in der Kategorie *Display* unter *Display automatisch drehen* (oder ähnlich) aktiviert wurde.

Probleme mit dem Google-Konto

Scheitert die Anmeldung am Google-Konto oder erhalten Sie den Hinweis auf ein falsches Kennwort?

- Prüfen Sie, ob vielleicht ein Eingabefehler bei der Kennworteingabe vorliegt.
- Wiederholen Sie gegebenenfalls die Kennworteingabe mehrfach, um Tippfehler (Groß-/Kleinschreibung beachten) auszuschließen.

Keine Internetverbindung

Kann der Browser oder eine andere App keine Verbindung zum Internet herstellen? Rufen Sie die *Einstellungen*-App auf und überprüfen Sie die folgenden Punkte:

- Ist der Flugmodus aktiv? Falls ja, deaktivieren Sie diesen.
- Ist eventuell WLAN oder die Mobilfunkverbindung abgeschaltet?
- Ist der Internetzugang korrekt konfiguriert oder liegt vielleicht eine Internetstörung vor?

Die angewählte Webseite wird nicht geladen

Schauen Sie nach, ob die Adresse korrekt geschrieben ist – geben Sie gegebenenfalls die Adresse einer anderen Webseite zum Test ein. Wird diese Seite angezeigt, liegt eine Störung im Internet vor; probieren Sie es zu einem späteren Zeitpunkt nochmals mit der Adresse.

Lexikon

A

Account
Siehe *Konto*.

Adresse
Angabe zur Lage einer Webseite bzw. zum Empfänger einer E-Mail.

App
Eine spezielle Form von Programmen für Android-Smartphones und -Tablets, die über den Google Play Store erhältlich sind.

Android
Ein von der Firma Google (in Konkurrenz zu Apples iOS) entwickeltes Betriebssystem für Smartphones und Tablet-PCs.

B

Backslash
Der umgekehrte Schrägstrich \ (wird z. B. zum Trennen von Ordnernamen benutzt).

Betriebssystem
Dies ist das Betriebsprogramm (z. B. Android, iOS, Linux, Windows), das sich nach dem Einschalten des Geräts meldet.

Bluetooth
Funktechnik, um Geräte wie Maus, Tastatur etc. drahtlos über kurze Strecken mit einem Computer, Smartphone oder Tablet zu verbinden.

Booten
Laden des Betriebssystems nach dem Einschalten des Geräts.

Bug
Englische Bezeichnung für einen Programmfehler.

Byte
Gibt eine Menge von Computerdaten an. Ein Byte besteht aus 8 Bit und kann Zahlen von 0 bis 255 darstellen. 1.024 Byte = **1 Kilobyte** (KB), 1.024 KB = **1 Megabyte** (MB), 1.024 MB = **1 Gigabyte** (GB).

C

Cookie
Eine kleine Datei mit Zusatzinformationen, die vom Server beim Surfen im Internet auf dem Gerät abgelegt wird. Wegen der Gefahr des Missbrauchs (Ausspionieren des Surfers) allgemein nicht gern gesehen, bei bestimmten Webseiten wie beispielsweise Onlineshops aber zur Speicherung des Warenkorbs erforderlich.

CPU
Englische Abkürzung für **C**entral **P**rocessing **U**nit, die Recheneinheit (Prozessor) des Computers.

D

Datenschutz
Gesetzliche Bestimmungen zum Schutz personenbezogener Daten gegen Missbrauch durch Dritte.

Download
Herunterladen von Daten z. B. aus dem Internet.

E

Edge

Mobilfunkstandard zur Übertragung von Daten (auch als 2G, für 2. Generation, bezeichnet, sehr langsam).

F

Flugmodus

Option bei Smartphones und Tablets, um den Mobilfunkteil und die WLAN-Funktion zentral abzuschalten (z. B. in Flugzeugen).

G

GB, GByte

Abkürzung für Gigabyte (entspricht 1.024 Megabyte).

H

Hardware

Als Hardware werden alle Teile eines Geräts bezeichnet, die sich anfassen lassen (das Gegenteil ist Software).

Homepage

Startseite einer Person oder Firma im World Wide Web. Von der Startseite führen Hyperlinks zu weiteren Webseiten.

Hotline

Telefonische Kontaktstelle eines Herstellers für Hilfe bei Problemen mit einem Produkt.

Hotspot

Empfangsstation eines öffentlichen Funknetzwerks, die einen Internetzugang bereitstellt.

HSDPA/HSDPA+
Mobilfunkstandard zur Übertragung von Daten (gehört zum 3G-Standard, der inzwischen in Deutschland abgeschaltet ist).

HTML
Steht für **H**ypertext **M**arkup **L**anguage, das Dokumentformat im World Wide Web. Mit HTML werden Webseiten erstellt.

HTTP/HTTPS
Abkürzung für **H**ypertext **T**ransfer **P**rotocol, ein Standard zum Abrufen bzw. Übertragen von Webseiten. HTTPS (das S steht für **S**ecure) ist eine abgesicherte Variante des HTTP-Protokolls, die die Daten verschlüsselt (z. B. bei Zugriffen auf Bankdaten erforderlich).

I

IMAP
Standard (wie POP3 und SMTP) zur Verwaltung von E-Mail-Konten.

Installieren
Hinzufügen einer App aus dem Google Play Store in Android.

Internet
Weltweiter Verbund von Rechnern in einem Netzwerk.

J

JPEG
Zur Speicherung von Fotos benutztes Grafikformat (die Dateiendung ist *.jpg*).

Junk-Mail
Bezeichnung für unerwünschte E-Mails mit Werbung für Potenzmittel, unseriöse Jobangebote oder Ähnliches.

K

KB, KByte
Abkürzung für Kilobyte (entspricht 1.024 Byte).

Kindle
E-Book-Lesegerät und Tablet der Firma Amazon. Auch der Name für die E-Book-Lese-App von Amazon.

Konto
Berechtigung, sich an einem Gerät anzumelden und Apps zu kaufen oder Mails auszutauschen.

L

LTE
Schneller Mobilfunkstandard (auch als 4G bezeichnet) zur Übertragung von Daten.

M

Mailbox
Englisch für »elektronischer Briefkasten«.

MB, MByte
Abkürzung für Megabyte (1 Million Byte).

MMS
Abkürzung für **M**ultimedia **M**essaging **S**ervice, ein Dienst, der im Gegensatz zu SMS auch Fotos und Videos versenden kann.

MP3
Standard zur Komprimierung und Speicherung von Musik in Dateien. Das MP3-Verfahren führt zu sehr kleinen Dateien.

MPEG

Steht als Abkürzung für **M**oving **P**icture **E**xperts **G**roup, ein Gremium zur Standardisierung von Verfahren zur Komprimierung und Speicherung von Musik und Videos in Dateien. Es gibt verschiedene MPEG-Verfahren (MPEG-1, MPEG-2, MPEG-4) zur Speicherung und Wiedergabe dieser Dateien.

N

Netzteil

Bauteil zur Stromversorgung von Computern oder Geräten.

O

Online

Bezeichnet den Zustand, in dem eine Verbindung zum Internet (oder zu einem anderen Rechner) besteht. Offline dagegen bedeutet, dass keine Verbindung besteht.

Onlineshop

Webseite, über die Waren gekauft werden können.

P

Passwort

Anderer Begriff für ein Kennwort, das ggf. zur Nutzung eines Rechners benötigt wird.

PDF-Format

Spezielles Format der Firma Adobe zur Speicherung und Wiedergabe von Dokumenten (Text, Bildern etc.). PDF-Dateien lassen sich u. a. mit der App *Play Bücher* anzeigen.

PIN
Abkürzung für **P**ersonal **I**dentification **N**umber, die persönliche Identifikationsnummer zum Entsperren eines Handys oder einer SIM-Karte.

POP3
POP ist die Abkürzung für **P**ost **O**ffice **P**rotocol. Dies ist ein Verfahren, mit dem ein lokaler Rechner die für den Empfänger im Internet-Posteingangsfach eingetroffene Post vom E-Mail-Server abholen kann.

Q

QWERTY-Tastatur
Dieser Name bezeichnet die englische Tastatur (die ersten sechs Tasten der zweiten Reihe ergeben das Wort QWERTY).

R

RAM
Englisch für **R**andom **A**ccess **M**emory, ist der Name für die Bausteine, aus denen der Hauptspeicher eines Smartphones und Tablet-PCs besteht.

Registrierung
Mitteilung an einen Hersteller, dass man eine App oder ein Angebot benutzt.

Reset
Englisches Wort für Zurücksetzen, nämlich für das Zurücksetzen bzw. Neustarten des Geräts.

Router
Englisches Wort für ein Gerät, das für den Internetzugang verwendet wird. Bietet dieses einen Zugang per Funknetz an, spricht man von einem WLAN-Router.

S

Skype
Dienst der Firma Microsoft zum Telefonieren per Internet.

Smiley
Aus Zeichen wie :-) stilisiert dargestellte Gesichter. Werden bei elektronischen Nachrichten (E-Mail, WhatsApp) häufig in den Text eingebaut, um Aussagen abzuschwächen oder Stimmungen wiederzugeben.

SMS
Abkürzung für **S**hort **M**essage **S**ervice, ein Dienst, der kurze Textnachrichten bis 160 Zeichen übermittelt.

SMTP
Abkürzung für **S**imple **M**ail **T**ransfer **P**rotocol, ein Protokoll, mit dem sich elektronische Post von einem lokalen Computer in den »Briefkasten« des E-Mail-Servers im Internet übertragen lässt. Gegenstück ist das POP3-Protokoll zum Abholen eingegangener Post.

Snapshot/Screenshot
Schnappschuss, allgemein ein Abzug des aktuellen Bildschirminhalts.

Software
Das ist ein anderer Name für die Programme bzw. Apps.

Spam-Mail
Bezeichnung für unerwünschte E-Mails, die Werbung, Kettenbriefe oder anderen Müll enthalten.

Suchmaschine
Webseite im Internet, mit der Sie gezielt über Stichwörter nach anderen Seiten im WWW suchen lassen können.

T

Textfeld
Eingabeelement in Android für Texteingaben.

U

UMTS
3G-Mobilfunkstandard (3. Generation) zur Übertragung von Daten. Inzwischen in Deutschland abgeschaltet.

URL
Abkürzung für **U**niform **R**esource **L**ocator (Adresse einer Webseite).

USB
Eine bei Computern, Smartphones und Tablet-PCs zum Anschluss von Geräten (Drucker, Maus etc.) oder Ladegeräten verwendete Technik.

V

Verschlüsselung
Bezeichnet ein Verfahren zur Umwandlung von Nachrichten (z. B. Daten) in Zeichenfolgen, in denen die Ursprungsdaten nicht mehr erkennbar sind. Der Empfänger solcher Daten kann diese mit dem richtigen Schlüssel wieder in die Ursprungsdaten zurückverwandeln (entschlüsseln). Verhindert die missbräuchliche Einsicht vertraulicher Daten durch Dritte.

W

Website
Eine Präsenz einer Firma oder einer Person im World Wide Web.

WLAN
Abkürzung für **W**ireless **LAN**, also ein drahtloses Netzwerk (Funknetz).

WWW
World **W**ide **W**eb, Teil des Internets, über den sich Texte und Bilder mit einem Browser sehr leicht abrufen lassen.

X

XML
Abkürzung für **E**xtended **M**arkup **L**anguage, eine Spezifikation zur Speicherung von Daten in Webseiten.

Z

Zurücksetzen
Das Gerät wieder in den Auslieferungszustand versetzen.

Zwischenablage
Ein durch Android verwalteter interner Speicherbereich, in dem Apps Daten und Informationen ablegen und auch wieder herausholen können. So lassen sich Texte, Fotos etc. zwischen Apps austauschen. Der Inhalt der Zwischenablage geht beim Herunterfahren des Geräts verloren.

Kleiner Wissenstest

In diesem Abschnitt finden Sie einige Testfragen zur Überprüfung Ihres Wissens.

Kapitel 1

- **Wie ändern Sie die Lautstärke?**
  (Drücken Sie die Lautstärkewippe an der Geräteseite, um den Ton bei der Wiedergabe von Telefonaten, Musik etc. lauter oder leiser zu stellen.)
- **Wie schalten Sie ein Android-Gerät ein/aus?**
  (Halten Sie die Einschalttaste ein paar Sekunden gedrückt. Zum Herunterfahren drücken Sie die Einschalttaste und bestätigen den Befehl *Ausschalten*.)

Kapitel 2

- **Was zeigt der Startbildschirm?**
  (Die Favoritenleiste am Rand sowie Symbole der Apps im restlichen Bereich und eine Statusleiste am oberen Rand.)
- **Wie verschieben oder löschen Sie Apps?**
  (Den Finger auf ein App-Symbol drücken, dann das App-Symbol an die gewünschte Position oder über das eingeblendete *Entfernen*-Symbol ziehen.)
- **Was benötigen Sie zum App-Kauf?**
  (Neben einer Internetverbindung benötigen Sie ein Google-Konto zum Zugriff auf den Google Play Store. Bei kostenpflichtigen Apps sind Zahlungsinformationen oder ein Guthaben auf dem Konto erforderlich.)
- **Wie kommen Sie von einer App zur Startseite?**
  (Drücken Sie die *Start*-Taste in der Android-Leiste.)

Kapitel 3

- **Was versteht man unter einem Hyperlink?**
(Ein Verweis innerhalb einer Webseite auf eine andere Webseite oder einen anderen Abschnitt im gleichen Dokument. Das Dokument wird durch Anklicken des Hyperlinks im Browser aufgerufen.)
- **Wie laden Sie eine Webseite im Browser?**
(Starten Sie den Browser über dessen Symbol, geben Sie im Adressfeld die Internetadresse der Webseite per Bildschirmtastatur ein und tippen Sie auf die *Öffnen*-Taste.)
- **Wie lässt sich die vorherige Seite im Browser aufrufen?**
(Tippen Sie auf das Symbol *Zurück* der Android-Leiste.)
- **Wie öffnen Sie eine Webseite in einem neuen Tab?**
(Drücken Sie den Finger länger auf den Hyperlink und wählen Sie nach dem Loslassen den Befehl *In neuem Tab öffnen*.)
- **Wie suchen Sie im Web?**
(Geben Sie den Suchbegriff per Bildschirmtastatur ins Adressfeld ein und tippen Sie auf die *Öffnen*-Taste.)
- **Wie richten Sie E-Mail ein und ändern App-Einstellungen?**
(Öffnen Sie die App und wählen Sie die Option *Einstellungen*. Gehen Sie dann wie in Kapitel 3 im Abschnitt »E-Mail-Konten einrichten« beschrieben vor.)
- **Wie rufen Sie E-Mails ab?**
(Tippen Sie auf das Gmail-App-Symbol, wählen Sie in der Mail-App gegebenenfalls das Postfach und warten Sie, bis die App die E-Mails über das Internet geladen hat.)
- **Wie beantworten Sie eine E-Mail?**
(Wählen Sie die gewünschte Nachricht in der Mail-App an. Tippen Sie dann auf das Symbol bzw. den Befehl *Antworten*.)
- **Wie fügen Sie ein Foto zum Versenden in die E-Mail ein?**
(Gehen Sie wie in Kapitel 4 beschrieben vor und fügen Sie das Foto im Fenster der Mail ein.)

Kapitel 4

- **Wie fertigen Sie ein Foto mit dem Android-Gerät an?**
  (Starten Sie die Kamera-App, wählen Sie die Front- oder Rückseitenkamera über die Bedienleiste und tippen Sie auf das Auslöser-Symbol der App.)
- **Wie lassen sich Fotos am PC importieren?**
  (Sie benötigen einen geeigneten Adapter, um die Fotos von einer Speicherkarte per Fotos-App zu importieren. Oder Sie verbinden das Android-Gerät per USB-Kabel mit dem PC und kopieren die Fotodateien im Dateimanager.)
- **Wie lässt sich ein Foto drehen/beschneiden?**
  (Öffnen Sie das Foto in der Fotos-App in der Einzelbildansicht, rufen Sie die Bearbeitungsfunktion auf und wählen Sie die Option zum Drehen oder Beschneiden.)

Kapitel 5

- **Wie lassen sich Musik- und Videodateien erwerben?**
  (Kaufen Sie die Musik- oder Videodateien im Google Play Store. Oder übertragen Sie diese mithilfe eines USB-Kabels von einem Desktop-Rechner auf das Android-Gerät.)
- **Wie lässt sich eine Audiodatei abspielen?**
  (Wählen Sie die VLC-Player-App und starten Sie die Wiedergabe der betreffenden Datei.)
- **Wie lässt sich eine Videodatei wiedergeben?**
  (Rufen Sie entweder die Fotos-App auf, falls das Video am Gerät aufgezeichnet wurde. Oder geben Sie das Video in der VLC-Player-App wieder.)

Kapitel 6

- **Wie können Sie über das Internet telefonieren?**
  (Verwenden Sie Skype.)

- **Welche Vorteile hat Skype gegenüber Mobilfunktelefonaten?**
  (Skype ermöglicht Telefonieren über WLAN und Internet sowie Gratis-Gespräche mit Skype-Teilnehmern.)
- **Was versteckt sich hinter Signal?**
  (Eine App und ein Messenger-Dienst, mit dem sich Textnachrichten gratis im Internet an andere Signal-Nutzer verschicken lassen.)
- **Wie führen Sie Termine auf dem Android-Gerät?**
  (Starten Sie die Kalender-App und wählen Sie den angezeigten Kalenderzeitraum.)

Kapitel 7

- **Wie korrigieren Sie einen Text?**
  (Drücken Sie den Finger etwas länger auf das Wort mit dem Tippfehler, um dieses zu markieren. Oder tippen Sie auf die Stelle mit dem Tippfehler, bis die Schreibmarke rechts neben dem fehlerhaften Text steht. Drücken Sie die ⇦-Taste an der Bildschirmtastatur, um Buchstaben zu löschen, und geben Sie neue Buchstaben ein.)
- **Wie führt man eine Rechtschreibkorrektur im Text aus?**
  (Tippen Sie auf das fehlerhafte Wort. Wählen Sie die korrekte Schreibweise auf der eingeblendeten Bildschirmtastatur oder im eingeblendeten Vorschlag aus.)
- **Wie lässt sich das Android-Gerät als Navi verwenden?**
  (Indem Sie die App *Google Maps* aufrufen und dann deren Routenplanung verwenden.)
- **Wie können Sie einen Ort auf der Karte finden?**
  (Tippen Sie den Ortsnamen im Suchfeld der Google-Maps-App ein.)
- **Wie hilft ein Android-Gerät, Ihre Fitness zu verbessern?**
  (Verwenden Sie kostenlose Apps wie *Google Fit* oder *Meine Tracks*, um die täglichen Bewegungen zu erfassen und zu dokumentieren.)

Kapitel 8

- **Was passiert bei der Erstinbetriebnahme?**
(Das Gerät wird bei Google aktiviert und für den Benutzer personalisiert. Dabei werden ein Google-Konto und ein Kennwort zum Zugriff auf dieses Konto festgelegt.)
- **Wie passen Sie Einstellungen von Android an?**
(Indem Sie die App *Einstellungen* aufrufen und dann die betreffende Kategorie anwählen.)
- **Wie richten Sie eine WLAN-Verbindung ein?**
(Indem Sie die App *Einstellungen* aufrufen, dann die Kategorie *WLAN* sowie das Funknetzwerk wählen und dann die Zugangsdaten eingeben.)
- **Wie lässt sich eine Codesperre einrichten?**
(Indem Sie die App *Einstellungen* aufrufen, zur Kategorie *Sicherheit* gehen und den Eintrag *Displaysperre* wählen. Dann die Sperre über die betreffenden Optionen einrichten.)
- **Wie können Sie die Anzeige besser lesbar machen?**
(Starten Sie die App *Einstellungen* und wählen Sie den Eintrag *Bedienungshilfen.* Dort finden sich verschiedene Optionen zur verbesserten Darstellung der Anzeige bei Sehschwächen.)

Stichwortverzeichnis

B

C

D

E

F

G

H

I

J

K

L

M

Günter Born

Android